新能源汽车动力电池系统技术

主　编　苏庆列
副主编　李智强　余红燕
参　编　吕　翱　汤高攀　吕炳蔚

北京理工大学出版社
BEIJING INSTITUTE OF TECHNOLOGY PRESS

内 容 简 介

本书紧紧围绕现代电动汽车动力电池的先进技术，详细阐述了电动汽车的动力单体电池结构原理、动力电池系统结构原理，以及动力电池的充放电技术，全面、系统地论述了动力电池制造技术和性能检测、故障分析与诊断维修，深入浅出地讲解了系统原理和检修的必备知识。本书共有 7 个项目 27 个任务，介绍了电动汽车的动力单体电池结构原理、动力电池系统结构原理、动力电池系统制造技术、动力电池性能测试、动力电池充电技术、动力电池维护与检修、退役动力电池梯次利用与回收等内容。本书采取理论与实践相结合的方式编写，每个模块后面都附有实训项目。本书配套课程资源包括课程标准、教案、PPT 课件、全套电子版实训项目、微课视频。

本书内容贴近当前行业发展，与企业岗位紧密结合，内容丰富、实用性强，既可作为高职专科、高职本科新能源汽车技术、新能源汽车工程技术等相关专业的教材，也可供学习电动汽车保养、维修及诊断等知识和技能的汽车从业人员参考。

图书在版编目（CIP）数据

新能源汽车动力电池系统技术／苏庆列主编. --北京：北京理工大学出版社，2024.2

ISBN 978-7-5763-3643-6

Ⅰ.①新…　Ⅱ.①苏…　Ⅲ.①新能源–汽车–蓄电池　Ⅳ.①U469.703

中国国家版本馆 CIP 数据核字（2024）第 046801 号

责任编辑：陈莉华　　**文案编辑**：李海燕
责任校对：周瑞红　　**责任印制**：李志强

出版发行 ╱ 北京理工大学出版社有限责任公司
社　　址 ╱ 北京市丰台区四合庄路 6 号
邮　　编 ╱ 100070
电　　话 ╱（010）68914026（教材售后服务热线）
　　　　　　（010）68944437（课件资源服务热线）
网　　址 ╱ http://www.bitpress.com.cn

版印次 ╱ 2024 年 2 月第 1 版第 1 次印刷
印　　刷 ╱ 唐山富达印务有限公司
开　　本 ╱ 787 mm×1092 mm　1/16
印　　张 ╱ 21
彩　　插 ╱ 1
字　　数 ╱ 490 千字
定　　价 ╱ 95.00 元

前　言

《新能源汽车产业发展规划（2021—2035 年）》指出：发展新能源汽车是我国从汽车大国迈向汽车强国的必由之路，是应对气候变化、推动绿色发展的战略举措。新能源汽车已成为全球汽车产业转型发展的主要方向和促进世界经济持续增长的重要引擎。

本教材是新能源汽车技术专业教学资源库配套教材，以职业岗位需求为基础，遵循职业教育教学规律和人才成长规律，以宁德时代、比亚迪龙头企业动力电池制造和售后维修项目、典型工作任务等为载体，融入新能源汽车动力电池刀片电池、先进热管理系统等发展前沿，紧跟新能源汽车动力电池产业发展的新技术、新工艺、新规范，以项目学习、案例学习等方式开展编写，是紧跟新能源汽车发展前沿的校企双元开发的活页式教材。在课程设计中有机融入思政元素、劳动教育等内容，强调培育学生自主学习的能力素养、精益求精的工匠精神和爱岗敬业的劳动态度；对接"1+X"职业标准和岗位标准，对接职业技能大赛，实现"岗课赛证"的融合；利用信息化技术，实现纸质活页教材和数字资源的融合，有效帮助教师提升教学能力。本教材内容设计主要表现在以下几个方面。

（1）基于模块化思维，构建项目化的教材框架。

根据典型的新能源汽车动力电池系统的装调与检测工作任务，将其整个过程分成不同的行动领域，根据动力电池知识技能的认知规律，通过项目模式构建动力电池系统技术行动领域相对独立的模块化课程。

本教材的主要内容包括动力单体电池结构原理、动力电池系统结构原理、动力电池系统制造技术、动力电池性能测试、动力电池充电技术、动力电池维护与检修、退役动力电池梯次利用与回收。其配套的实训项目让学生在完成项目的具体过程中构建知识体系、锻炼技能、提升素质。

（2）以真实生产项目、典型工作任务为载体，以工作过程完整性为原则进行教材内容编写。

通过企业调研，选取具有普遍适用性的真实生产项目、典型工作任务等为载体，根据实际动力电池系统的工作任务，以工作过程完整性为原则，按照项目描述、任务引入、任务描述、相关知识、任务技能操作、任务测试等环节重构知识点、技能点。

（3）跟踪前沿技术、教材内容迭代，融通"岗课赛证"。

教材编写团队长期跟踪动力电池企业一线新技术、新技能，教材以锂离子电池为主，适当兼顾其他电池，并融入燃料电池、固态电池等行业热点和主流技术路线，瞄准职业岗位需求，校企合作共同开发课程标准，对接"1+X"职业标准和岗位标准，对接职业技能大赛，实现"岗课赛证"一体化。

（4）聚合线上线下，教学资源共享，助力终身学习。

教材同步建设以纸质教材内容为核心的多样化数字教学资源，从广度、深度上拓展了纸质教材的内容。教材在纸质版中增加二维码的方式"无缝隙"链接视频、动画、图片、PPT、音频等多媒体资源，既丰富纸质教材的表现形式，为教学提供更多的信息知识支撑，又为教材增值赋能，使任课教师和学生在使用教材时更加便利、直观，为学生提供了体系化的学习路径和丰富的在线学习资源及活跃的学习交流社区，进而为全民终身学习保驾护航。

本书由苏庆列担任主编，李智强、余红燕担任副主编，其他参与编写的还有吕翱、汤高攀、吕炳蔚。在本书编写过程中，校企合作单位比亚迪汽车销售有限公司和吉利汽车集团有限公司提供了大力的支持，在此表示衷心的感谢。

本书内容贴近当前行业发展，与企业岗位需求紧密结合，内容丰富，实用性强，既可作为职业院校新能源汽车专业的教学用书，又可供新能源汽车技术学习及培训使用。

由于编者学识所限，书中难免有疏漏之处，希望读者予以谅解并指正，以便再版时修正补充。

目　录

项目1 动力单体电池结构原理

动力电池是新能源汽车的储能元件，动力电池由数十、数百甚至数千个单体电池（Cell）组成。单体电池（电芯）是电池系统的最小单元，单体电池种类繁多。当前新能源汽车动力电池广泛使用的锂离子电池也有多种类型，了解电池的类型，掌握单体电池的结构原理和特性是动力电池制作和检测的基础。本项目内容包括电池的分类、单体电池的结构原理、典型的单体电池、电池的参数、单体电池的性能。

任务1 电池的分类

学习内容

（1）电池的定义；
（2）化学电池、物理电池、生物电池的定义；
（3）化学电池不同的分类方式；
（4）锂离子电池的分类。

能力要求

（1）能够描述电池的定义；
（2）能够描述电池的分类并举例；
（3）能够描述化学电池的分类并举例；
（4）能够描述锂离子电池的分类及特性。

任务引入

小张是B品牌4S店销售人员，该品牌电动汽车使用的是磷酸铁锂电池。在接待客户王女士时，王女士告诉小张还有X品牌的某款车（使用三元锂电池）也很喜欢，但是对两款车使用的不同类型的动力电池感到困惑，希望小张能帮忙解答。

任务描述

客户在购买汽车时，非常关注汽车动力电池的性能，请你就目前市场上常见车型使用的不同类型的动力电池制作一个表格，并说明不同类型的动力电池的特性，在学习小组或班级进行交流汇报。

一、电池的概述

电池是电动汽车的主动力源，是电能的存储装置。狭义上，电池是将本身储存的化学能转换成电能的装置；广义上，电池是将"预先储存"起来的能量转化为可供外用电能的装置。其主要分为化学电池、物理电池和生物电池3大类。

（1）化学电池。化学电池（又称电化电池、电化学电池或电化学池）是指通过氧化还原反应，把正极、负极活性物质的化学能转化为电能的一类装置。与普通氧化还原反应不同的是，氧化和还原反应是分开进行的，氧化在负极，还原在正极，而电子得失是通过外部线路进行的，所以形成了电流，这是所有电池的本质特点。经过长期的研究、发展，化学电池迎来了品种繁多、应用广泛的局面，大到一座建筑方能容纳得下的巨大装置，小到以毫米计的电池类型。

（2）物理电池。物理电池是利用光、热、物理吸附等物理能量发电的电池，如太阳电池、超级电容器、飞轮电池、核能电池（利用放射性物质不断地辐射产生电能）、量子电池等。

（3）生物电池。生物电池是利用生物化学反应发电的电池，如微生物电池、酶电池、生物太阳电池等。

二、化学电池的分类

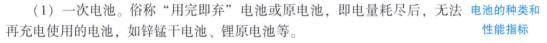

1. 按工作性质和储存方式分类

（1）一次电池。俗称"用完即弃"电池或原电池，即电量耗尽后，无法再充电使用的电池，如锌锰干电池、锂原电池等。

电池的种类和性能指标

（2）二次电池。二次电池又称可充电电池，充电后可多次循环使用，如铅酸电池、镍氢电池、钾离子电池等。

（3）燃料电池。在燃料电池中，活性材料在电池工作时才连续不断地从外部加入电池，如氢氧燃料电池、金属燃料电池等。

（4）储备电池。储备电池储存时电极板不直接接触电解液，只有在电池使用时，才加入电解液，如镁/氯化银电池，又称海水激活电池。

2. 按电解液种类分类

（1）碱性电池。碱性电池主要以氢氧化钾水溶液为介质，如碱性锌锰电池（又称碱锰电池或碱性电池）、镍镉电池、镍氢电池等。

（2）酸性电池。酸性电池主要以硫酸水溶液为介质，如铅酸蓄电池等。

（3）中性电池。中性电池以盐溶液为介质，如锌锰干电池、海水电池等。

（4）有机电解液电池。有机电解液电池主要以有机溶液为介质，如锂离子电池、钾离子电池等。

3. 按电池所用正、负极材料分类

（1）锌系列电池，如锌电池、锌银电池等。

（2）镍系列电池，如镍镉电池、镍氢电池等。

（3）铅系列电池，如铅酸电池。

（4）锂系列电池，如锂离子电池、锂硫电池和锂聚合物电池。

（5）二氧化锰系列电池，如锌锰电池、碱锰电池等。

（6）空气（氧气）系列电池，如锌空气电池、铝空气电池等。

三、常见车用锂离子电池

1. 按电池封装方式分类

按锂离子电池封装方式，可分为圆柱形、方形和软包锂离子电池，如图 1-1 所示。根据 IEC 61960-4：2020 标准，二次锂离子电池型号的命名规则如下：圆柱形锂离子电池的命名用 3 个字母和 5 位数字来表示，方形锂离子电池用 3 个字母和 6 位数字表示。第 1 个字母表示锂离子电池的负极材料，其中，I 表示锂离子电池，L 表示锂金属电极或锂合金电极；第 2 个字母表示电池的正极材料，其中，C 是基于钴的电极，N 是基于镍的电极，M 是基于锰的电极，V 是基于钒的电极等；第 3 个字母表示电池的形状，其中，R 是圆柱形电池，L 是方形电池。

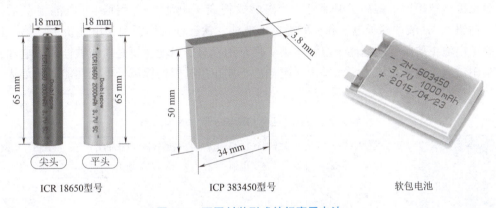

ICR 18650型号　　　　　　ICP 383450型号　　　　　　软包电池

图 1-1　不同封装形式的锂离子电池

圆柱形锂离子电池前 2 位数字表示电池的直径，以 mm 为单位；后 3 位数字表示电池高度的 10 倍，以 mm 为单位。如 ICR 18650 型号，就是指直径 18 mm、高度 65 mm 的通用 18650 圆柱形锂离子电芯。

方形锂离子电池的前 2 位数字表示电池的厚度，单位 mm；中间 2 位数字表示电池的宽度，单位 mm；后 2 位数字表示电池的高度。如 ICP 383450 型号，就是指实体部分厚 3.8 mm、宽 34 mm、高度（长度）50 mm 的方形锂离子电芯。若电池型号后带 P，表示功率型，即此电池可以大倍率放电；若带 E，表示容量型，即此电池属大容量电池。

软包锂离子电池只是在液态锂离子电池外套上一层聚合物外壳；在结构上采用铝塑膜包装，软包锂离子电池的机械强度不高，在出现安全事故如内短路等情况下，电池容易鼓起排气，因而降低了爆炸风险，在发生安全隐患的情况下，其最多只会鼓气裂开。

不同封装形式的锂离子电池各有优缺点，如表 1-1 所示。对于圆柱形锂离子电池，目前中、日、韩等都有成熟的生产企业，采用圆柱形锂离子电池的代表车型为特斯拉。方形锂离子电池壳体多为铝合金，内部采用卷绕式或叠片式工艺，机械强度高，对电芯的保护作用优于软包锂离子电池。在安全性方面，方形锂离子电池含有防爆阀，安全性能比圆柱形锂离子电池好。目前乘用电动汽车（Electric Vehicle，EV）主要采用方形、圆柱形和软包锂离子电池，插入式混合电动汽车（Plus-in Hybrid Electric Vehicle，PHEV）主要采用方形和软包锂离子电池，商用车主要采用方形和软包锂离子电池，低速车和物流车主要采用圆柱形和软包锂离子电池。

表1-1　不同封装形式锂离子电池的优缺点

封装形式	优点	缺点
圆柱形	工艺成熟、组装成本低、成品率高、一致性好、便于各种组合	质量大、比能量低、热量难释放、安全性能不好
方形	高硬度、质量小、散热好、易于组成模组、含防爆阀、安全性能较好	型号太多，尺寸变化需开模，成本较高
软包	比能量高、尺寸变化灵活、成本低、循环性能好、安全性好	机械强度差、封口工艺较难、模组结构复杂、散热性差

2. 按正极材料分类

按正极材料不同，锂离子电池可分为磷酸铁锂离子电池、三元锂离子电池（包括镍钴锰、镍钴铝）、锰酸锂离子电池和钛酸锂离子电池。钛酸锂用作锂离子电池负极。第一代车用锂离子电池主要是锰酸锂离子电池，第二代车用锂离子电池主要是磷酸铁锂离子电池，第三代车用锂离子电池主流为三元锂离子电池。不同正极材料的锂离子电池性能对比如表1-2所示。

表1-2　不同正极材料锂离子电池性能对比

正极材料	钛酸锂（Li_2TiO_3）离子电池（负极）	锰酸锂（$LiMn_2O_4$）离子电池	磷酸铁锂（$LiFePO_4$）离子电池	三元锂（NCM）离子电池
能量密度理论极限/（$W \cdot h \cdot kg^{-1}$）	80	100	170	280
标称电压/V	2.2	3.7	3.3	3.7
循环寿命/次	10 000	600~1 000	2 000~3 000	2 000
安全性	好	较好	好	较差
成本	最高	最低	较低	高

1）磷酸铁锂离子电池

磷酸铁锂离子电池是目前国内电动汽车较常采用的锂离子动力电池之一。磷酸铁锂离子电池的优点是：

①安全性能好。可以在390 ℃的高温下保持稳定，不会因过充、温度过高、短路、撞击而产生爆炸或燃烧。

②循环使用寿命较长。理论循环使用寿命为2 000~3 000次，装车正常可以使用7~8年。试验显示，经过3 000次0~100%的充放电使用，磷酸铁锂离子电池的容量也才衰减到80%。

③热稳定性好。当电池温度处于500~600 ℃高温时，其内部化学成分才开始分解。

磷酸铁锂离子电池的主要缺点是：

①能量密度较低。磷酸铁锂离子电池能量密度理论极限为170（$W \cdot h$）/kg，形成动力

电池系统的能量密度在 100（W·h）/kg 左右，和三元锂离子电池相比有不小的差距，这对整车的续驶里程有一定影响。

②电池容量较小。同样的电池容量，磷酸铁锂离子电池的质量更大、体积更大，也影响了其续航里程。

③低温充放电性能较差。在低温时充电对电池寿命有极大的影响，低温放电容量及放电功率也有所下降，因此冬季低温时整车会出现续航里程低及动力性下降的现象。此外，磷酸铁锂离子电池平整的放电平台也给电池荷电状态（State Of Charge，SOC）估算带来了困难。

2）三元锂离子电池

三元锂离子电池是指正极材料使用镍钴锰酸锂或镍钴铝酸锂作为三元正极材料的锂离子电池。三元锂离子电池的优点是：

①能量密度高。三元锂离子电池的理论能量密度达 280（W·h）/kg，目前多数电池厂家生产的三元锂电池的能量密度已经达到了 200（W·h）/kg，预计随着电池技术的发展，三元锂电池的能量密度会进一步提高。因此在同样的能量下，三元锂离子电池系统的质量更小，体积更小，使得整车的续航里程可以大幅提升。

②与磷酸铁锂离子电池相比，放电率高，一致性好和 SOC 估算简便。

③低温性能好。动力电池系统可实现-20 ℃直接充电，大幅缩短了冬季充电时间。

三元锂离子电池主要的缺点是：

①热稳定性不如磷酸铁锂离子电池。当其自身温度达到 250～350 ℃时，内部化学成分就开始分解，因此对电池管理系统提出了极高的要求，需要为每节电池分别加装保险装置，这就会加大其经济成本。

②成本高。对比磷酸铁锂离子电池，每 W·h 价格高出 30% 左右，一定程度上增加了整车的制造成本。

③安全性比磷酸铁锂离子电池要差。三元材料的脱氧温度是 200 ℃，放热能量超过 800J/g，这就表明了三元锂离子电池在内部短路、电池外壳损坏的情况下，很容易引发燃烧、爆炸等安全事故。

④循环使用寿命短。由于三元锂离子电池材料本身的性质，导致三元锂离子电池在循环使用寿命上相对较短。三元锂离子电池的理论循环使用寿命是 2 000 次，但在实际使用中，当进行 900 次的深度充放电循环后，电池容量就基本衰减到了 55%。若将电池充放电深度都控制在 0～50%；即使经过 3 000 次的充放电循环，电池容量基本还能够保持在 70% 左右，但这需要非常优秀的电池管理系统。

3）锰酸锂离子电池

锰酸锂离子电池标称电压达到 3.7 V，能量密度中等。由于锰元素储量高、资源丰富，因此生产制造锰酸锂离子电池的成本也较低；同时锰酸锂离子电池的安全性较好，在第一代车用动力电池中被广泛使用；但因能量密度不高，循环寿命衰减较快，现已逐渐退出车用动力电池应用。

4）钛酸锂离子电池

钛酸锂离子电池快充性能好、放电率大、循环寿命长、安全性能好、低温性能好，但因能量密度低、成本高，只在个别电动客车上使用，如银隆电动客车。

（1）典型的物理电池有_____、_____、_____。

（2）化学电池按照所用正、负极材料有_____、_____、_____、_____。

（3）化学电池按照工作性质和储存方式有_____、_____、_____。

（4）化学电池按照电解液的种类有_____、_____、_____、_____。

（5）锂离子电池按照封装方式不同有：_____、_____、_____。

（6）说明圆柱形锂离子电池 ICR 4680 所代表的含义是什么？

（7）说明磷酸铁锂离子电池和三元锂离子电池的区别是什么？

任务 2　单体电池的结构原理

学习内容

（1）铅酸电池的结构与工作原理；

（2）镍氢电池的结构与工作原理；

（3）锂离子电池的结构与工作原理；

（4）氢燃料电池的结构与工作原理。

能力要求

（1）能够对比不同种类电池的特性；

（2）树立以客户为中心的理念，增强服务意识；

（3）具备信息搜集和处理的能力。

任务引入

　　小张是一家 4S 店的服务人员，有客户进店想买一辆新能源汽车，但想先了解一下新能源汽车动力电池的发展现状以及未来的发展情况。作为 4S 店的服务人员，请根据你所了解的新能源汽车知识，向客户详尽地介绍新能源汽车动力电池的现状及发展趋势。

在购买新能源汽车时，客户非常关注车辆动力电池的相关参数和配置。请你就某一型号的新能源汽车动力电池制作一个主要参数表，并解释说明各参数的含义，在学习小组或班级里进行交流汇报。

一、铅酸电池

铅酸电池的电极主要由铅及其氧化物制成，电解液是硫酸溶液。放电状态下，正极主要成分为二氧化铅，负极主要成分为铅；充电状态下，正极和负极的主要成分均为硫酸铅。

1. 充放电原理

当铅酸电池的正、负极板浸入电解液中时，在正、负极板间就会产生约 2.1 V 的静止电动势，此时若接入负载，在电动势的作用下，电流就会从电池的正极经外电路流向电池的负极，这一过程称为放电。电池的放电过程是化学能转变为电能的过程。放电时，正极板上的 PbO_2 和负极板上的 Pb 都与电解液中的 H_2SO_4 反应，生成的 $PbSO_4$ 沉附在正、负极板上。电解液中 H_2SO_4 不断减少，密度下降。

$$正极化学反应为：PbO_2+4H^++SO_4^{2-}+2e^-=PbSO_4+2H_2O$$

$$负极反应为：Pb+SO_4^{2-}+2e^-=PbSO_4$$

$$电池总反应：PbO_2+Pb+2H_2SO_4=2PbSO_4+2H_2O$$

由于 $PbSO_4$ 附于极板表面，阻碍电解液向活性物质内层渗透，使得内层活性物质因缺少电解液而不能参加反应，因此放完电的电池的活性物质利用率只有 20%~30%。因此，采用薄型极板，增加极板的多孔性，可以提高活性物质的利用率，增大电池的容量。

电池放电终了特征：

①单格电池电压降到放电终止电压；

②电解液密度降到最小许可值。此外放电终止电压与放电电流的大小有关，放电电流越大，允许的放电时间就越短，放电终止电压也越低。

充电时，电池的正、负极分别与直流电源的正、负极相连，当充电电源的端电压高于电池的电动势时，在电场的作用下，电流从电池的正极流入，负极流出，这一过程称为充电。电池充电过程是电能转换为化学能的过程。充电时，正、负极板上的 $PbSO_4$ 还原成 PbO_2 和 Pb，电解液中的 H_2SO_4 增多，密度上升。

$$正极的化学反应：PbSO_4-2e^-+2H_2O \rightarrow PbO_2+2H^++H_2SO_4$$

$$H_2O \rightarrow 2H^++\frac{1}{2}O_2+2e^-$$

$$负极的化学反应：PbSO_4+2e^-+2H^+ \rightarrow Pb+H_2SO_4$$

$$2H^++2e^- \rightarrow H_2$$

当充电接近终了时，$PbSO_4$ 已基本还原成 PbO_2 和 Pb，这时，过剩的充电电流将电解水，使正极板附近产生 O_2 并从电解液中逸出，负极板附近产生 H_2 并从电解液中逸出，电解液液面高度降低。因此，铅酸电池需要定期补充蒸馏水。

电池充足电的标志是：

①电解液中有大量气泡冒出，呈沸腾状态；

②电解液的密度和电池的端电压上升到规定值，且在 2~3 h 内保持不变。

2. 铅酸电池结构

一个正极板和一个负极板组合成极板组，在正、负极板中间插入一个隔板，加入稀硫酸的电解液，这样便组成了一个单体电池。由于单体电池电量有限，实际上铅酸电池都是由多个单体电池组成的。

如图 1-2 所示是 12 V 铅酸电池的结构。它由 3 个相同的单体电池组成。每个单体电池的电压为 2 V，把 6 个单体电池串联起来可形成 12 V 铅酸电池。

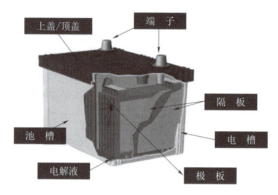

图 1-2　12 V 铅酸电池的结构

1）极板与极板组

如图 1-3 所示是单体电池结构，极板是电池的核心部分，是电池储存电能的主要部件。极板分正极板和负极板，做成栅架（网架）形式，上面附满活性物质。正极板上所附活性物质为二氧化铅（PbO_2），呈棕红色；而负极板上所附活性物质为海绵状纯铅（Pb），呈青灰色。电池的充电和放电，就是靠正、负极板上活性物质与硫酸溶液的化学反应来实现的。

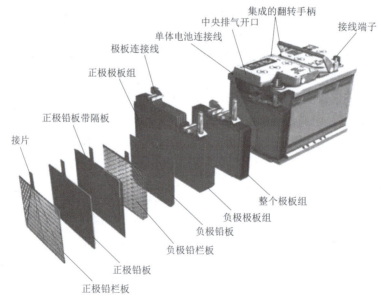

图 1-3　单体电池结构

栅架是由铅合金制成的网架形式，一般在铅中加入少量的锑，但近年来为了改善铅酸电池的自放电性能，会在铅中加入少量的钙。

2）隔板

隔板的作用是把正、负极板隔开，防止正、负极板互相接触造成短路。隔板要耐酸，具有多孔性，以利于电解液的渗透。常用的隔板材料有木质、微孔橡胶和微孔塑料等。微孔塑料隔板孔径小、孔率高、成本低，因此被广泛采用。

隔板做成一面有沟槽、一面平滑，装入时，沟槽面应竖直面向正极板。这样，可使正极板在化学反应时，与更多的电解液接触，反应充分。此外，在电池充电时生成的气泡可随槽上升，脱落的活性物质则会沿槽下沉。

极板构造示意图如图1-4所示，中间部分是隔板。

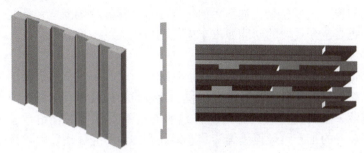

图1-4　极板构造示意图

3）电解液

电解液是铅酸电池内部发生化学反应的主要物质，是用纯净硫酸和蒸馏水（去离子水）按一定比例配制而成的，电解液的纯度和密度对电池容量和寿命有重要影响。

电解液中硫酸密度高，可增强化学反应，提高电动势，冬季还可避免电解液冻结。但密度过高，会使极板腐蚀作用加快，缩短极板与隔板的使用寿命。电解液的密度一般为 $1.24 \sim 1.28 \ g/cm^3$。气温高的地区或季节，应采用较低密度；气温低的地区或季节，应采用较高密度。

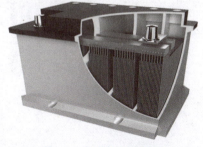

4）外壳

外壳用硬橡胶或塑料制成。内用间隔分隔成几个单格，每个单格内放入极板组和电解液便组成一个单体电池。壳的底部有凸起的筋条用来放置极板组。

图1-5　外壳结构示意图

各单体电池极板组的正、负极柱，采用联条串联连接，即一个单体电池的正极柱和相邻单体电池的负极柱相连。加液口上有盖，盖上有通气孔，应保持通气孔畅通，以防外壳内气体增多而把外壳胀裂。

外壳结构示意图如图1-5所示。

二、镍氢电池

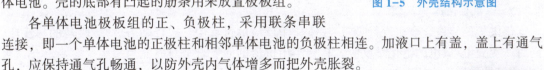

碱性电池是以氢氧化钾（KOH）等碱性水溶液为电解液的蓄电池的总　镍氢电池的结构
称。根据极板活性物质的不同，有锌银电池、铁镍电池、镍镉电池、镍氢电　和工作原理

池等。碱性电池区别于铅酸电池的一大特点是电解液中的氢氧化钾不直接参与电极反应。和铅酸电池相比，碱性电池具有能量密度高、机械强度高、工作电压平稳、功率密度大的特点。

碱性电池主要有镍镉电池和镍氢电池两种。镍镉电池的正极材料为球形氢氧化镍，充电时为 $Ni(OH)_2$，放电时为 $NiOOH$，其负极材料为海绵状金属镉或氧化镉粉以及氧化铁粉，电解液通常为氢氧化钾溶液。镍镉电池单体额定电压为 1.2 V，具有机械强度高、密封性好、使用温度范围大、能耐受大电流等优点。但镍镉电池存在记忆效应，长期不彻底充电、放电，易在电池内留下痕迹，降低电池容量。比如，镍镉电池长期只放出 80% 的电量后就开始充电，一段时间后，电池充满电后也只能放出 80% 的电量。

镍氢电池是在镍镉电池的基础上发展起来的，相比镍镉电池，其最大的优点是不存在重金属污染。现阶段在新能源汽车上应用最多的是以储氢合金为负极材料的镍氢电池，这种电池技术成熟、比功率大、寿命长、基本无记忆效应且工作温度范围宽，是混合动力汽车用动力电池的主体，也是至今量产的新能源汽车中应用量较大的一种电池。

1. 镍氢电池的结构

镍氢电池的正极材料和镍镉电池一样，也是球形氢氧化镍，负极板的主要材料是镍的储氢合金。一个完整的单体镍氢电池由正极材料、负极材料以及具有保液能力和良好透气性的隔膜、碱性电解液、金属光体、具有自动密封的安全阀及其他部件组成，如图 1-6 所示。采用隔膜相互隔离开的正、负极板呈螺旋状卷绕在壳体内，壳体用盖帽进行密封，在壳体和盖帽之间用绝缘材质的密封圈隔开。

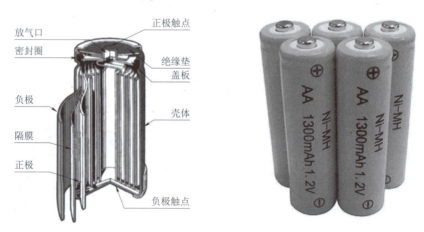

图 1-6　镍氢电池的结构

2. 镍氢电池工作原理

负极板的储氢合金在进行吸氢/放氢化学反应的过程中，也伴随着放热/吸热的热反应，同时产生充电/放电的电化学反应。具有实用价值的储氢合金具有储氢量大、容易活化、吸氢/放氢的化学反应速率快、使用寿命长及成本低等特性。

镍氢电池正极板的活性物质为 $NiOOH$（放电时）和 $Ni(OH)_2$（充电时），负极板的活性物质为 H_2（放电时）和 H_2O（充电时），电解液采用 30% 的氢氧化钾溶液，其电化学反应如下：

$$负极反应式：xH_2O + M + xe^- \underset{放电}{\overset{充电}{\rightleftharpoons}} xOH^- + MH_x$$

$$\text{正极反应式：} Ni(OH)_2 + OH^- \underset{\text{放电}}{\overset{\text{充电}}{\rightleftharpoons}} NiOOH + H_2O + e^-$$

$$\text{电池总反应式} xNi(OH)_2 + M \underset{\text{放电}}{\overset{\text{充电}}{\rightleftharpoons}} xNiOOH + MH_x$$

镍氢电池的反应与镍镉电池相似，只是负极充、放电过程中生成物不同。镍氢电池在充、放电过程中，正、负极板在进行电化学反应时不发生任何中间态的可溶性金属离子，电解液中没有任何组分消耗和生成，因而镍氢电池可以做成密封型结构。

镍氢电池的电解液多采用 KOH 水溶液，并加入少量的 LiOH，隔膜采用多孔维纶无纺布或尼龙无纺布等。镍氢电池放电时，正极上 NiOOH 得到电子还原成 $Ni(OH)_2$；负极金属氢化物（MH_x）内部的氢原子扩散到表面形成吸附态氢原子，接着再发生电化学反应生成水和储氢合金。在镍氢电池出现过放电时，正极活性物质中的 NiOOH 已经消耗完了，这时正极上的水分子被还原为 H 离子和 OH 离子。负极上由于储氢合金的催化作用，使 OH 离子与 H 离子反应又生成水。

过充电时，正极上会析出 O_2，然后扩散到负极上发生去极化反应，生成 OH 离子。储氢合金既承担着储氢的作用，又起到催化剂作用，在电池出现过充和过放电时，可以消除由正极产生的 O_2 和 H_2，从而使电池具有耐过充、过放电的能力。但随着充、放电循环的进行，储氢合金的催化能力逐渐退化，电池的内压就会上升，最终导致电池漏液、失效。

镍氢电池的能量密度高，与同尺寸镍镉电池相比，其容量是镍镉电池的 1.5~2 倍；环境相容性好，无污染；可大电流快速充放电，充放电率高；无明显的记忆效应；低温性能好，耐过充放能力强等。工作电压与镍镉电池相同为 1.2 V。镍氢电池的缺点是自放电率高、寿命短，但也能达到 500 次循环寿命和国际电工委员会的推荐标准。

镍氢电池的物理参数，如尺寸、质量和外观完全可与镍镉电池互换，它们的电性能也基本一致，充放电曲线相似。镍氢电池的放电曲线非常平滑，电快要消耗完时电压才会突然下降，故使用时完全可替代镍镉电池，不需要对设备进行任何改造。

三、锂离子电池

通常所说的锂电池，一般包括锂原子电池和锂离子电池。锂原子电池也叫锂金属电池，以二氧化锰为正极材料，以金属锂或其合金为负极材料，在外电路接通后，负极金属锂放出电子，与正极二氧化锰结合形成锰酸锂。但它不能通过充电把锰酸锂变回金属锂，负极金属锂用光了，电池就报废了，因此称它为原电池，不能反复充放电。

锂离子电池是蓄电池，可以多次进行充放电使用，它主要依靠锂离子在正负电极间的往返嵌入和脱出来完成电池的充电和放电过程。自 20 世纪 90 年代锂离子电池面世以来，就以其能量密度高、循环寿命长、无记忆效应、环境友好等优点成为动力电池应用领域研究的热点。近年来，锂离子电池已经成为电动汽车动力电池的主体。

1. 锂离子电池的结构

锂离子电池基本都由正极、负极、电解质及隔膜组成，如图 1-7 所示，另外加上正负极引线、安全阀、正温度控制端子（Positive Temperature Coefficient，PTC）、电池壳等。

单体锂离子电池

1）正极

锂离子电池正极材料常采用能使锂离子较为容易地嵌入和脱出，并能同时保持结构稳定的过渡金属氧化物。在充放电循环过程中，锂离子会在金属氧化物的电极上进行反复的嵌入

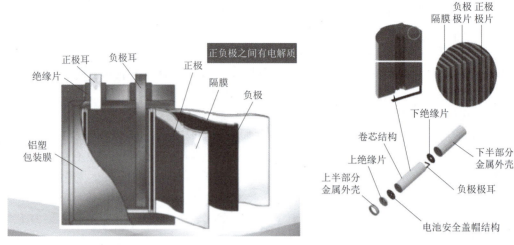

图 1-7　锂离子电池的结构

和脱出反应，作为嵌入式的电极材料的金属氧化物，依其空间结构的不同可分为以下 3 种类型。

①层状结构：层状正极材料中目前研究比较成熟的是钴酸锂（$LiCoO_2$）、镍酸锂（$LiNiO_2$）和镍钴锰酸锂（$Li(NiCoMn)O_2$）三元锂电池。钴酸锂具有放电电压高、性能稳定、易于合成等优点，但钴资源稀少、价格较高，并且有毒，污染环境。目前钴酸锂电池主要应用在手机、笔记本计算机等中小容量消费类电子产品中。镍与钴的性质非常相近，而价格却比钴低很多，并且对环境污染较小。三元锂电池综合性能比较好，目前是所有锂离子电池在电动汽车中应用最广泛的一种。

层状 $LiCoO_2$ 结构示意图如图 1-8 所示。

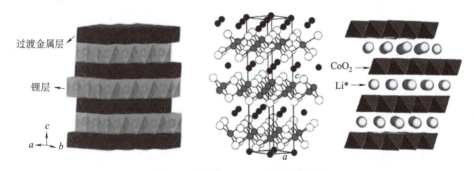

图 1-8　层状 $LiCoO_2$ 结构示意图

②尖晶石型结构：锰酸锂（$LiMn_2O_4$）是尖晶石型嵌锂化合物的典型代表。Mn 元素含量丰富、价格便宜，毒性远小于过渡金属 Co，Ni 等，主要缺点是电极的循环容量容易迅速衰减。目前锰酸锂离子电池已经大量应用在运营的电动车上。

尖晶石型结构与层状结构对比示意图如图 1-9 所示。

③橄榄石型结构：磷酸铁锂（$LiFePO_4$）在自然界以磷酸铁锂矿的形式存在，属于橄榄石结构。磷酸铁锂实际最大放电容量高达 165（$mA \cdot h$）/g，非常接近理论容量，工作

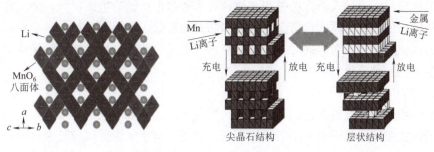

图 1-9　尖晶石型结构与层状结构对比示意图

电压在 3.2 V 左右，并且磷酸铁锂中的强共价键作用使其在充放电过程中能保持晶体结构的高度稳定性，因此具有比其他正极材料更高的安全性能和更长的循环寿命。另外磷酸铁锂具有原材料来源广泛、价格低廉、无环境污染、比容量高等优点。

橄榄石型 $LiFePO_4$ 的结构示意图如图 1-10 所示。

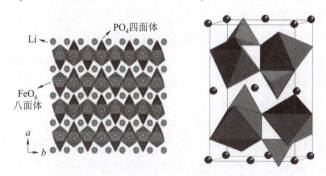

图 1-10　橄榄石型 $LiFePO_4$ 的结构示意图

2）负极

负极材料是决定锂离子电池综合性能优劣的关键因素之一，比容量高、容量衰减率小、安全性能好是对负极材料的基本要求。

①碳材料：碳材料是目前商品化的锂离子电池应用最为广泛的负极材料，碳负极材料包括石墨和无定形碳，石墨是锂离子电池碳材料中应用最早、研究最多的一种，其具有完整的层状晶体结构。石墨的层状结构，有利于锂离子的脱嵌，能与锂形成锂-石墨层间化合物，与提供锂源的正极材料匹配性较好，所组成的电池平均输出电压高，是一种性能较好的锂离子电池负极材料。

②氧化物负极材料：氧化物是当前人们研究的另一种负极材料体系，包括金属氧化物、金属复合氧化物和其他氧化物。前两者虽具有较高理论比容量，但因从氧化物中置换金属单质消耗了大量锂而导致巨大容量损失，抵消了高容量的优点。$LiMn_2O_4$ 具有尖晶石结构，充放电曲线平坦，放电容量为 150（mA·h）/g，具有非常好的耐过充、过放特征，充放电过程中晶体结构几乎无变化，循环寿命长，充放电效率近 100%，目前在储能型锂离子电池中有所应用。

③金属及合金类负极材料：金属锂是最先采用的负极材料，理论比容量为 3 860（mA·h）/g。20 世纪 70 年代中期，金属锂在商业化电池中得到应用，但因充电时，负极表面会形成枝

晶，导致电池短路，于是人们开始寻找金属合金来替代金属锂的负极材料。金属合金最大的优势就是能够形成含锂很高的锂合金，具有很高的比容量，相比碳材料，合金较大的密度使得其理论体积比容量也较大。同时，合金材料由于加工性能好、导电性好等优点，被认为是极有发展潜力的一种负极材料。

3）电解质

电解质一般采用溶解有锂盐的有机制剂，可分为液态锂离子电池和聚合物锂离子电池两大类。它们的主要区别在于电解质的状态不同，液态锂离子电池使用的是液体电解质，而聚合物锂离子电池则以聚合物电解质来代替。不论是液态锂离子电池还是聚合物锂离子电池，它们所用的正负极材料都是相同的，工作原理也基本一致。

4）隔膜

隔膜在正负极之间起到绝缘作用，隔膜上的微孔只允许锂离子往返通过，不允许电子通过。

2. 锂离子电池的结构

虽然锂离子电池种类繁多，但工作原理大致相同。目前常用磷酸铁锂和镍钴锰酸锂三元材料。这些材料的分子形成了纳米等级的细小晶体格子结构，可用来嵌入储存锂原子。即便是电池外壳破裂，接触氧气，也会因氧分子太大，进入不了这些细小的晶体格子内，使得锂原子不会与氧气接触而剧烈反应导致爆炸。锂离子电池的这种结构，使得其在获得高容量密度的同时，也达到安全的目的。锂离子电池充电时，正极的锂原子会丧失电子，在有外电路连接的情况下，就会形成电流，此时锂原子氧化为锂离子并经由电解液游到负极去，进入负极的储存晶格，并获得一个电子并还原为锂原子。放电时整个过程相反。为了防止电池的正负极直接碰触而短路，电池正负极之间加上一层带有微孔的有机隔膜。有机隔膜微孔直径只允许锂离子往返通过，由于电子直径比锂离子直径大，不能通过隔膜。隔膜还可以在电池温度过高时，自动关闭微孔，让锂离子无法穿越，防止危险发生。

1）充电过程

充电时，锂离子电池正极材料上的锂分解成锂离子和电子，电子通过外部电路跑到负极上，Li^+从正极脱嵌进入电解液里，穿过隔膜上弯弯曲曲的小洞，到达晶状体结构负极，与外部跑过来的电子结合在一起，导致负极处于富锂状态。钴酸锂离子电池充电时化学反应方程式为：

$$正极：LiCoO_2 \rightarrow Li_{1-x}CoO_2 + xLi^+ + xe^-$$
$$负极：6C + xLi^+ + xe^- \rightarrow Li_xC_6$$
$$总反应：LiCoO_2 + 6C \rightarrow Li_{1-x}CoO_2 + Li_xC_6$$

2）放电过程

电池放电时，电子和Li^+同时行动，电子从负极经过外电路导体跑到正极，Li^+从晶状体结构负极脱插进入电解液里，穿过隔膜上的小洞，嵌入正极晶体空隙，与外电路过来的电子结合在一起。钴酸锂离子电池放电时化学反应方程式为：

$$负极：Li_xC_6 \rightarrow 6C + xLi^+ + xe^-$$
$$正极：Li_{1-x}CoO_2 + xLi^+ + xe^- \rightarrow LiCoO_2$$
$$总反应：Li_{1-x}CoO_2 + Li_xC_6 \rightarrow LiCoO_2 + 6C$$

锂离子电池充放电过程如图1-11所示。

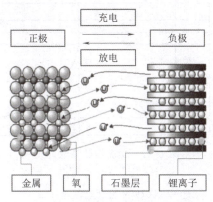

图1-11 锂离子电池充放电过程

3）摇椅现象

从电池内电路来看，充电时锂离子嵌入负极，放电时锂离子又嵌入正极，锂离子像坐摇椅一样，在正极和负极之间来回移动，所以锂离子电池又称为"摇椅电池"。

在充电过程中，电池在外部充电器电压的作用下，随着锂离子从正极向负极移动，电池储存的电量越来越多，正负极之间的电压越来越高，直到充满。放电过程中，锂离子从负极向正极移动，电池储存的电量越来越少，电池的正负极电压越来越低，直到放电终了。电池正负极材料的晶体结构，在锂离子迁移过程中会出现变化，如果过充电严重会导致负极晶格堵塞，过放电会导致负极晶格塌落，因此锂离子电池一般不能单独使用，必须与充放电控制电路组合使用。

3. 锂离子电池的充放电特性

1）锂离子电池的充电特性

锂离子电池对充电终止电压的精度要求很高，一般误差不能超过额定值的1%。终止电压过高，会影响锂离子电池的寿命，甚至造成过充电现象，对电池造成永久性的损坏；终止电压过低，又会使充电不完全，电池的可使用时间变短。

充电电流方面，锂离子电池的充电电流应根据电池生产厂的建议选用。理想的充电电流通常为0.5~1C（充放电率单位）。大电流充电可缩短充电时间，但充电过程中电池内部的电化学反应会产生热，因此会有一定的能量损失，同时必须监测电池的温度以防过热损坏或产生爆炸。锂离子电池的充电温度一般控制在0~60℃。

锂离子电池有不同的充电方法，最简单的就是恒压充电。恒压充电时，充电电流不断下降，当充电电流降到低于0.1C时，就认为电池被充分充电了。但恒压充电这种方式需很长的充电时间。兼顾充电过程的安全性、快速性和高效性，锂离子电池常采用先恒流后恒压的充电方式，如图1-12所示。对于放电电压低于3 V的电池，一开始就采用大电流充电对电池是一种损害，这时采用0.1C的小电流进行涓流预充电，可有效修复过放电的电池。因此恒流恒压充电方式通常包括3个过程：预充电、恒流充电、恒压充电。

图1-13为三元锂离子电池采用先恒流后恒压充电方式时充电特性，恒流电流为0.2~1C，恒压充电电压为4.2 V。从图中可以看出，1C恒流充电结束时，电池容量已达到80%以上，充电时间约为50 min。

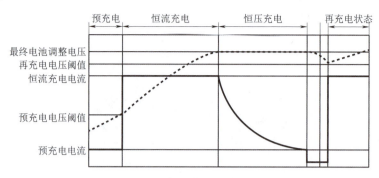

图1-12　恒流恒压充电方式

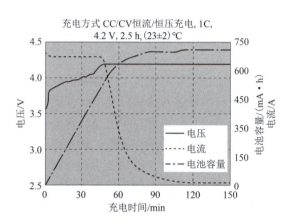

图1-13　三元锂离子电池采用先恒流后恒压充电方式时充电特性

2）锂离子电池的放电特性

放电方面，锂离子电池的最大放电电流一般被限制在2～3C。更大的放电电流会使电池发热严重，对电池的组成物质造成损坏，影响电池的使用寿命。同时，由于大电流放电时，电池的部分能量转变成热能，因此电池的放电容量将会降低。在过放电（低于3.0 V）时，还会造成电池的失效。

①不同放电率的放电特性。如图1-14所示为不同放电率下锂离子电池的放电特性。锂离子电池放电时有如下要求：一是放电电流不能过大，过大的电流会导致内部发热，有可能会造成永久性的伤害；二是电池电压低于放电终止电压后，若仍然继续放电，将产生过放现象，这也会造成电池永久性损坏。不同的放电率下，电池电压的变化有很大的区别。放电率越大，相应剩余容量下的电池电压就越低。从图中可以看出，采用0.2C放电率，单体电池电压下降到3 V时，放电容量约700 mA·h，而采用2C放电率时，放电容量只有约620 mA·h，大电流放电时，电池的放电容量下降。

②不同温度的放电特性。温度对放电性能的影响会直接反应到放电容量和放电电压上。温度降低，电池内阻加大，电化学反应速度放慢，极化内阻迅速增加，电池放电容量和放电平台下降，影响电池功率和能量的输出。锂离子电池工作温度为-25～45 ℃，随着电解质及正极的改进，有望能扩展到-40～70 ℃。如图1-15所示为不同温度下锂离子电池的放电特性。从图中可以看出，锂离子电池最理想的放电温度在20 ℃左右，此时的充放电性能均能最大化。

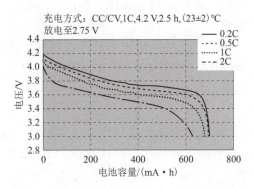

图 1-14　不同放电率下锂离子电池的放电特性

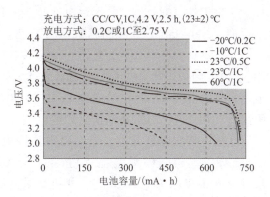

图 1-15　不同温度下锂离子电池的放电特性

通过以上锂离子电池的充放电特性可以看出，在电动汽车使用过程中，理想的充放电要求是浅充浅放。具体是指在车辆使用过程中，减少使用大电流放电的情况，如急加速，这样会导致电池的放电容量急剧减少，使得单次行驶续航里程快速缩短，车辆电量低于 20% 之前就开始充电，条件许可的情况下，做到随用随充，这种方式对提高电池的使用寿命是有益的。

四、氢燃料电池

氢燃料电池是一种将燃料与氧化剂的化学能通过电化学反应直接转换成电能的发电装置，其主要由正极、负极、电解质和辅助设备组成。

常用的燃料除氢气外还有甲醇、联氨、烃类及一氧化碳等。氧化剂一般为氧气或空气。电解质常见的有磷酸、氢氧化钾、熔融碳酸盐及离子交换膜等。

1）氢燃料电池的工作原理

氢燃料电池工作原理如图 1-16 所示，氢气通入阳极，在催化剂作用下，一个氢分子分解为两个氢离子，并释放出两个电子，在电池另一端，氧气或空气到达阴极；同时，氢离子穿过电解质到达阴极，电子通过外电路到达阴极，在阴极催化剂的作用下，氧气和氢离子与电子发生反应生成水。

燃料电池结构原理

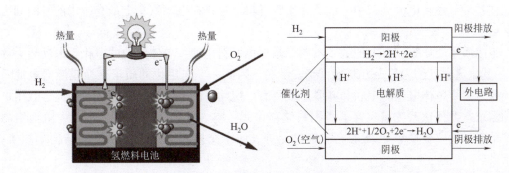

图 1-16　氢燃料电池的工作原理

2）氢燃料电池的分类

氢燃料电池可依据工作温度、燃料种类和电解质类型等进行分类。

①按工作温度分类。氢燃料电池按照工作温度可分为低温型（工作温度低于 200 ℃）、中温型（200~750 ℃）和高温型（高于 750 ℃）3 种。

②按燃料的种类分类。氢燃料电池按燃料种类可分为直接式燃料电池（即燃料直接使用氢气）、间接式燃料电池（即燃料通过某种方法把甲烷、甲醇或其他类化合物转变成氢气或富含氢的混合气后再供给燃料电池）和再生燃料电池（即把电池生成的水经适当方法分解成氢气和氧气，再重新输送给燃料电池）。

③按电解质类型分类。氢燃料电池按电解质类型可分为碱性燃料电池（Alkaline Fuel Cell，AFC）、磷酸燃料电池（Phosphoric Acid Fuel Cell，PAFC）、固体氧化物燃料电池（Solid Oxide Fuel Cell，SOFC）、熔融碳酸盐燃料电池（Molten Carbonate Fuel Cell，MCFC）、质子交换膜燃料电池（Proton Exchange Membrane Fuel Cell，PEMFC）。

不同类型的燃料电池特性对比如表 1-3 所示。

表 1-3 不同类型的燃料电池特性对比

燃料电池	典型电解质	工作温度/℃	优点	缺点	效率/%
碱性燃料电池	$KOH-H_2O$	80	①启动快； ②室温常压下工作	①需以纯氧作氧化剂； ②成本高	70
磷酸燃料电池	H_3PO_4	200	对 CO_2 不敏感	①对 CO 敏感； ②工作温度较高； ③低于峰值功率输出时性能下降	40
固体氧化物燃料电池	$ZrO_2-Y_2O_3$	1 000	①可用空气作氧化剂； ②可用天然气或甲烷作燃料	工作温度高	>60
熔融碳酸盐燃料电池	Na_2CO_3	650	①可用空气作氧化剂； ②可用天然气或甲烷作燃料	工作温度高	>60
质子交换膜燃料电池	含氟质子交换膜	80~100	①寿命长； ②可用空气作氧化剂； ③工作温度低； ④启动迅速	①对 CO 敏感； ②反应物需要加湿； ③成本高	>60

3）质子交换膜燃料电池

在各种氢燃料电池类型中，质子交换膜燃料电池是在电动汽车上最有应用前景的动力电池之一。

组成质子交换膜燃料电池的基本单元是单体燃料电池，单体电池的电化学电动势大约为 1 V；其电流密度约为每平方厘米百毫安量级。因此一个实用化的质子交换膜燃料电池系统必须通过多个单体电池的串联和并联形成具有一定功率的电池组，才能满足绝大多数用电负载的需求。此外该系统还配置了氢燃料储存单元、空气（氧化剂）供给单元、电池组温度调节单元、功率变换单元及系统控制单元等。质子交换膜燃料电池系统的结构如图 1-17 所示。

①燃料电池组（堆）。

质子交换膜燃料电池的单体电池，其化学电动势为 1.0~1.2 V，接入负载时的输出电压为 0.6~0.8 V。为满足负载工作电压，必须将其他单体电池串联起来构成具有较高电压的电池组。

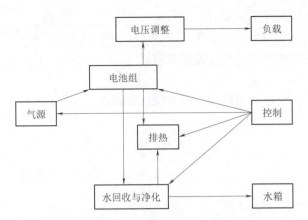

图 1-17　质子交换膜燃料电池系统的结构

由于受到材料（如质子交换膜等）及工艺水平的限制，目前，单体电池的输出电流密度为 $300\sim600$ mA/cm^2。因此，只有将若干串联的电池组并联，组成具有较大输出能力的燃料电池堆，才可提高燃料电池的输出电流能力。

②燃料及氧化剂的储存与供给单元。

为使质子交换膜燃料电池实现连续稳定的运行发电，必须配置燃料及氧化剂（O_2 或空气）的储存与供给单元，以便不间断地向燃料电池提供电化学反应所需的氢和氧。燃料供给部分由储氢器及减压阀组成，氧化剂供给部分由储氧器、减压阀或空气泵组成。

③燃料电池湿度与温度调节单元。

在质子交换膜燃料电池运行过程中，随着负载功率的变化，电池组内部的工况也要相应改变，以保持电池内部电化学反应的正常进行。对质子交换膜燃料电池运行影响最大的两个因素是电池内部的湿度与温度。因此，在电池系统中需要配置燃料电池湿度与温度调节单元，以便使质子交换膜燃料电池在负荷变化时仍工作在最佳工况下。

④功率变换单元。

质子交换膜燃料电池所产生的电能为直流电，其输出电压受内阻的影响，并随负荷的变化而改变。基于上述原因，为满足大多数负载对交流供电和电压稳定性的要求，在燃料电池系统的输出端需要配置功率变换单元。当负载需要交流供电时，应采用 DC/AC 变换器；当负载要求直流供电时，也需要用 DC/DC 变换器实现燃料电池组输出电能的升压与稳压。

⑤系统控制单元。

由上述 4 个功能单元的配置和工作要求可知，质子交换膜燃料电池系统是一个涉及电化学、流体力学、热力学、电工学及自动控制等多学科的复杂系统。质子交换膜燃料电池系统在运转过程中，需要调节与控制的物理量和参数非常多，难以手动完成。为使质子交换膜燃料电池系统长时间安全、稳定发电，必须配置系统控制单元，以实现燃料电池组与各个功能单元的协调工作。

任务小测

（1）铅酸电池主要由 _____、_____、_____、_____ 等 4 部分组成。

（2）镍氢电池失效的原因主要有_____、_____和_____。

（3）按锂离子电池的外形，可分为_____、_____和_____。

（4）锂离子电池恒流恒压充电方式通常包括_____、_____和_____3个过程。

（5）简述三元锂离子电池与磷酸铁锂电池的优缺点。

任务3 典型的动力单体电池

 学习内容

（1）18650电池的结构及优缺点；

（2）21700和4680电池的结构及优缺点；

（3）麒麟电池的结构特点；

（4）刀片电池的结构特点。

 能力要求

（1）能够向客户介绍不同种类典型单体电池的基本构成；

（2）具备通过查阅维修手册等资料完成信息收集及处理的能力。

 任务引入

新能源汽车的动力来源是动力蓄电池，作为4S店的维修人员，你能否根据自己掌握的知识对不同类型的电池结构进行介绍？

 任务描述

不同新能源汽车所搭载的电池类型是不同的，不同类型的电池结构组成也不相同，请你根据自己了解的知识对不同类型的电池结构进行区分，并分享目前比较先进的电池类型及优缺点。

目前新能源汽车上使用较多的锂电池为三元锂电池和磷酸铁锂电池。三元锂电池常见的封装方式有3种：圆柱形、方形和软包。其中技术比较成熟的为圆柱形和方形电池。圆柱形比较典型的有18650电池、21700电池、4680电池。方形电池典型的代表为宁德时代的麒麟电池。目前技术比较先进的磷酸铁锂电池是刀片电池。

一、18650电池

18650圆柱形锂电池，是商业化最早，生产自动化程度最高，当前成本最低的一种动力

电池。特斯拉的 Model S 所搭载的就是 18650 圆柱形锂离子电池。

三元锂电池内部结构如图 1-18 所示。

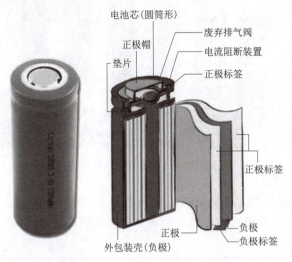

图 1-18　三元锂电池内部结构

单体电池主要由正极、负极、隔膜、正极负极集电极、安全阀、过流保护装置、绝缘件和壳体共同组成。壳体在早期以钢壳较多，当前以铝壳为主。

单体电池过流保护装置，每个厂家的设计并不相同，根据对安全性要求的不同，价格也不同，可以进行定制。一般的安全装置主要有 PTC 正温度系数电阻和熔断装置两大类。

当出现过大电流时电阻发热，温度积累更促进 PTC 阻值的上升，当温度超过一个阈值后陡然增大，相当于把故障电芯从总体回路中隔离开来，避免进一步热失控的发生。熔断装置原理上就是一个熔丝，遇到过大电流时熔丝熔断，回路被断开。

两种保护装置的区别在于前者可恢复，后者的保护是一次性的，一旦故障发生，系统认为必须更换问题电芯才能正常工作。

18650 电池的优点：

（1）单体电池一致性较好；

（2）单体电池自身力学性能好，与方形和软包电池相比，封闭的圆柱体在近似尺寸下，可以获得最高的弯曲强度；

（3）技术成熟且成本低；

（4）单体电池能量小，发生事故时形式易于控制。

18650 电池的缺点：

（1）电池系统的圆柱形单体电池数量过大，这就使得电池系统复杂度大增，导致系统成本较高；

（2）能量密度的上升空间已经很小。

二、21700 电池

特斯拉迄今为止价格最亲民的车型 Model3，其搭载的 21700 电池是典型的圆柱形锂电池。

21700 电池外观如图 1-19 所示。

图 1-19　21700 电池外观

2022 款特斯拉 Model3 高性能四驱版车型搭载的 21700 电池是三元锂电池，其正极材料使用镍钴锰酸锂三元正极材料。三元锂电池内部结构如图 1-20 所示。

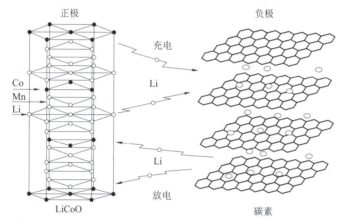

图 1-20　三元锂电池内部结构

21700 电池优点：

（1）质量更小，整车空间变得更大。单体电池的比能量较高，因此在电池组总能量相同时所需的单体电池的数量可以减少 1/3，与此同时大大降低系统管理的难度，也会减少电池所用的金属构件和电气配件的数量，进而大大降低了锂电池的质量，同时，整车的比能量将得到部分提升。

（2）拥有更好的性价比。选用 21700 后，电池节数必将大幅减少。在大大降低系统管理难度的同时将同比例的减少电池包选用的金属构件及导电连接件等配件数量。比如，特斯拉的 Pack 项目成本占总系统项目成本约 24%，而电池包项目成本降幅比较乐观。

（3）电池比能量大幅度提升。2020 年动力单体电池比能量要攻克 300（W·h)/kg，动力电池系统比能量达到 260（W·h)/kg。目前做得最好的 18650 电池达不到这个技术要求，绝大多数国产电池的比能量为 100~150（W·h)/kg。

21700 锂电池目前主要的缺点是工艺技术不稳定、不成熟。21700 电池的生产加工设备、工艺技术等并非一朝一夕就能准备好，现在还不能大批量进行生产，其工艺技术发展趋势没有 18650 的快。

三、4680 电池

所谓的 4680 电池，是指外壳直径为 46 mm，高度为 80 mm 的圆柱形电池，正极材料是三元高镍锂芯，负极材料是石墨混合硅。

特斯拉 Model Y 采用 4680 电池作为动力源。4680 电池采用无极耳设计，无极耳是一种全极耳，其通过巧妙的结构设计直接利用整个集流体尾部作为极耳，并通过盖板（集流盘）结构设计增大极耳传导面积及其连接处的连接面积，缩短极耳传导距离。

4680 电池全极耳示意图如图 1-21 所示。

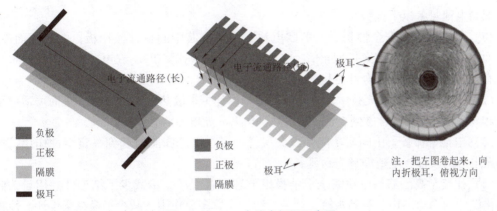

图 1-21　4680 电池全极耳示意图

当采用传统的极耳设计时，热量损失是无极耳设计时的 5 倍，所以 4680 电池采用激光雕刻的无极耳技术。相较于 21700 电池，4680 电池的能量密度整体提升 5 倍，功率输出提升 6 倍，续航里程提升 16%，且每千瓦时的成本下降 14%。总的来说，这种设计大幅提升了电池功率，优化了散热性能、生产效率、充电速度。

另外，4680 电池较之前 21700 电池在直径和高度上有提升，直径从 27 mm 变为 46 mm，高度从 70 mm 变为 80 mm，电芯厚度增加，曲率降低，空心部分更大。

随着电池尺寸增大，电池组中电池数量减少，金属外壳占比减少，正极、负极等材料占比增加，能量密度提高。与 21700 电池相比，4680 电池在能量方面提高了 5 倍，目前续航里程的提升（16%）主要来自 CTC 技术（14%），随着材料体系的不断升级，电池能量密度有进一步提升空间。

四、麒麟电池

麒麟电池为宁德时代第三代 CTP 技术。相较于传统"电芯-模组-电池包"三级结构，CTP 技术省去或减少了模组组装环节，将电芯直接集成至电池包或更大的模组，最终达到提高系统层级能量密度、降低成本的目的。

麒麟电池结构图如图 1-22 所示。

第三代 CTP 技术包括：

（1）完全取消模组形态布局；

（2）取消电池包横纵梁、底部水冷板以及隔热垫的单独设计，集成为多功能弹性夹层。

图1-22 麒麟电池结构图

麒麟电池具备以下优势：

（1）极速温控，安全性提升。麒麟电池在两块电芯中间设计液冷板，电芯双面冷却，换热面积较原底部冷却方案扩大4倍，将电芯温控时间缩短50%，在电芯温度异常时极速降温，有效阻隔热失控，安全性更优。

（2）支持4C高压快充技术。电芯双面冷却设计带来散热效率的提升，进而可适应更大电流和高压快充（4C），做到5 min热启动，10 min充电80%。

（3）电池寿命长。中间多功能弹性夹层设计可在电芯膨胀时起到一定缓冲作用，相比电芯贴电芯的设计，电池循环寿命延长。

（4）比能量高。麒麟电池完全取消模组形态布置，进一步减少了结构件的用量，同时一体化设计的冷却结构，兼具水冷、缓冲、结构支撑多重作用，减少了横纵梁设计，使得电池包空间利用率提升。从第一代CTP到麒麟电池，电池包空间利用率从55%提升至72%，间接提升电池系统的比能量，磷酸铁锂电池系统的比能量为160（W·h）/kg，三元锂电池可达255（W·h）/kg，较4680电池多装13%的电量，使用三元锂电池技术支持的电动车，可实现1 000 km以上续航里程。

麒麟电池多功能弹性夹层的设计如图1-23所示。

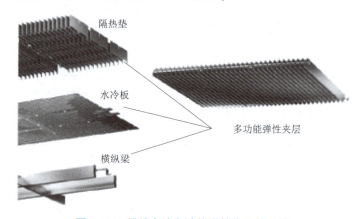

图1-23 麒麟电池多功能弹性夹层的设计

五、刀片电池

比亚迪的刀片电池就是典型的磷酸铁锂电池。

磷酸铁锂电池，包括正极、负极、电解质、隔膜、正极引线、负极引线、中心端子、绝缘材料、安全阀、密封圈、正温度控制端子、蓄电池壳等，其内部结构如图 1-24 所示。

刀片电池其内部结构是叠片状的，形状长而薄，酷似刀片。刀片电池是一种新型电池包，它的内部将很多形似刀片的单体电池集合成电池阵列。刀片电池改变了单体电池的形状，其不需要模组，可以直接布置在电池包内，并具有较大的散热面和较薄的厚度，所以刀片电池的散热性能较好，其外形如图 1-25 所示。

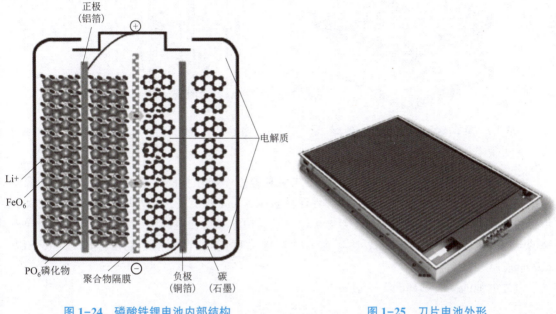

图 1-24　磷酸铁锂电池内部结构　　　　　　　图 1-25　刀片电池外形

刀片电池具有其他同类型电池不具备的优点，主要是：

（1）电池能量密度提高。刀片电池取消了模组设计，减少了很多结构件设计，同时上下箱体与电芯紧密连接，使体积能量密度提高 50%。

（2）成本低。刀片电池优化了电池结构设计，电池二级零部件数量减少 40%，并适用了低成本的磷酸铁锂离子电池体系，有效降低了成本。

（3）结构强。刀片电池在 Pack 的上下两面，使用结构胶粘贴两块高强度的强度板，形成了类似蜂窝铝板的结构，使每一个电芯充当结构梁。传统电池包一般只有 4~5 根梁，而刀片电池是让每一个电芯都充当结构件，电池底部发生碰撞的时候，电芯可以直接承受一定范围的力。

刀片电池层次结构如图 1-26 所示。

（4）热管理优异。刀片电池的液冷板布置在电芯上方，同时在电芯与电芯之间设计了导热层，这种方案的热交换面积比传统方形电芯大很多，能够有效地将电芯的热量传递给水冷板，再加上刀片电芯本来散热性能就好，能将电池内最大温差控制在 1 ℃内，大大优于目前行业内普遍的 5 ℃。

刀片电池的液冷板布置如图 1-27 所示。

（5）集成化。刀片电芯是有不同规格的，长度可以在 435~2 500 m 变换，再加上是标准的平板式电池包，刀片电池可以根据整车空间变化电池包 X、Y 方向的尺寸，从而开发不同规格的电池，这种集成化的电池有效地降低了开发费和时间。

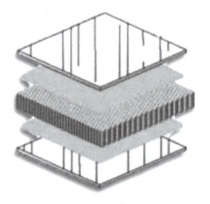

图 1-26　刀片电池层次结构

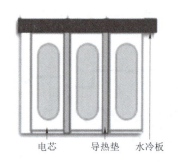

图 1-27　刀片电池的液冷板布置

（6）电池包高度低。正常电芯的高压线束和温度、电压传感器都在电芯的上方，都要占据一定的空间，上箱体要与这些零部件保持至少 5 mm 的距离，而刀片电池的高压线束和传感器都在电芯的 Y 方向，所以上箱体可以直接与电芯接触，这样可以使刀片电池比同样规格的电池高度节省 10～20 mm。比亚迪刀片电池高度的设计目标是乘用车 105 mm，SUV 120 mm。

刀片电池的高度图如图 1-28 所示。

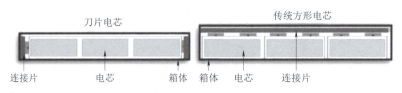

图 1-28　刀片电池的高度图

目前刀片电池的缺点主要为：

（1）维修成本高。刀片电池所有电芯是通过结构胶固定在一起的，意味着后期某个电芯坏了，需要维修的时候，只能整包更换，维修的成本较高。而传统电池包，可以通过替换模组解决。

（2）依赖性增强。比亚迪关于刀片电池自称有 300 个专利和核心工艺控制点，涉及材料、电芯、电池和生产，所以主机厂对供应商的开发和生产有较强的依赖性，会对供应商管控和议价提高难度。

任务小测

（1）21700 电池的优点包括哪些？

（2）4680 电池的结构创新点是什么？

（3）简述第三代 CTP 技术。

（4）简述刀片电池的类型及优缺点。

（5）简述 21700 电池的类型及优缺点。

任务 4　电池的参数

学习内容

（1）了解电池有哪些特性参数；
（2）掌握新能源汽车对动力电池的性能要求。

能力要求

（1）能够正确理解动力电池各项性能指标；
（2）能分析新能源汽车对动力电池的性能参数要求。

任务引入

　　小李是某品牌 4S 维修店检修人员，接待一辆电动汽车进店维修，因动力电池组损坏而无法运行，动力电池组总成需要分解进行单体电池检测，技术总监需要小张帮忙一起测量动力电池相关的数据。

任务描述

　　在检修汽车动力电池时，需要测量动力电池的各项性能参数，请你就目前市场常见车型的动力电池性能参数制作对比表格，在学习小组或者班级进行交流汇报；完成实训任务，详见任务工单。

1. 电压参数

1）电动势

电动势是反映电源把其他形式的能转换成电能的物理量，电动势使电源两端产生电压。电池的电动势是热力学的两极平衡电极电位之差，常用 E 表示，单位是伏（V）。电动势是电池在理论上输出能量大小的度量之一。如果其他条件相同，那么电动势越高，理论上能输出的能量就越大。

实际上，电池的开路电压在数值上接近电池的电动势，所以在工程应用上，常常认为电池在开路条件下，正负极间的平衡电势之差，即为电池的电动势。

2）开路电压

开路电压是指在开路状态下（几乎没有电流通过时），电池的正极电极电位与负极电极电位之差。电池的开路电压取决于电池正负极材料的活性、电解质和温度条件等，而与电池的几何结构和尺寸大小无关。例如，无论铅酸电池的大小尺寸如何，其单体电池的开路电压都是近似一致的。一般情况下，电池的开路电压要小于（但接近）它的电动势，因此人们一般近似认为电池的开路电压就是电池的电动势。

3）额定电压

额定电压也称公称电压或标称电压，是指在规定条件下电池工作的标准电压。不同电化学类型的电池单体额定电压是不同的，根据额定电压也能区分电池的化学体系。如表1-4所示为常用不同电化学体系的单体电池额定电压值。

表1-4 常用不同电化学体系电池的单体额定电压值

电池类型	单体电池额定电压/V
铅酸电池（VRLA）	2
镍镉电池（Ni-Cd）	1.2
镍锌电池（Ni-Zn）	1.6
镍氢电池（Ni-MH）	1.2
锌空气电池（Zn/空气）	1.2
铝空气电池（Al/空气）	1.4
钠氯化镍电池（Na/NiCl$_2$）	2.5
钠硫电池（Na/S）	2.0
锰酸锂电池（LiMn$_2$O$_4$）	3.7
磷酸铁锂电池（LiFePO$_4$）	3.2

4）工作电压

工作电压是指电池在接通负载放电过程中所显示出的电压，又称负荷（载）电压或放电电压。在电池放电初始时刻，即开始有工作电流时的电压称为初始电压。

电池在接通负载后，由于欧姆内阻和极化内阻的存在，电池的工作电压低于开路电压。其电压计算公式为

$$U = E - IR = E - I(R_\Omega) + R_f \tag{1-1}$$

式中，I——电池的工作电流；

E——电池的电动势；

R——全内阻；

R_f——极化内阻；

R_Ω——欧姆内阻。

从公式（1-1）中可以看出，工作电压随着负载和电流的变化，也将发生变化。

5）充电终止电压

电池充足电时，极板上的活性物质已经达到饱和状态，再继续充电，电池的电压也不会再上升，此时的电压称作充电终止电压。铅酸蓄电池的充电终止电压为 2.7 V 左右，金属氢化物镍蓄电池为 1.5 V，锂离子电池为 4.25 V。

6）放电终止电压

放电终止电压也称为放电截止电压，是指电池在放电时，电压下降到不宜再继续放电的最低工作的电压值。

由于对电池的容量和寿命要求的不同，以及不同的电池类型和放电条件，各种电池规定的放电终止电压也不同。一般而言，在低温或大电流放电时，终止电压规定得低些；小电流长时间或间歇放电时，终止电压值规定得高些。对于所有蓄电池（即充电电池），放电终止电压都是必须严格规定的重要指标。

2. 容量参数

电池在一定的放电条件下所能放出的电量称为电池容量，以符号 C 表示，其单位常用 A·h 或 mA·h 表示。

1）理论容量（C_o）

理论容量是假定全部活性物质参加电池的成流反应所能提供的电量。理论容量可根据电池反应式中电极活性物质的数量，按法拉第定律计算的活性物质的电化学当量求出。为了比较不同类型的电池，我们常用比容量来比较，单位体积或者单位质量的电池所能释放出的理论电量，单位是（A·h）/kg 或者（kA·h）/kg。

2）额定容量（C）

额定容量即按照国家或有关部门规定的标准，保证电池在一定的放电条件（如温度、放电率、终止电压等）下放出的最低限度容量。

3）实际容量（C）

实际容量是指在实际应用情况下电池实际放出的电量，它等于放电电流与放电时间的积分。实际放电容量受放电率的影响较大，所以常在字母 C 的右下角以阿拉伯数字标明放电率，如 $C_{20} = 50$ A·h，表明在 20 h 放电率下的容量为 50 A·h，其计算方法如下：

恒定电流放电时，$C = IT$；变电流放电时，

$$C = \int_0^T I(t)\,\mathrm{d}t \tag{1-2}$$

式中，I——放电电流，是放电时间 t 的函数；

T——放电至终止电压所用的时间。

由于内阻的存在，以及其他各种原因，活性物质不可能完全被利用，即活性物质的利用率总是小于 1，电池的实际容量、额定容量总是低于理论容量。活性物质的利用率定义为

$$\eta = \frac{m_1}{m} \times 100\% = \frac{C}{C_o} \times 100\% \tag{1-3}$$

式中，m_1——放出实际容量时消耗的活性物质的质量；

　　　m——活性物质的质量。

电池的实际容量与放电电流密切相关，大电流放电时，电极的极化增强，内阻增大，放电电压下降很快，电池的能量效率降低，因此实际放出的容量较低。相应地，在低倍率放电条件下，放电电压下降缓慢，电池实际放出的容量常常高于额定容量。

4）剩余容量

剩余容量是指在一定放电率下放电后，电池剩余的可用容量。剩余容量的估计和计算受到电池前期应用的放电率、放电时间等因素以及电池老化程度、应用环境等多种因素影响，所以在准确估算上存在一定的困难。

3. 内阻参数

电流通过电池内部时受到阻力，使电池的工作电压降低，该阻力称为电池内阻，由于电池内阻的作用，电池放电时端电压低于电动势和开路电压。充电时充电的端电压高于电动势和开路电压。电池内阻是化学电源的一个极为重要的参数，它直接影响电池的工作电压、工作电流、输出能量与功率等，对于一个实用的化学电源，其内阻越小越好。

电池内阻不是常数，它在放电过程中随活性物质的组成、电解液质量分数和电池温度以及放电时间的变化而变化。电池内阻包括欧姆内阻和电极在化学反应时所表现出的极化内阻，两者之和称为电池的全内阻。

1）欧姆内阻

欧姆内阻主要由电极材料、电解液、隔膜的内阻及各部分零件的接触电阻组成。它与电池的尺寸、结构、电极的成型方式（如铅酸电池的涂膏式电极与管式电极，碱性电池的有极盒式电极和烧结式电极）以及装配的松紧度有关。

2）极化内阻

极化内阻是指化学电源的正极与负极在电化学反应进行时由于极化所引起的内阻，它是电化学极化和浓差极化所引起的电阻之和。极化内阻与活性物质的本性、电极的结构、电池的制造工艺有关，尤其是与电池的工作条件密切相关，放电电流和温度对其影响很大。在大电流密度下放电时，电化学极化和浓差极化均增加，甚至可能引起负极的钝化，使极化内阻增加。低温对电化学极化、离子的扩散均有不利影响，故在低温条件下电池的极化内阻也增加。因此极化内阻不是一个常数，而是随放电率、温度等条件的变化而变化。

电池内阻较小，在许多工况下常常忽略不计，但电动汽车用动力电池常常处于大电流、深放电工作状态，内阻引起的压降较大，此时内阻对整个电路的影响不能忽略。对应于电池内阻的构成，电池产生极化现象有3个方面的原因。

1）欧姆极化

欧姆极化是由电解液、电极材料以及导电材料之间存在的接触电阻所引起的极化。充放电过程中，为了克服欧姆内阻就必须额外施加一定的电压以克服阻力，推动离子迁移。该电压以热的方式转化给环境，就出现了所谓的欧姆极化。随着充电电流急剧加大，欧姆极化将造成电池在充电过程中温度升高。

2）浓差极化

电流流过电池时，为了维持正常的反应，最理想的情况是电极表面的反应物能及时得到补充，生成物能及时离去。实际上，生成物和反应物的扩散速度远远比不上化学反应速度，因而造成极板附近电解质溶液质量分数发生变化。也就是说，从电极表面到中部溶液，电解液质量分数分布不均匀，这种现象称为浓差极化。

3）电化学极化

电化学极化是由于电极上进行的电化学反应的速度落后于电极上电子运动的速度造成的。不管哪种极化，如果极化现象严重，都将对电池造成不可逆的损坏。

4. 能量与能量密度

电池的能量是指在一定放电制度下，电池所能释放出的能量，通常用 W·h 或 kW·h 表示。电池的能量分为理论能量和实际能量。

1）理论能量

假设电池在放电过程中始终处于平衡状态，其放电电压保持电动势（E）的数值，而且活性物质的利用率为 100%，即放电容量为理论容量，则在此条件下电池所输出的能量为理论能量 W_o，即

$$W_o = C_o E \tag{1-4}$$

2）实际能量

实际能量是指电池放电时实际输出的能量。它在数值上等于电池实际放电电压、放电电流与放电时间的积分，即

$$W = \int V(t) I(t) \, \mathrm{d}t \tag{1-5}$$

在实际工程应用中，作为实际能量的估算，经常采用电池组额定容量与电池放电平均电压乘积进行电池实际能量的计算。

由于活性物质不可能完全被利用，电池的工作电压总是小于电动势，电池的实际能量总是小于理论能量。

电池的能量密度是指单位质量或单位体积的电池所能输出的能量（W/G 或 W/V，其中，W 表示电池的能量，G 表示电池的质量，V 表示电池的体积），相应地称为质量能量密度 [（W·h）/kg] 或体积能量密度 [（W·h）/L]，也称质量比能量或体积比能量。如图 1-29 所示为未来纯电动汽车单体电池比能量与能量密度发展趋势，在电动汽车应用方面，动力电池质量比能量将影响电动汽车的整车质量和续驶里程，而体积比能量会影响到动力电池的布置空间。因而比能量是评价动力电池能否满足电动汽车应用需要的重要指标。同时，比能量也是比较不同类型电池性能的一项重要指标。

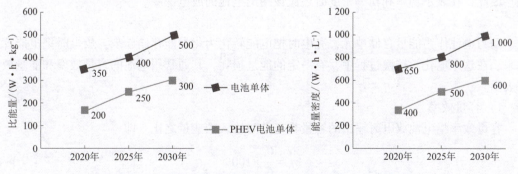

图 1-29　未来纯电动汽车单体电池比能量与能量密度发展趋势

比能量还可分为理论比能量（W）和实际比能量（W'）。理论比能量对应于理论能量，是指单位质量或单位体积电池反应物质完全放电时理论上所能输出的能量；实际比能量对应于实际能量，是单位质量或单位体积电池反应物质所能输出的实际能量，由电池实际输出能量与电池质量（或体积）之比来表征，由于各种因素的影响，电池的实际比能量远小于理论比能量。

动力电池在电动汽车的应用过程中，由于电池组安装需要相应的电池箱、连接线、电流电压保护装置等元器件，实际的电池组比能量小于电池比能量。电池组比能量是电动汽车应用中最重要的参数之一，电池比能量与电池组比能量之间的差距越小，电池的成组设计水平越高，电池组的集成度越高。因此，电池组的质量比能量常常成为衡量电池组性能的重要指标。一般而言，电池组的质量比能量与电池比能量相比低20%以上。

5. 功率与功率密度

（1）功率

电池的功率是指在一定的放电制度下，单位时间内电池输出的能量，单位为瓦（W）或千瓦（kW）。理论上电池的功率可以表示为

$$P_o = \frac{W_o}{t} = \frac{C_o E}{t} = IE \tag{1-6}$$

式中，t——放电时间；

C_o——电池的理论容量；

I——恒定的放电电流。

电池的实际功率应当为

$$P_o = IV = I(E - IR_W) = IE - I^2 R_W \tag{1-7}$$

式中，$I^2 R_W$——消耗于电池内阻上的功率，这部分功率对负载是无用的。

（2）功率密度

单位质量或单位体积电池输出的功率称为功率密度，又称比功率，单位为kW/kg或W/g。功率密度的大小表征电池所能承受的工作电流的大小，电池功率密度大，表示它可以承受大电流放电。功率密度是评价电池及电池组是否满足电动汽车加速和爬坡能力的重要指标。

对电化学电池，功率和功率密度与电池的放电深度（Depth Of Discharge，DOD）密切相关。因此，在表示功率和功率密度时还应该指出电池的放电深度。

6. 输出效率

动力电池作为能量存储单元，充电时把电能转化为化学能存储起来，放电时把电能释放出来。在这个电化学转换过程中，有一定的能量损耗，其通常用电池的容量效率和能量效率来表示。

1）容量效率

容量效率指电池放电时输出的容量与充电时输入的能量之比，即

$$\eta_c = \frac{C_o}{C_i} \times 100\% \tag{1-8}$$

式中，η_c——电池的容量效率；

C_o——电池放电时输出的容量；

C_i——电池充电时输入的容量。

影响电池容量效率的主要因素是副反应，当电池充电时，有一部分电量消耗在水的分解上，此外，自放电以及电极活性物质的脱落、结块、孔率收缩等也会降低容量输出。

2）能量效率

能量效率也称电能效率，是指电池放电时输出的能量和充电时输入的能量之比，即

$$\eta_E = \frac{E_o}{E_i} \times 100\% \tag{1-9}$$

式中，η_E——电池的能量效率；

E_o——电池放电时输出的能量；

E_i——电池充电时输入的能量。

影响能量效率的因素是电池内阻，它使电池充电电压增加，放电电压下降，内阻的能量损耗以电池发热的形式损耗掉。

7. 荷电状态

电池荷电状态（SOC）用于描述电池的剩余电量，是电池使用过程中的重要参数，此参数与电池的充放电历史和充放电电流大小有关。

荷电状态值是个相对量，一般用百分比的方式来表示。SOC 的取值为：0% ≤ SOC ≤ 100%。目前较统一的是从电量角度定义 SOC，如美国先进电池联合会（United States Advanced Battery Consortium，USABC）在其《电动汽车电池试验手册》中定义 SOC 为，电池在一定放电率下，剩余电量与相同条件下额定容量的比值。

$$SOC = \frac{C_\mu}{C_{额}} \tag{1-10}$$

式中，$C_{额}$——额定容量；

C_μ——电池剩余的按额定电流放电的可用容量。

由于 SOC 受充放电率、温度、自放电、老化等因素的影响，实际应用中要对 SOC 定义进行调整。

例如，日本本田公司电动汽车 EV Plus 定义 SOC 为

$$SOC = \frac{剩余容量}{额定容量 \times 容量衰减因子} \tag{1-11}$$

其中，剩余容量等于额定容量减去净放电量、自放电量、温度补偿容量后的差值。

动力电池的充放电过程是个复杂的电化学变化过程，电池剩余电量受到动力电池的基本特征参数（端电压、工作电流、温度、容量、内部压强、内阻和充放电循环次数）和动力电池使用特性因素的影响，使得对电池组的荷电状态（SOC）的测定很困难。目前关于电池组电量的研究，较简单的方法是将电池组等效为一个单体电池，通过测量电池组的电流、电压、内阻等外界参数，找出 SOC 与这些参数的关系，以间接地测试电池的 SOC 值。应用过程中，为确保电池组的使用安全和使用寿命，常使用电池组中性能最差单体电池的 SOC 来定义电池组的 SOC。

8. 放电深度

放电深度（DOD）是放电容量与额定容量之比的百分数，它与 SOC 之间存在如下数学计算关系：

$$DOD = 1 - SOC \tag{1-12}$$

放电深度的高低对蓄电池的使用寿命有很大的影响，一般情况下，蓄电池常用的放电深度越深，其使用寿命就越短，因此在电池使用过程中应尽量避免蓄电池深度放电。

9. 使用寿命

1）使用寿命的概念

动力单体电池在充放电循环使用过程中，由于一些不可避免的副反应，电池可用活性物质逐步减少，性能逐步退化，其退化程度随着充放电循环次数的增加而加剧，其退化速度与单体电池充放电的工作状态和环境有着直接的联系。

循环寿命是评价蓄电池寿命性能的一项重要的指标。蓄电池经历一次充电和放电，称为一次循环或者一个周期。按一定测试标准，当电池容量降到某一规定值（一般规定为额定值的80%）以前，电池经历的充放电循环总次数，称为蓄电池的循环寿命或使用周期。各类蓄电池的循环寿命都有差异，即使同一系列、同一规格的产品，循环寿命也可能有很大差异。如表1-5所示是常用不同电化学体系电池的循环寿命。

表1-5　常用不同电化学体系电池的循环寿命

电池类型	铅酸蓄电池（VRLA）	镍镉电池（Ni-Cd）	镍氢电池（Ni-MH）	锂离子电池（Li^+）	燃料电池
循环寿命/次	400~600	600~1 000	800~1 000	800~3 000	10 000

2）电池使用寿命的影响因素

影响动力电池寿命的因素主要包括充放电速率、充放电深度、环境温度、存储条件、电池维护过程、电流波纹以及过充电量和过充频度等。电池成组应用中，动力单体电池不一致性、单体电池所处温区不同、车辆的振动环境等都会对电池寿命产生影响。

在动力电池成组使用中，由于各单体电池间的不一致性和串联动力电池组的短板效应，电池组的最大可用容量与单体电池的可用容量下降速度不同步，也将导致各单体电池的SOC状态各不相同，使电池组寿命和单体电池相比，明显降低。过充电或过放电都会对电池造成额外的损伤，致使动力电池的容量衰减加剧，此时的动力电池组寿命降低更加明显。

10. 自放电率

自放电率是指电池在存放时间内，在没有负荷的条件下自身放电，使电池容量损失的速度。自放电率采用单位时间（月或年）内电池容量下降的百分数来表示。

$$自放电率 = \frac{C_a - C_b}{C_a t} \times 100\% \tag{1-13}$$

式中，C_a——电池储存时的容量（$A \cdot h$）；

　　　C_b——电池储存以后的容量（$A \cdot h$）；

　　　t——电池储存的时间（天或月）。

自放电率通常与时间和环境温度有关，环境温度越高，自放电现象越明显，所以电池久置时要定期补电，并在适宜的温度和湿度下储存。

11. 不一致性

1）电池不一致性的概念

电池不一致性的概念是指同一规格、同一型号的单体电池组成电池组后，在电压、内阻及其变化率、荷电量、容量、充电接受能力、循环寿命、温度影响、自放电率等参数方面存在的差别。在现有的电池技术水平下，电动汽车必须使用多块单体电池构成的电池组来满足使用要求。由于不一致性的影响，动力电池组在电动汽车上使用的性能指标往往达不到单体电池原有水平，使用寿命可能缩短数倍甚至十几倍，严重影响电动汽车的性能和应用。

2）电池不一致产生的原因

（1）在制造过程中，由于工艺上的问题和材质的不均匀，使得电池极板活性物质的活化程度和厚度、微孔率、联条、隔板等存在很微小的差别，这种电池内部结构和材质上的不完全一致性，就会使同一批次出厂的同一型号电池的容量、内阻等参数不可能完全一致。

（2）在装车使用时，由于电池组中各个电池的温度、通风条件、自放电程度、电解液密度等差别的影响，在一定程度上导致电池电压、内阻及容量等参数的不一致性。

3）电池不一致性的分类

根据使用中电池组不一致性扩大的原因和对电池组性能的影响方式，可以把电池的一致性分为容量一致性、电压一致性和内阻一致性。

（1）容量一致性。容量一致性主要体现在起始容量和实际容量两个方面。起始容量一致性是指电池组在出厂前的分选试验后单体电池初始容量一致性，实际应用的容量一致性是指电池在放电过程中剩余电量不相等。初始容量不一致可在使用过程中通过单体电池充放电来调整，使之差异性较小，而实际容量不一致则有可能与单体电池内阻等参数有关。

电池起始容量受电池循环工作次数影响显著，越接近电池寿命周期后期，实际容量不一致就越明显。同时电池起始容量还与电池容量衰减特性有关，受到电池储存温度、电池荷电状态（SOC）等因素影响。电池组实际放电容量不一致性还与电池放电电流有关。所以，在电池组实际使用过程中，容量不一致主要是电池起始容量不一致和放电电流不一致综合影响的结果。

（2）电压一致性。电压不一致的主要影响因素在于并联组中电池的互相充电，当并联组中一节电池电压低时，其他电池将给此电池充电。如图 1-30 所示为并联电压不一致性连接方式，低压电池容量小幅增加的同时，高压电池容量急剧降低，能量将损耗在互充电过程中而达不到预期的对外输出。

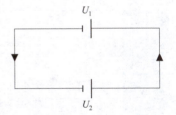

图 1-30　并联电压不一致性

若低压电池和正常电池一起使用，将成为电池组的负载，影响其他电池的工作，进而影响整个电池组的寿命。所以，在电池组不一致明显增加的深放电阶段，不能再继续行车，否则会造成低容量电池过放电，影响电池组使用寿命。

（3）内阻一致性。电池内阻不一致使电池组中每个单体电池在放电过程中热损失的能量各不一样，最终会影响单体电池能量状态。

12. 温升

电池温升定义为电池内部温度与环境温度的差值。多数锂电池充电时属吸热反应，放电时为放热反应，两者都包含内阻热耗。充电初期，极化电阻最小，吸热反应处于主导地位，电池温升可能出现负值；充电后期，阻抗增大，释热多于吸热，温升增加；过充时，随不可逆反应的出现，逸出气体、内压升高、温度升高，直到变形、爆裂。

13. 内压

内压即电池内部压力。电池内部反应逸出气体会导致气压增大，气压过大将撑破壳体和发生爆裂。基于安全考虑，一方面锂离子电池都设计了单向的防爆阀门，另一方面其外部用塑壳制造。析气反应常伴随着不可逆反应，也就意味着活性物质的损失、电池容量的下降，无析气、小温升充放电是最理想的。

除上述主要性能指标外，还要求电池无毒性、不对周围环境造成污染或腐蚀、使用安全、有良好的充电性能、充电操作方便、耐振动、无记忆性、对环境温度变化不敏感、易于调整和维护等。

任务小测

（1）不同电化学体系的单体电池额定电压值不同，其中铅酸单体电池额定电压为_____V，锰酸锂单体电池额定电压为_____V。

（2）动力电池内阻主要包括_____和电极在化学反应时所表现出的_____，两者之和成为电池的全内阻。

（3）电池产生极化现象的原因主要有_____、_____、_____3方面。

（4）影响动力电池寿命的因素主要包括_____、_____、_____、_____、_____等多方面因素。

（5）根据使用中电池组不一致性扩大的原因和对电池组性能的影响方式，可以把电池的一致性分为_____、_____、_____3方面。

实训项目　单体电池的认识与测量

组员姓名				学时		班级	
组别		组长		联系电话		小组任务成绩	
实训场地				日期		个人任务成绩	
任务描述	某品牌汽车维修学徒小张，接到客户的纯电动故障汽车。该车动力系统故障灯、电池系统故障灯点亮，无法上电，于是顾客将车送到店面进行维修。根据师傅的分析，可能动力电池存在故障。现在，小张需要在师傅指导下认识动力电池并进行检测和测试						
任务目的	不同类型单体电池认识、单体电池内部结构认识、单体电池参数测试						
任务准备	安全防护：做好车辆安全防护与隔离（车内外三件套、车轮挡块、警示隔离带等）。 工具设备：数字万用表、兆欧表、绝缘防护用品、绝缘工具套装、常规工具套装、动力电池拆装举升台。 台架车辆：不同类型单体电池、电池模型、BMS台架。 辅助资料：汽车维修手册、教材、实训工作页						
资讯	(1) 铅酸电池的正极是（　　）。 A. 铅（Pb）　　　　B. 二氧化铅（PbO_2）　　　C. 锂（Li）　　　　D. 硫酸铅（$PbSO_4$） (2) 镍氢单体电池的额定电压值是（　　）。 A. 1.2 V　　　　　B. 2.1 V　　　　　C. 3.7 V　　　　D. 4.2 V (3) 镍氢电池相对锂离子电池的优点在于（　　）。 A. 额定电压高　　　B. 能量密度高　　　C. 安全性好　　　D. 质量小 (4) 电池的开路电压取决于（　　）。 A. 电池的荷电状态　B. 温度　　　　　C. 记忆效应　　　D. 电池电动势						

<table>
<tr><td rowspan="2">资讯</td><td>

（5）电池容量单位为（　　）。

A．A·h　　　　　　　　B．W·h　　　　　　　　C．I·h　　　　　　　　D．V·h

（6）荷电状态 SOC 计算方法主要有（　　）。

A．按时计量法　　　　B．开路电压法　　　　C．线性模型法　　　　D．神经网络法

（7）电池额定容量为 50 A·h，以 0.5C 放电率放电电流为（　　）。

A．50 A　　　　　　　B．25 A　　　　　　　C．10 A　　　　　　　D．5 A

（8）充满电的电池一次放完电，则放电深度 DOD 为（　　）。

A．0%　　　　　　　　B．20%　　　　　　　C．80%　　　　　　　D．100%

（9）锂离子电池正极材料主要有（　　）。

A．钴酸锂（$LiCoO_2$）　　　　　　　　　　B．磷酸铁锂（$FeLiO_4P$）

C．锰酸锂（$LiMn_2O_4$）　　　　　　　　　D．三元锂（NCM）

</td></tr>
</table>

计划与决策	请根据动力电池检测的任务，确定检测的标准方法和所需要的检测仪器，并对小组成员合理分工，制定详细的工作计划。 （1）采用的评价标准：　　　　　　　　　　　　　　　　　　　　　　　　　。 （2）需要的检测仪器和工具。 仪器：　　　　　　　　　　　　　　　　　　　　　　　　　　　　　　　　。 工具：　　　　　　　　　　　　　　　　　　　　　　　　　　　　　　　　。 （3）实训计划：　　　　　　　　　　　　　　　　　　　　　　　　　　　。 （4）小组成员任务分工（见表1-6）。

表 1-6　小组成员任务分工

操作员		记录员	
安全员		展示员	

实施	1. 单体电池认识 根据如图 1-31 所示的单体电池，将各单体电池的外观、开路、电压等信息填入表 1-7 中。

（a）　　　　　　　（b）　　　　　　　（c）　　　　　　　（d）　　　　　　　（e）

图 1-31　单体电池

表 1-7　单体电池的各组成部分

序号	外观	开路电压	内阻	电池类型	是否正常
（a）					□是　□否
（b）					□是　□否
（c）					□是　□否
（d）					□是　□否
（e）					□是　□否

2. 单体电池结构认识

（1）根据电池模型（见图1-32）填写圆柱形锂离子电池部件名称。

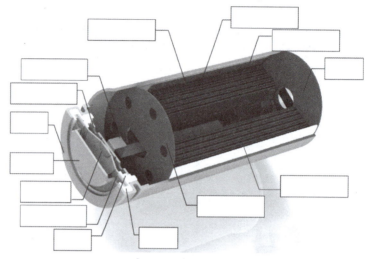

图1-32　圆柱形锂离子电池模型

（2）根据电池模型（见图1-33）填写方形锂离子电池部件名称。

图1-33　方形锂离子电池模型

3. 动力电池组单体电池的检测与更换

1）BMS台架动力电池的高压下电

①通过电源开关（见图1-34）。

图1-34　电源开关

实施

②通过应急开关（见图1-35）。

图1-35　应急开关

2）单体锂电池的测量

在台架中，动力电池共有12块单体锂电池，这些锂电池通过串联方式组成电池模组，每块单体锂电池的电压为_____V，串联后动力电池模组对外输出总电压约为_____。

在台架中，可以用万用表对单体锂电池进行电压测量，在测量过程中可判断每个单体锂电池电压是否均衡，找到有故障的单体锂电池，具体实施步骤如下：

①测量前准备（见图1-36）：安全防护设备准备，拆装工具准备，操作人员在作业中需要佩戴好安全防护设备。

图1-36　测量前准备

②通过面板上测量端口找到所对应的单体锂电池进行电压检测（见图1-37），并记录每个单体锂电池电压于表1-8中。测量过程中正确使用万用表，确保测量面板端口号——对应。

图1-37　电压检测

表1-8　单体锂电池电压

步骤	测量对象及测试项目	测量结果（带单位）	是否正常（正常/不正常）

③测量完毕后，将所测数值进行对比，找到异常单体锂电池。同时根据动力电池的检测数据在显示屏幕上答题，题目答完后查看结果，根据数据分析电池故障现象（见图1-38）。

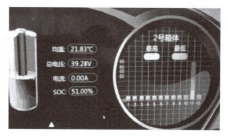

图1-38 答题并查看结果及电池故障分析

3）单体锂电池的更换

①动力电池组盖板拆卸（见图1-39）。

图1-39 动力电池组盖板拆卸

②动力电池线束拆卸（见图1-40）。

注意：拆卸过程中需要对线束连接部位提前做好标记，确保线束与桩头一一对应，防止装配过程中线束装错，拆开的线束及电池桩头需要用绝缘胶带封闭。

图1-40 动力电池线束拆卸

③取出动力电池组（见图1-41）。

注意：动力电池组在取出过程中防止刮擦及倾斜，取下的动力电池要放在安全稳固的台面上。

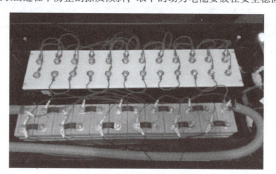

图1-41 取出动力电池组

实施

④拆卸单体锂电池连接线束（见图1-42）并做好标记，且拆卸下的线束需要用绝缘胶带包扎。

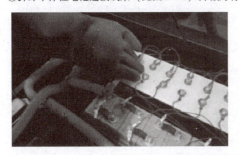

图1-42　拆卸单体锂电池连接线束

⑤拆卸单体锂电池间的连接片（见图1-43）。

⑥取出需要更换的单体锂电池（见图1-44），取下过程中注意电池平稳，防止碰擦损坏。

图1-43　拆卸单体锂电池间的连接片　　　图1-44　取出需要更换的单体锂电池

检查	（1）根据考核标准，对整个实训过程中出现的问题进行总结。 （2）各小组根据各自的检测对象和结果，相互交流检测过程中的注意事项	

	项目	评分标准	分值	得分
评价	任务导入	明确工作任务，理解任务在工作中的重要程度	5	
	知识要点	动力电池组单体电池的检测与更换、动力电池组接触器的检测与更换	15	
	任务计划	制定动力电池组单体电池的检测与更换计划	10	
		制定动力电池组接触器的检测与更换计划	10	
		能协调小组人员安排任务分工	5	
		能在实施前准备好所需要的工具器材	5	
	任务实施	会使用专用检测仪器完成动力电池组单体电池的检测与更换任务	5	
		会使用专业测量仪器完成动力电池组接触器的检测与更换任务	5	
		会使用万用表完成动力电池组单体电池检测任务	5	
		会根据检测结果判断动力单体电池是否正常	8	
		会根据检测结果判断动力电池接触器是否正常	8	
		清点工具，打扫场地	5	
	任务检查	学生任务完成，操作过程规范	10	
	任务评价	学生能对自身表现情况进行客观评价	2	
		学生在任务实施过程中发现自身问题	2	
	自评得分（满分100）			

		姓名	评分（满分20分）	姓名	评分（满分20分）	姓名	评分（满分20分）
评价	组内互评						
	小组互评	评价对象	评分	评价对象	评分	评价对象	评分	评分（满分20分）
	教师评价						评分（满分50分）
学生本次完成实训任务得分							

项目 2　动力电池系统结构原理

电池管理系统（Battery Management System，BMS）是电池管理和保护的核心部件。在动力电池系统中，其作用就相当于人体大脑，不仅要保证电池安全可靠的使用，还要充分发挥电池性能、延长其使用寿命。本项目内容主要包括动力电池包结构与成组原理、动力电池管理系统结构与原理、动力电池热管理系统。

任务 1　动力电池包结构与成组原理

学习内容

（1）动力电池包的组成；
（2）动力电池包的成组原理。

能力要求

（1）能够描述动力电池包的组成结构；
（2）掌握动力电池的串并联成组原理。

任务引入

小张是 B 品牌 4S 店销售人员，一位客户想了解动力电池包的结构及其铭牌的含义，作为 4S 店服务人员，你能完成这个任务吗？

任务描述

请你就目前市场上常见车型的动力电池包，描述动力电池包的构成，根据动力电池包的参数及串并联关系，计算其单体电池的电压、容量等，并在学习小组或班级进行交流汇报。

一、动力电池包结构

动力电池包主要由动力电池模组、电池管理系统、动力电池箱及辅助元器件等 4 部分组成。如图 2-1 所示为某 EV 车型动力电池包结构与组成。

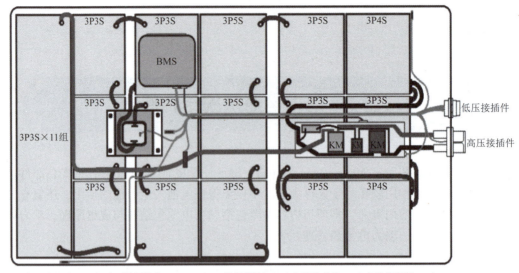

3个温度传感器、4根电压检测线（V1、V2、V3、绝缘监控）、1个电流传感器、3个直流接触器、1个预充电电阻、电芯电压/均衡采集线若干、1个检修开关。

图 2-1　动力电池包结构与组成

1. 动力电池模组

单体电池：构成动力电池模块的最小单元（电芯）。一般由正极、负极、电解质及外壳等构成，可实现电能与化学能之间的直接转换。

电池模块：一组并联的单体电池的组合，该组合额定电压与单体电池的额定电压相等，是单体电池在物理结构和电路上连接起来的最小分组，可作为一个单元替换。

电池模组：由多个电池模块或单体电池串联组成的一个组合体。

将电芯装到车上，传统主流步骤是：电芯（Cell）→模组（Module）→电池包（Pack）→车身（Body/Chassis）。动力电池高效成组（Cell To Pack，CTP）技术跳出了行业原先的电芯、模组、电池包的三级设定，CTP 就是将模组这一步给省掉，从电池包角度出发对结构进行高度集成，并对新工艺进行研发，优化热管理方案，实现了从电芯直接到电池包的高效集成，提高了整包的体积成组效率，同时减少了零部件的数量，进而提高了生产效率和整包的质量能量密度。CTP 技术现有 2 种不同的路线。一是彻底取消模组的方案，以比亚迪刀片电池为代表；二是小模组整合为大模组的方案，以宁德时代麒麟电池 CTP 技术为代表。

而车身电池（Cell To Body，CTB）/电芯集成车身底部（Cell To Chassis，CTC）是相似的，进一步精简电池包的结构。CTB 是比亚迪在发布海豹时提出的，核心特点是将车身地板与电池上盖合二为一，这样可使体积利用率提升至 66%，垂直空间增加 10 mm。特斯拉和零跑 C01 的 CTC 技术与比亚迪 CTB 技术有异曲同工之妙，都是将电池结构的一部分与整车的内饰地板做 CTC 整合，零跑 C01 的 CTC 方案是取消电池包上盖板，而特斯拉的 CTC 方案是取消座舱地板。特斯拉的 CTC 方案也称为 Structural Battery，采用了 4680 电池，将车舱横梁和车内座椅都集成在电池包上，从而实现高度集成化，减少零部件开发，增大车内空间。同时电池作为车身刚度支撑的一部分，让整车刚度进一步提升，但此时几乎不存在电芯维修或更换的可能。

2. 电池管理系统

BMS 是电池管理和保护的核心部件，BMS 通过电压、电流及温度检测等功能实现对动力电池系统的过压、欠压、过流、过高温和过低温保护，继电器控制，SOC 估算，充放电管理，均衡控制，故障报警及处理，与其他控制器通信等功能；此外电池管理系统还具有高压回路绝缘检测功能，以及为动力电池系统加热功能。

3. 动力电池箱

动力电池箱是支撑、固定、包围电池系统的组件，主要包含上盖和下托盘，还有辅助元器件，如过渡件、护板、螺栓等，动力电池箱有承载及保护动力电池组及电气元件的作用。

电池箱体通过螺栓连接于汽车车架底部，其防护等级为 IP67，螺栓拧紧力矩为 80～100 N·m。整车维护时需观察电池箱体螺栓是否有松动，电池箱体是否有破损严重变形，密封法兰是否完整，确保动力电池可以正常工作。

动力电池箱体外表面颜色要求为银灰或黑色，亚光；电池箱体表面不得有划痕、尖角、毛刺、焊缝及残余油迹等外观缺陷，焊接处必须打磨圆滑。

4. 辅助元器件

辅助元器件主要包括动力电池系统内部的电子电器元件，如熔断器、继电器、分流器、接插件、紧急开关、烟雾传感器等，维修开关以及电子电器元件以外的辅助元器件，如密封条、绝缘材料等。接触器位于线束和继电器模块内，用于控制高电压的通断。当接触器闭合时，高电压自电池组输出到车辆动力系统，接触器断开后，高电压保存在电池组内。

二、动力电池包的成组原理

混动、纯电动汽车的动力电池系统通常工作电压为 100～800 V，在电池成组时，一般把未组装的电池叫做电芯或单体电池，而把连接上 PCM 板（BMS）、有充放控制等功能的成品电池叫做 Pack。电芯的额定电压在 5 V 之内（如三元锂离子电池 3.7 V，磷酸铁锂电池 3.2 V），容量一般为 2～200 A·h。这时需要将多节的单体电池通过串并联的方式组成动力电池包（Battery Pack），以满足电池包的电压和容量要求，串联可提升电池模组的电压，并联可提高电池模组的容量。

n 个电池通过串联构成电池模块（简称 nS）时，电池模块的电压为单体电池电压的 n 倍，而电池模块的容量为单体电池的容量。如图 2-2 所示，4 节同样的锂离子电池通过串联组成电池模组，模组电压变为 14.8 V，而额定容量仍为 1 A·h。

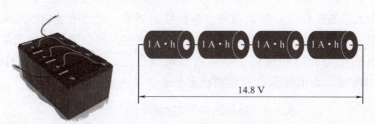

图 2-2　动力电池模组的串联

电池并联方式通常用于满足大电流的工作需要。m 个单体电池通过并联构成电池模块时，电池模块的容量为单体电池容量的 m 倍，电池模块的标称电压为单体电池的标称电压。如图 2-3 所示，4 节标称电压为 3.7 V、额定容量为 1 A·h 的三元锂离子电池通过并联组成电池模组，模组电压仍为 3.7 V，而额定容量变成了 4 A·h。

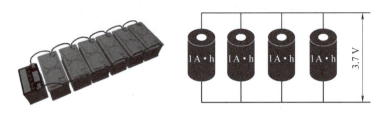

图 2-3　动力电池模组的并联

为了形象表达电池模组的单体电池连接关系，通常对动力电池模组进行编号，用字母 S 表示串联，用字母 P 表示并联，如某电池模组型号为 2P5S，代表该电池模组由 2 个单体电池并联，再将 5 组并联后的电池串联，如图 2-4 所示。该电池模组共包括 10 个单体电池，输出电压为 18.5 V，容量为 2 A·h。

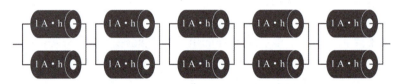

图 2-4　2P5S 动力电池模组

动力电池包成组的过程中并不是简单将单体电池串并联，而是根据动力电池箱的结构、尺寸，先将单体电池组成电池模组，再将电池模组串并联组成动力电池包，并根据需要在动力电池包内系统集成接触器、热管理系统、电池信息采集系统、电池管理系统等。

三、动力电池包安全要求

GB 18384—2020《电动汽车安全要求》规定，对于 B 级电压电路（交流电压大于 30 V 且小于等于 1 000 V，直流电压大于 60 V 且小于等 1 500 V）电能存储系统（动力电池包）或产生装置（燃料电池堆）在外部以及内部高压电气部件的第一可视面醒目位置设置高压危险标志——黑标、黑框、黄底。在高压标志附近还应清晰注明动力电池包的类型，如镍氢电池、锂离子电池等。

在动力电池的生命周期内，其高压电气系统的输出端（正极和负极）与动力电池箱体间的绝缘阻值应大于 500 Ω/V。除此以外，按标准的要求，动力电池包的绝缘防护设计还需要考虑密封性能，主要是因为水或水蒸气进入动力电池包内部会引起系统内部的高压带电部分通过阻值较低的水与壳体相连接，导致高压绝缘失效。一般动力电池的绝缘监测通过 BMS 来进行，BMS 对动力电池漏电的检测状态如表 2-1 所示。

表 2-1　BMS 对动力电池漏电的检测状态

项目		绝缘阻值	现象
动力电池漏电检测	一般漏电	$100\ \Omega/V \leqslant R \leqslant 500\ \Omega/V$	仪表灯亮，报动力系统故障，限功率
	严重漏电	$R \leqslant 100\ \Omega/V$	行车中：仪表灯亮，立即断开主接触器； 停车中：禁止上电，仪表灯亮，报动力系统故障； 充电中：断开交流充电接触器，仪表灯亮，报动力系统故障

（1）简述动力电池包的组成结构。

（2）描述动力电池包的成组原理。

（3）动力电池包安全要求有哪些？

任务2　动力电池管理系统结构与原理

学习内容

（1）掌握动力电池管理系统结构组成、类型和工作原理；
（2）掌握动力电池管理系统功用。

能力要求

（1）能正确认知动力电池管理系统各组成部件；
（2）能正确进行动力电池性能检测。

任务引入

　　小张是一家4S店的服务人员，有客户进店想买一辆电动汽车，但想先了解一下该款电动汽车动力电池性能及特点。作为4S店的服务人员，请根据你所了解的新能源汽车知识，向客户详尽地介绍动力电池管理系统的功能。

任务描述

　　在购买新能源汽车时，客户非常关注车辆动力电池的安全性。请你就某一型号新能源汽车动力电池管理系统，解释说明其功用与特点，在学习小组或班级进行交流汇报。

一、动力电池管理系统概述

1. BMS 介绍

电动汽车动力电池包的额定电压等级一般超过 100 V，按 GB/T 31466—2015《电动汽车高压系统电压等级》的规定，可选择 144 V，288 V，346 V，400 V，576 V 等，电动汽车动力电池包通常由若干电池模组组成，每个电池模组由多节单体电池（一般电压小于 5 V）通过串并联构成。自镍氢电池开始，单体电池的工作状态（电压、电流、温度、荷电状态等）、均衡性、充放电管理、热管理直接影响动力电池系统的工作状态和性能。以三元锂离子单体电池工作电压为例，标称电压 3.7 V，最大充电电压 4.2 V，最小放电电压 2.5 V，欠压会给电池造成不可逆的损害，如容量衰减和自放电加速，而过压则可能会引起过温自燃，存在安全风险。若某个单体电池性能下降或故障将导致动力电池模组性能下降或故障进而报废，因此必须确保电池模组中的每个单体电池处于最佳的工作状态。BMS 正是对动力电池包进行监测、保护和运行管理的一套系统，它是电动汽车动力电池核心技术之一。BMS 通过对动力电池包及其单体电池状态进行监测、运算分析、能量控制、均衡控制、故障自诊断等，不仅要保持动力电池正常运行，保证车辆运行安全和提高动力电池寿命，而且其作为动力电池与 VCU 以及驾驶员之间的沟通桥梁，起着向 VCU 上报动力电池的各项信息并在仪表上显示出来的作用，如图 2-5 所示。

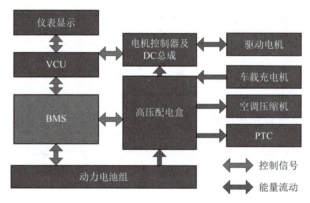

图 2-5　BMS 定位

2. BMS 组成

BMS 组成如图 2-6 所示，一般包括单体电池监测电路（Cell Supervising Circuit，CSC）监测模块（从控模块）、控制单元电池管理单元（Battery Management Unit，BMU）（主控模块）、高压配电盒、电流传感器和热管理系统 5 个部分组成。集中式 BMS 系统将从控模块与主控模块集成为一个整体。

（1）CSC 监测模块。CSC 简称单体电池监测电路，一般做成一个专用的集成数据采集模块，负责对动力电池模组各单体电池电压、温度和采样线的异样进行监测。为了达到动力电池系统布线的最小化，各单体电池的均衡电路也在这个模块中完成。一个动力电池模组对应一个 CSC 模块，由于动力电池包由多个动力电池模组组成，因此 BMS 也就需要有多个 CSC 模块。有些 BMS 将该模块称为电池信息采集器（Battery Information Collector，BIC）。

（2）控制单元 BMU。BMU 控制单元又称为 BMC（Battery Management Controller），它是

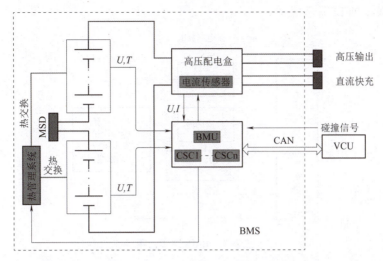

图 2-6　BMS 组成

BMS 的大脑，通常集成有动力电池总电压检测、绝缘检测模块，负责收集 CSC 监测模块、总电压、总电流、动力电池绝缘性监测的数据，通过控制器区域网络（Controller Area Network，CAN）网络与 VCU、车载充电机（On-Board Charger，OBC）等进行交互，控制高压配电盒中的继电器等，完成车辆预充、上电、下电和充放电控制。当动力电池存在过压、欠压、过温、过流时，采取安全保护措施。对动力电池 SOC，健康状态（State Of Health，SOH），功率状态（State Of Power，SOP）进行估算，在仪表上显示动力电池 SOC 状态并对动力电池进行充放电管理和均衡管理。根据电池工作温度、热管理系统温度等信号，对动力电池热管理系统进行控制，确保动力电池安全、高效运行。

（3）高压配电盒。高压配电盒主要包括主正继电器、主负继电器、预充继电器、预充电阻、熔断器等，有些车型还包括充电继电器。高压配电盒的继电器接收 BMU 控制单元指令，完成整车预充、上电、下电过程，在短路、过温或故障情况下切断动力电池输出。熔断器的额定电压要求大于动力电池系统的最高工作电压，额定电流通常为高压回路最大负载电流的 1.5~3 倍。

（4）电流传感器。一般 BMS 设有独立的电流传感器，通常置于高压配电盒内，负责对动力电池工作过程的总电流进行检测。BMS 常用的电流传感器主要有分流器和霍尔电流传感器 2 种。

（5）热管理系统。热管理系统是 BMS 重要组成部分之一，以锂离子电池为例，理想的工作温度是 20~40 ℃，当工作温度低于 20 ℃时，随着温度的降低，电池内阻迅速增大，电池的效率及可用于驱动的功率因而迅速降低，0 ℃时，这种低效率差别可达 30%，低于-20 ℃时差别更大。工作温度大于 40 ℃时，锂离子电池加快老化，寿命减少。经验显示工作温度每升高 10 ℃，电池循环寿命减半。如持续工作温度为 40 ℃时，预期循环寿命为 8 年，那么持续工作温度为 50 ℃时，循环寿命只有 4 年左右。除此以外，热管理系统还要尽可能确保各单体电池的均匀冷却，一般来说，同一位置单体电池间的温差不得超过 5 ℃。

3. BMS 的功用

BMS 主要功用包括数据采集、状态估算、能量管理、安全保护、热管理、数据通信与显示和故障诊断，如图2-7所示。

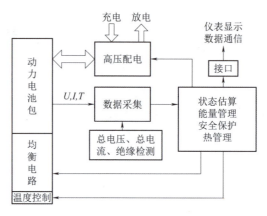

图 2-7　BMS 主要功用

（1）数据采集。BMS所有的控制均源于准确的数据采集，所采集数据包括单体电池电压、温度、总电压、总电流、绝缘阻值、高压互锁（High Voltage Inter-Lock，HVIL）信号、碰撞信号、热管理系统进出水口温度等。

单体电池电压采样周期不超过50ms（20 Hz），测量精度不大于±0.5% FS（满量程），且全温度范围内误差不大于±10 mV。温度采集点须有反映单体电池整体温度的实时变化，采集范围-40~125 ℃，采样周期不大于1s，全温度范围内采样误差不大于±2 ℃，0~50 ℃采样误差不大于±1 ℃。总电压分别采集动力电池包输出电压和母线电压，总电压的采样周期不大于10ms，精度不大于±0.5% FS（满量程），且最大误差不超过±5 V。高压母线总电流采样周期不大于10ms，精度不大于2% FS（满量程），且最大误差不超过±5 A。绝缘阻值周期性采样高压上电后或充电时母线正负极和整车车身电平台间的绝缘阻值，测量范围0~5 MΩ，一般采样周期不大于3 s。按照GB/T 18384—2020《电动汽车安全要求》标准的规定，在最大工作电压下，直流电路绝缘电阻应≥100 Ω/V，交流电路绝缘电阻应≥500 Ω/V。BMS还对高压接插件的连接可靠性、维修开关及部件开合状态进行高压互锁检测，确保高压系统安全有效。对整车碰撞信号进行检测，这个信号一般来源于安全气囊的硬线信号［脉宽调制（Pulse Width Modulation，PWM）信号］或CAN网络的碰撞信号。BMS对所有采集的数据均通过动力系统CAN总线与VCU进行交互。

（2）状态估算。状态估算是BMS的重要功能之一，通过采集当前动力电池状态、运行工况和充放电的电量信号，对动力电池的SOC，SOH，SOP进行估算，估算精度直接影响动力电池的运行效率和使用寿命，一般要求估算误差不超过5%。SOC，SOH信息还会与VCU交互，并在仪表上进行显示。

（3）能量管理。能量管理主要包括动力电池充放电管理和均衡管理。BMS根据动力电池电量状态对充放电过程的电流和电压进行限制，控制充放电功率。动力电池模组中设置有均衡电路，对单体电池进行均衡控制，确保单体电池工作状态的一致性，提高动力电池包的整体性能和使用寿命。

（4）安全保护。BMS具备动力电池保护功能，当出现过充、过放、过温时对动力电池进行限流、限压、下电控制。监测动力电池绝缘故障、高压互锁故障和碰撞信号，切断高压回路，确保人身和高压系统安全。

（5）热管理。锂离子动力电池对工作温度的要求非常高，BMS 须确保动力电池在最佳温度状态下工作，当动力电池工作温度过高时起动制冷系统进行冷却，过低时进行加热，并在电池工作过程中保持单体电池间温度一致。

（6）数据通信与显示。BMS 与 VCU、OBC 及直流充电桩等进行通信。通信方式包括模拟量、PTM 信号和动力 CAN 总线。动力 CAN 总线的速率为 500 kbit/s。为了帮助驾驶员及时准确了解电动汽车动力系统的状态，BMS 还需将温度、SOC 状态和各种警示信息通过仪表进行显示。

（7）故障自诊断。BMS 具备故障自诊断功能，系统上电后根据动力电池工作状况、采样线通断等情况进行动力电池及其管理系统自身的故障判断和报警，保存故障信息以便快捷进行故障排查。

4. BMS 的类型

BMS 一般采用模块化设计，主要包括 2 大功能模块，BMU 和 CSC，通常也称之为主控模块和从控模块。CSC 从控模块为动力电池信息采集与均衡控制模块，负责采集动力电池信息和执行 BMU 的均衡控制。BMU 主控模块负责处理信息处理及进行相关的控制。按主控模块和从控模块拓扑结构不同可分为集中式和分布式 2 种类型。

1）集中式 BMS

集中式 BMS 集成了主控模块 BMU 和从控模块 CSC，如图 2-8 所示。集中式 BMS 高度集成主控模块与从控模块于同一块 PCB 板内，其结构简单，成本较低，所占用电池箱空间较少，维护比较简单。但由于采集线全部从一体机引出，当动力电池组串联单体电池过多时，一体机采集线十分庞大，部分采集线过长而且

图 2-8　集中式 BMS

各采集线长短不一，容易造成信号失真和均衡时额外的电压降，过长的采集线也容易产生一些安全隐患。因此集中式 BMS 通常只适用于容量低、总电压低、串联数量不多、电池系统体积较小的车型，如部分混合动力汽车、场地车、低速乘用车等。

2）分布式 BMS

分布式 BMS 主要由多个从控模块 CSC、主控模块 BMU、高压控制单元等部件构成，如图 2-9 所示。一个从控模块对应一个动力电池模组，负责对该模组单体电池电压和温度进行采集、均衡管理和故障诊断。由高压控制单元负责对动力电池系统的电池总电压、总电流、绝缘电阻等状态进行监测。从控模块和高压控制单元分别将采集后的数据发送到主控单元，由主控单元对动力电池系统进行状态估算、能量管理、安全保护、热管理、数据通信与显示和故障诊断等。目前主流的量产电动汽车普遍采用分布式的 BMS 架构。

分布式 BMS 架构的优势在于可以根据不同的电池系统串并联设计进行高效的配置。BMS 连接到动力电池的采样线更短、更均匀、可靠性更高，同时也可以支持体积更大的电池系统。目前分布式 BMS 主控、从控模块间主要采用 CAN 总线方式进行通信。

图 2-9　分布式 BMS

二、动力电池状态监测

1. 单体电池电压监测

单体电池电压是 BMS 的重要控制参数，单体电池电压测量精度对 SOC、SOH 的估算准确性至关重要。以磷酸铁锂离子电池、三元锂离子电池为例，如图 2-10 显示了磷酸铁锂离子电池、三元锂离子电池的开路电压（Open Circuit Voltage，OCV）以及每 mV 电压对应的 SOC 变化。从图中我们可以看到三元锂离子电池的 OCV 曲线的斜率相对陡峭，且大多数 SOC 范围内，每 mV 的电压变化对应的最大 SOC 变化率低于 0.4%。如果三元锂离子电池电压的测量精度为 0 mV，那么通过 OCV 估算方法获得的 SOC 误差低于 4%。因此，对于三元锂离子电池而言，电池电压的测量精度需要小于 10 mV。但磷酸铁锂离子电池对应的 SOC 曲线的斜率相对平缓，并且在大多数范围内，每 mV 的电压变化对应的最大 SOC 变化率达到 4%。因此，磷酸铁锂离子电池电压的采集精度要求很高，达到 1 mV 左右。

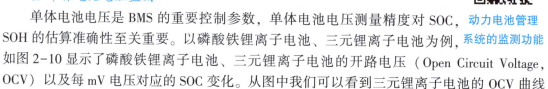

动力单体电池电压检测 HZHA-DM27 实训台

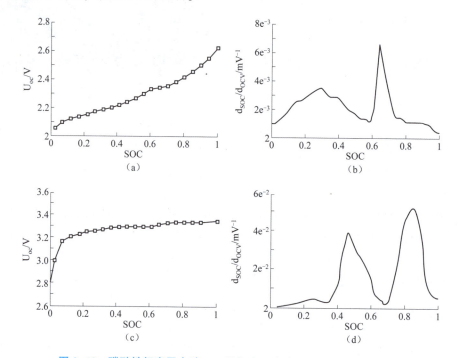

图 2-10　磷酸铁锂离子电池、三元锂离子电池 OCV 与 SOC 的关系

（a）三元锂离子电池的 SOC 随 OCV 的变化；（b）三元锂离子电池每毫伏 OCV 变化对应 SOC 变化率；
（c）磷酸铁锂离子电池的 SOC 随 OCV 的变化；（d）磷酸铁锂离子电池每毫伏 OCV 变化对应 SOC 变化率

单体电池电压检测按采样电路不同可分为继电器阵列法、恒流源法、隔离运放采集法、压/频转换电路采集法和线性光耦放大电路采集法。如图 2-11 所示，将比串联单体电池数量多 1 的电压采集线连接到各单体电池节点（若有 N 个串联单体电池，则需要 $N+1$ 根电压采集线），当要测量第 M 块电池的端电压时，由控制单元发出控制信号，驱动电路控制复用器（Multiplexer，MUX）接入第 M 根和第 $M+1$ 根采集线，通过采样保留电路（Sample and Hold，SH）采集单体电池端电压并输送到 A/D 转换芯片，由 A/D 转换芯片将单体电池电压模拟信号转化成数字信号传送。如图 2-12 所示为吉利 EV450 单体电池电压采集图。

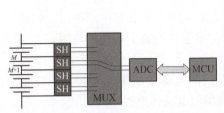

图 2-11　单体电池电压采集原理　　　　图 2-12　吉利 EV450 单体电池电压采集图

2. 电池温度监测

电池的工作温度不仅影响电池的性能，而且直接关系到电动汽车使用的安全问题，因此准确采集温度参数显得尤为重要。目前使用的电池温度传感器主要有热敏电阻、热电偶、集成温度传感器等，如图 2-13 所示为电池温度传感器。

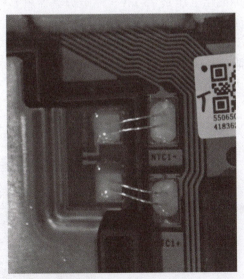

图 2-13　电池温度传感器

1）热敏电阻采集法

热敏电阻采集法的原理是利用热敏电阻阻值随温度的变化而变化的特性，用一个定值电阻和热敏电阻串联起来构成一个分压器，从而把温度的高低转化为电压信号，再通过 A/D

转换得到温度的数字信息。常用的是负温度系数热敏电阻（Negative Temperature Coefficient，NTC），因热敏电阻成本低，广泛应用于电动汽车电池温度采集，但相对而言线性度不好，制造误差一般比较大。

2）热电偶采集法

热电偶的工作原理是双金属体在不同温度下会产生不同的热电动势，通过采集该电动势就可得到温度。温度一定时，热电动势的值仅与材料有关，所以热电偶的准确度很高。但是由于热电动势都是毫伏等级的信号，所以需要放大，外部电路比较复杂。一般来说，金属的熔点都比较高，所以热电偶常用于高温的测量。

3）集成温度传感器采集法

由于温度的测量在日常生产、生活中用得越来越多，所以半导体生产商们都推出了很多集成温度传感器。这些温度传感器虽然很多是基于热敏电阻式的，但都在生产的过程中进行了校正，其精度可以媲美热电偶，而且直接输出数字量，很适合在数字系统中使用。

3. 动力电池电流监测

BMS 充放电总电流是重要的控制参数，动力电池电流的检测需将电流转换成电压信号进行测量，目前电动汽车 BMS 电流检测主要有分流器和霍尔电流传感器 2 种方式。

1）分流器

分流器实际上是一个阻值非常小的电阻，该电阻要求精度高，且具有低温度系数特性，精度不易受温度影响。分流器电流检测方法如图 2-14 所示，在动力电池工作回路中串联一个分流器，当电流流过分流器时，会在分流器两端形成电压差，电流越大电压差越大，采集分流器两端电压差即可计算出电流值大小。分流器的主要指标是它的额定电流和标准化电压。额定电流是分流器允许通过的最大电流，标准化电压是分流器在通过额定电流时，在其上产生的电压降，常见的标准化电压是 75 mV。制造分流器就是根据额定电流和标准化电压调整分流器的电阻，使它流过额定电流时，产生相应的标准化电压。例如，标准化电压 75 mV、额定电流 100 A 的分流器，制造时将它的电阻值精确调整到 75 mV/100 A = 0.75 mΩ。50 A 分流器，制造时将它的电阻值精确调整到 75 mV/50 A = 1.5 mΩ。由于 75 mV 的电压较小，采集电压时通常先通过放大电路放大，再输入 A/D 转换器。

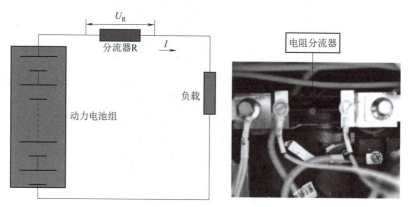

图 2-14 分流器电流检测方法

2）霍尔电流传感器

霍尔电流传感器是利用霍尔效应原理来检测电流的一种电子元件，可以测各种类型的电流，从直流电流到几十 kHz 的交流电流。如图 2-15 所示为用于电动汽车电流检测的霍尔电流传感器。霍尔电流传感器通过电磁场感应得到的电压信号通常较小，只有几个 mV，因此在输入 A/D 转换器前，同样需要放大电路来对信号电压进行放大。目前大部分的霍尔电流传感器已将放大电路集成到传感器内部，传感器输出电压信号可直接被利用。

图 2-15　电动汽车霍尔电流传感器

霍尔电流传感器包括开环式和闭环式两种，如图 2-16 所示为开环式霍尔电流传感器，包括磁芯、霍尔元件和放大电路。当原边电流 I_P 流过一根长导线时，在导线周围将产生一磁场，这一磁场的大小与流过导线的电流成正比，产生的磁场聚集在磁环内，通过磁环气隙中的霍尔元件进行测量并放大输出，其输出电压 V_S 精确的反映原边电流 I_P 的大小。一般霍尔电流传感器的额定输出标定为 4 V。

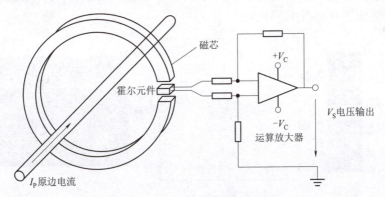

图 2-16　开环式霍尔电流传感器

高精度的霍尔电流传感器大多属于闭环式，闭环式霍尔电流传感器基于磁平衡式霍尔原理，如图 2-17 所示。磁芯上绕有副边补偿线圈，当主回路有电流 I_P 通过时，在导线上产生的磁场被磁芯聚集并感应到霍尔元件上，所产生霍尔信号输出经过放大，用于驱动功率管并使副边补偿线圈导通，从而获得一个补偿电流 I_S。补偿电流 I_S 通过副边补偿线圈绕组产生磁场，该磁场与被测电流产生的磁场方向正好相反，因而使霍尔元件的输出信号逐渐减小。

当 I_p 与副边补偿线圈所产生的磁场相等时，I_S 不再增加，霍尔元件磁平衡。通过检测 I_S 即可测量出原边电流 I_p。当 I_p 变化时平衡受到破坏，霍尔元件有信号输出，即重复上述过程重新达到平衡，从磁场失衡到再次平衡，所需的时间理论上不到 1 μs。

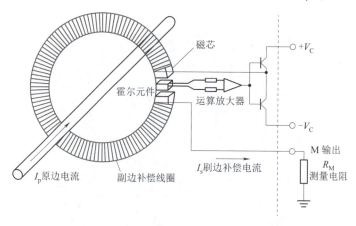

图 2-17　闭环式霍尔电流传感器

4. 高压绝缘监测

根据 GB/T 18384—2020《电动汽车安全要求》，BMS 必须配备安全监测模块，对高压回路绝缘性进行在线监测。一种高压绝缘监测电路如图 2-18 所示，包括绝缘测量模块、电机控制器（Motor Control Unit，MCU）控制模块、绝缘故障报警模块和 CAN 通信模块等。绝缘测量模块测量高压母线绝缘性；MCU 控制模块处理绝缘测量模块的信息，并根据测量结果发出相应的控制信息；绝缘故障报警模块在系统出现绝缘故障时，警告驾驶员系统检测出该电动汽车存在绝缘故障，应采取相应的保护措施；CAN 通信模块向 VCU 输出系统监测出的绝缘故障信息，用以优化整车控制策略。也有一些 BMS 将控制模块、绝缘故障报警模块、CAN 通信模块集成于 BMS 主控模块中。

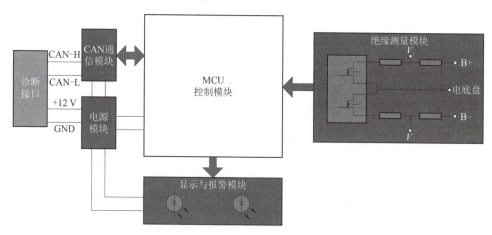

图 2-18　高压绝缘检测电路

绝缘检测模块对高压母线绝缘性的检测方法有漏电电流检测法、低频信号注入法和桥式电阻法（接地检测法）等。绝缘阻值≥500 Ω/V 为正常，绝缘阻值为 100～500 Ω/V 为轻微漏电，绝缘阻值≤100 Ω/V 为严重漏电。高压回路存在绝缘故障时，BMS 会上报故障并进行故障警报，严重漏电时，BMS 还会切断高压回路，确保电动汽车使用人员的安全。

5. 高压互锁监测

按照国际标准 ISO 6469-3：2021《电动道路车辆安全规范 第 3 部分：电气安全》规定，电动汽车上的高压部件应具有高压互锁装置。电动汽车高压互锁，也指危险电压互锁回路，简称 HVIL。通过使用电气小信号，来检查车辆高压器件、线路、连接器及护盖的电气完整性，若识别出回路异常断开时，在毫秒级时间内断开高压电，保障用户安全。电动汽车高压互锁主要功用是：

（1）确保高压上电前高压系统的完整性，提高高压系统的安全性；

（2）运行过程中高压回路断开或者完整性受到破坏时，启动安全防护程序；

（3）防止带电插拔高压连接器给高压端子造成的拉弧损坏。

HVIL 就是用低压信号来监测高压回路电气连接完整性与控制功能完整性。如图 2-19 所示为特斯拉高压互锁回路，BMS 发出一个低压控制电流信号，经驱动控制单元、高压配电盒、DC/DC 总成，最后回到 BMS，形成一个封闭回路。

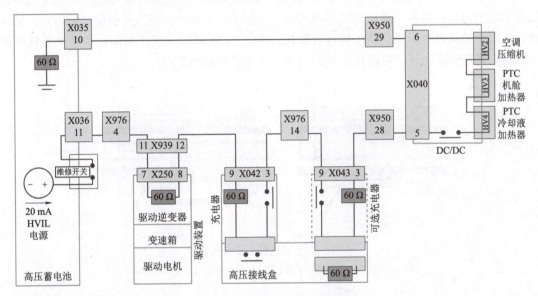

图 2-19　特斯拉高压互锁回路

高压互锁通过在高压连接器、维修开关（Manual Service Disconnect，MSD）、高压部件盒盖中集成的高压互锁接口等来完成连接状态监测。当高压连接器等插接到位后，高压互锁接口闭合；当高压连接器等断开后，高压互锁接口断开。高压连接器与维修开关的高压互锁接口如图 2-20 所示，高压互锁连接状态监测如图 2-21 所示。

图 2-20　高压连接器与维修开关的高压互锁接口

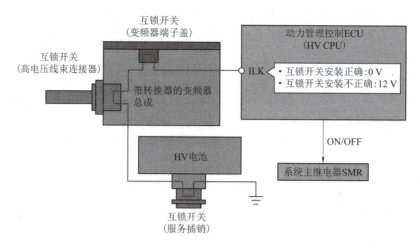

图 2-21 高压互锁连接状态监测

高压插头互锁结构如图 2-22 所示。高压连接器中的高压互锁接口与高压大电流接口在插接或拔出时有时间差，高压连接器插入时，高压接口先接触，高压互锁接口后闭合；拔出时，高压互锁接口先断开，高压接口后断开，如图 2-23 所示。这样确保高压连接器插拔时无高压，避免拉弧，从而对高压连接器的意外断开起到预判作用。

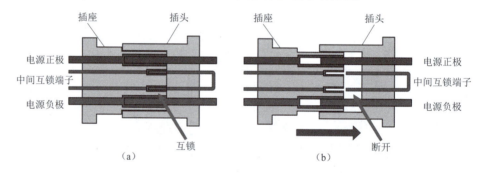

图 2-22 高压插头互锁结构

（a）高压插头（互锁连接状态）；（b）高压插头（互锁断开状态）

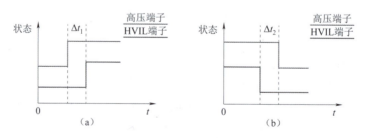

图 2-23 高压互锁连接器插拔过程状态

（a）插入过程；（b）拔出过程

高压互锁 HVIL 检测电路，一般分为 2 种，直流源方案与 PWM 方案，如图 2-24 所示。如图 2-24（a）所示，外部施加一个直流源在整个 HVIL 环路上面，通过检测 V_1，V_2 处的电压，来诊断高压连接器的连接状态。如图 2-24（b）所示，引入了一个 PWM 调制脉宽控制信号开关，同样还是检测 V1，V2 处的信号电压，通过 PWM 控制开关，可以得到两组不同的 PWM 信号，两组 PWM 信号可以识别出更多的状态。

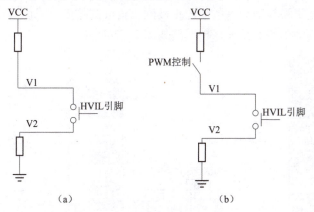

图 2-24　高压互锁检测电路方案

(a) 直流源方案；(b) PWM 方案

6. 碰撞信号监测

BMS 应具备碰撞信号检测功能，能够识别整车发出的碰撞信号，这个碰撞信号来自安全气囊发出的硬线信号或是 CAN 网络的碰撞信号，BMS 监测到该信号后，将断开高压继电器，切断高压输出，如图 2-25（a）所示。如图 2-25（b）所示为吉利 EV450 碰撞信号监测电路图，碰撞传感器信号传给安全气囊控制器（Airbag Control Unit，ACU），ACU 确认碰撞信号后，会在 20 ms 内向总线发送碰撞解锁和断电信号，碰撞信号以 20 ms 为一个周期，共发送 3 s。车身控制模块（Body Control Module，BCM）和 BMS 连续收到 3 个以上的信号，就会分别执行解锁和断电功能。注意：在 EV450 中，BMS 同时监测安全气囊 ACU 输出的碰撞信号与 VCU 的碰撞 CAN 信号，两个信号同时满足时，BMS 判断车型发生碰撞并切断动力电池高压输出。ACU 输出的碰撞信号（硬线信号）线路故障（断路，对地或电源短路）不会导致 BMS 控制动力电池断电。

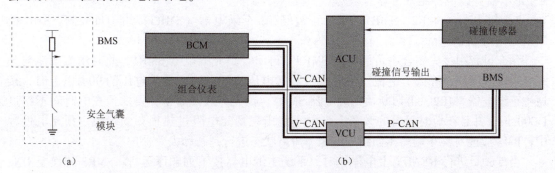

图 2-25　吉利 EV450 碰撞信号监测

(a) 切断高压输出；(b) 吉利 EV450 碰撞信号监测电路图

7. 继电器预充控制

由于整车端高压电气系统中存在大量的容性负载（尤其是逆变器），直接接通高压主回路的瞬间相当于短路，高压回路会产生上万安培的高压电流冲击，导致高压继电器等部件损坏，为了避免接通瞬间

动力电池管理系统高压
继电器作用与检测

的大电流冲击，高压电气系统需具有预充保护功能。

1）预充保护原理

根据车型，预充回路与动力蓄电池的正极侧或负极侧相连，下面以预充回路与正极侧相连为例进行说明。典型车辆的预充保护回路如图 2-26 所示。

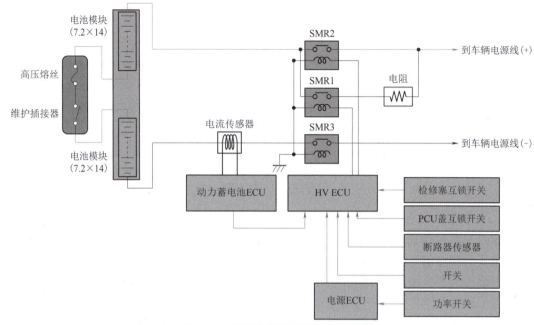

图 2-26　典型车辆的预充保护回路

电池包内继电器一般有主正、主负、预充继电器和充电继电器，在电池包外还有独立的配电盒对整个电流分配做更细致的保护。对电池包的继电器控制，闭合、断开的状态以及开关的顺序都很重要。系统主继电器（System Main Relay，SMR）是根据动力蓄电池电子控制单元（Electronic Control Unit，ECU）信号连接或切断高压供电电路的继电器（一般采用 3 个继电器）以确保正常工作。

2 个继电器（SMR2，SMR1）用于正极侧，1 个继电器（SMR3）用于负极侧。SMR 控制信号如图 2-27 所示。

预充过程中，先闭合主负继电器 SMR3，再闭合预充继电器 SMR1，此时动力电池与预充电阻构成回路，降低了电流。当容性负载端电压达到动力电池端电压的 90% 以上时，接通主正继电器 SMR2，再切断预充继电器 SMR1，预充完成。通常，要求预充电时间不超过 1 000 ms，并且在短时间内的频繁上下电不能出现预充电阻过热损坏的现象。预充电过程中，BMS 应能对整车端高压回路的绝缘、短路状态进行判断和失效保护。

当驾驶员进行 READY 上电操作时，系统主继电器按下列顺序运行：SMR3 切换至 ON，SMR1 切换至 ON，SMR2 切换至 ON，然后 SMR1 切换至 OFF。由于电流首先通过 SMR1 中的预充电电阻器，从而保护了 SMR2 中的触点，避免其因涌流而受损。

驾驶员关闭 READY 模式时，SMR2 切换至 OFF，然后 SMR3 切换至 OFF。

当驾驶员进行下电操作时，SMR1 先切换至 ON，然后切换至 OFF，以检查 SMR3 的状态。

2）高压继电器

（1）高压继电器组成结构与工作原理。

电动汽车在工作时，需要将动力电池与高压电气设备进行可靠连接与断开，由于高压回路存在高电压、大电流的状况，因此这个通断需要由高压继电器（见图 2-28）完成。

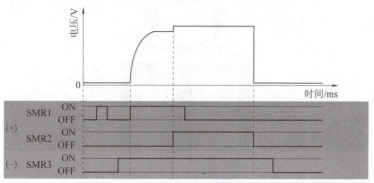

图 2-27　SMR 控制信号

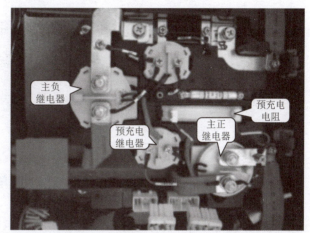

图 2-28　高压继电器

　　高压继电器也称高压接触器，是一种以低压小电流电路控制高压大电流电路的"自动开关"，低压驱动电路在乘用电动汽车中通常为 12 V 的低压电路。高压继电器主要由低压线圈、活动铁芯、绝缘壳体、回位弹簧、高压触点、高压接线柱、密封气室等组成，如图 2-29 所示。当需要接通高压回路时，控制器给低压线圈供电，活动铁芯带动高压触点向上运动，高压继电器闭合，接通高压回路；当需要断开高压回路时，控制器给低压线圈断电，活动铁芯在回位弹簧的作用下复位，高压触点分离，断开高压回路。

　　高压继电器闭合运行期间不必一直提供较高功率，经常在成功闭合后将线圈电流降到一个维持量，这通常由高压继电器控制器通过一个频率为 15~20 kHz 的 PWM 脉宽调制信号来实现。PWM 脉宽调制信号的频率不能太低，否则会有"嗡嗡"的交流噪声，并且可能会导致触点产生微小移动而损坏。

　　高压继电器高压触点密封气室如图 2-30 所示。

　　（2）高压继电器的基本要求。

　　电动汽车工况多变，高压上电或充电时会产生冲击电流，加速行驶时会产生过载电流，短路时会产生短路电流等，要保证高压继电器的可靠接通，快速分离，要求高压继电器要耐高压、耐负载、抗冲击、分断迅速和灭弧能力强。

　　①耐高压：电动汽车的工作平台电压都较高，因此要求高压继电器能够承受较高的工作

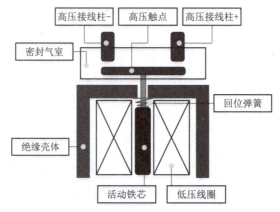

图 2-29　高压继电器基本结构

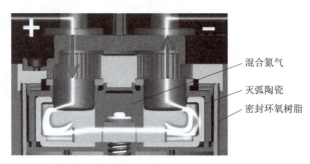

图 2-30　高压继电器高压触点密封气室

电压且能够实现可靠的闭合与断开。

②耐负载：乘用车电动汽车驱动电机的额定功率一般在 30 kW 以上，以 300 V 高压电平台为例，其额定工作电流为 100 A，急加速等超负荷工况时，电流可达 200 A 以上，因此要求高压继电器的耐负载能力要强，要具备额定负载电流数倍的瞬时过载能力。

③抗冲击：由于电动汽车高压回路带有较大的容性负载，高压继电器开关触点断开瞬间，容性负载产生巨大冲击电流，这个电流一般是负载额定电流的数倍至数十倍不等，这个冲击电流极易导致高压继电器触点粘连，触点分离失效，高压无法下电。高压继电器需具备较强的抗冲击电流能力。

④分断迅速：汽车在运行过程中工况复杂，在紧急情况下，如电气系统短路时，回路中的瞬间电流骤升，此时要求继电器在极限大电流下能够顺利地切断电路，而不会有触点粘连或继电器爆炸等异常状况的发生，以防止电池过放短路起火或爆炸等安全危害，这就要求继电器触点具有良好的抗冲击和抗粘连的能力。

⑤灭弧能力强：电弧是高压继电器触点闭合与分断动作过程中不可避免的问题，它大大降低了高压继电器触点的使用寿命。采用一些特殊的快速灭弧手段降低电弧能量，可减少对继电器触点的损害，延长产品的使用寿命。目前高压继电器灭弧的最主要形式有 3 种。将高压触点置于密封气室，密封气室抽真空或充注情性气体，据此，高压继电器可分为真空型和充气型 2 种。真空型高压继电器的真空状态只是理想状态，实际会残留一些杂氧，杂氧在有电弧情况下和铜电极生成氧化铜，接触电阻增大，继电器有失效风险。充气型高压继电器是

目前采用的主要形式，常用的充注气体为氢气、氮气和氧化硫。充气除了对电弧有收缩作用，还可以起到冷却和有效防止开关材料腐蚀的作用。

8. 继电器状态监测

高压继电器又称为高压接触器，通过低压电路控制高压回路的通断。继电器烧蚀无法接合会造成系统无法正常充放电，继电器粘连不能断开会导致高压无法下电，存在重大安全隐患，因此 BMS 须具备继电器状态监测功能。继电器状态检测的方法大同小异，主要通过继电器前后的电压变化来识别继电器的通断状态，继电器状态监测电路如图 2-31 所示。

继电器触点开路检测时：

高压供电系统没有上电时，监测点 3 电压为动力电池电压。执行上电操作时，主负继电器首先闭合，监测点 2 电压变为动力电池电压，若为 0 V，说明主负继电器触点断开。接着预充继电器闭合，监测点 1 电压变为动力电池电压，若为 0 V，说明预充继电器触点断开。之后主正继电器闭合，预充继电器断开。监测点 1 仍为动力电池电压，若为 0 V，说明主正继电器触点开路。高压上电状态时，监测点 1，2，3 电压均为动力电池电压。

继电器触点粘连检测时：

执行下电操作时，主正继电器首先打开，监测点 1 电压应降为 0 V，若保持动力电池电压，则主正继电器粘连。主正继电器断开后，主负继电器断开，监测点 2 电压应降为 0 V，若没有降为 0 V，则主负继电器粘连。

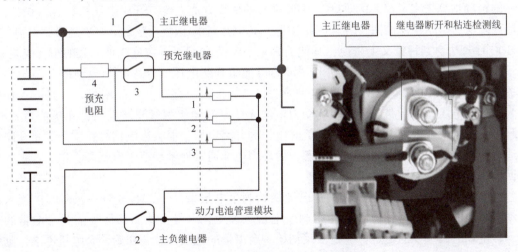

图 2-31 继电器状态监测电路

三、动力电池状态分析

动力电池状态分析是 BMS 的管理核心之一，对于整个动力电池的能量管理、续航里程预测具有重要的意义。动力电池状态分析包括动力电池荷电状态（SOC）分析、健康状态（SOH）分析、功率状态（SOP）分析、剩余寿命、实时容量等，如图 2-32 所示。

1. SOC 分析

SOC 分析是动力电池状态分析的关键之一，动力电池荷电状态指电池中剩余的电荷的可用状态。剩余电量指从当前时刻起，电池内部通过化学反应所能释放出来的电荷量。如果把电池比作一个杯子，那电池容量指杯子装满时的水容量，剩余电量指倒出一定水后，杯子还

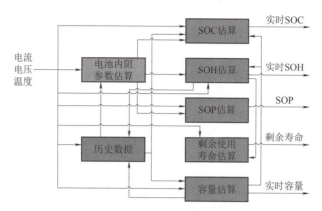

图 2-32　动力电池状态项目分析及相互关系

能倒出的水。精确估算 SOC，就必须精确计算出剩余电量和电池容量。广义剩余电量指所有可能发生的化学反应释放出来的电量，狭义剩余电量是在限定温度和放电率下，电池所能放出的电荷量，狭义剩余电量更能准确反映动力电池的实际荷电状态。就好比在低温条件下，水杯里有一部分的水结冰冻住了，只能把没结冰的液态水倒出来。由于电动汽车动力电池工作环境温度和放电率变化较大，而且剩余电量与工作温度和放电率呈非线性变化关系，这给 SOC 的精确估算带来了很大的难度。目前 SOC 的估算方法主要有开路电压法、容量积分法、电池内阻法、卡尔曼滤波法、神经网络法等，其中开路电压法、容量积分法是最为经典的 2 种 SOC 计算法，某种意义上来说，其他的 SOC 计算方法都可看作这 2 种方法的结合或改进。

（1）开路电压法：开路电压法利用动力电池组开路电压（OCV）与电池剩余电量的对应关系来估算 SOC，简称 OCV 法。这种方法虽然简单，但存在一定的不足。一是以工作电流为 0 时的电压作为开路电压，因此动力电池充放电时无法测量开路电压，无法估算 SOC。实际应用中，一般设定电流小于某限值时电压为开路电压，但会影响估算精度。二是开路电压适用于动力电池长时间处于静止状态，而动力电池通常处于动态工作状态，由此产生的电压回弹会导致开路电压测量不准确。

（2）容量积分法：容量积分法是已知初始剩余电量条件下，通过对一段时间内流入流出动力电池的电流进行积分，用初始剩余电量减去变化电量，从而获得当前剩余电量的方法。容量积分法主要的不足：一是依赖初始剩余电量的准确性，若初始剩余电量不准，则估算荷电状态不准；二是存在累积误差问题，由于电流传感器精度不足、采样频率低、信号受干扰等，均可导致积分电流与实际值存在一定的误差，这一误差会逐步累积，越来越大，消除累积误差需对剩余电量估算值进行修正，较为有效的方法是对动力电池进行完全放电后充电至饱满，此方法在实际中不能经常进行；三是容量积分法无法考虑动力电池自放电导致的电荷损失。

（3）电池内阻法：动力电池内阻与剩余电量存在密切关系，电池内阻法通过测量电池内阻来估算 SOC。动力电池内阻有交流内阻和直流内阻之分，但由于交流内阻在开路状态下和充放电状态下差异大，而且受温度影响大，在实践中较少使用。在直流内阻实际测量中，将电池从开路状态开始恒流充电或放电，相同时间里负载电压和开路电压的差值除以电流值就是直流内阻。直流内阻测量受时间影响，准确测量比较困难，在一些 SOC 估算模型中，用直流内阻法与容量积分法组合起来使用，以提高 SOC 估算的精度。

（4）卡尔曼滤波法：卡尔曼滤波是利用系统的动态特性和输入输出数据，对系统的未知状态变量进行最小方差估计的方法。在动力电池 SOC 估算中，动力电池被看作一个系统，SOC 是该系统的一个内部状态。卡尔曼滤波法优势在于适用于电池的任何工作状态，既可以修正系统的累积误差，又有利于克服传感器精度不足带来的随机误差。卡尔曼滤波法不但可以给出 SOC 的估算值，还可以给出 SOC 的估算误差。卡尔曼滤波法的缺点在于，要求电池 SOC 估算精度越高，算法就越复杂，计算量越大，而且该方法对于温度、自放电率以及放电率对剩余容量的影响考虑的不够全面。

（5）神经网络法：模糊逻辑推理和神经网络是人工智能领域的 2 个分支。模糊逻辑接近人的形象思维方式，擅长定性分析和推理，具有较强的自然语言处理能力，神经网络采用分布式存储信息，具有很好的自组织、自学习能力。它们的特点是均采用并行处理结构，可从系统的输入、输出样本中获得系统输入、输出关系。电池是高度非线性的系统，可利用模糊推理和神经网络的并行结构和学习能力估算 SOC。

2. SOH 评估

SOH 是电池健康寿命状况的体现，是电池的电量、能量、充放电功率等状态的体现。SOH 是估计电动汽车续驶里程的基础，也是辅助纠正与提升 SOC 估算精度的重要参数，同时也是预测性维护的基础，动力电池老化后内阻增大，将产生更多热量，更容易引发热失控。对健康状态精准评估可充分了解电池当前的状态，依照底层提前作出维护计划，修正各项参数性能指标，降低或避免危险系数，或对性能不能满足使用要求的单体电池进行维护，只有精确估算电池健康状态，才能避免电池的过充或过放电行为，延长电池寿命，充分发挥电池能力，降低使用成本。电池健康状态的评价指标非常多，实践应用中通常采用容量衰减与直流内阻作为评价电池健康状态的指标。一般来说，新的动力电池的 SOH 被设定为 100%，随着电池的使用，其不断老化，SOH 逐渐降低，当动力电池的容量能力下降到 80% 时，即 SOH 小于 80% 时，就应该更换电池。

3. SOP 评估

SOP 是指某一时刻动力电池可以提供给负载的最大功率。SOP 与动力电池的工作温度、SOC 等有关。SOP 常常作为一个实时的控制参数由 BMS 提供给电机控制器及 VCU。SOP 的数值单位是功率单位瓦特（W），有时也用电流单位安培（A），因为 BMS 会同时提供动力电池的总电压，总电压与电流的乘积就是动力电池所能提供的总功率。目前很多 BMS 不但要评估动力电池对外输出功率，还要评估动力电池允许充电的最大功率。BMS 通过 CAN 总线将 SOP 发送到 MCU 和 OBC，在进行能量回收和充电时，控制电池的最大充电功率，以免损坏电池。

四、动力电池能量管理

动力电池能量管理主要包括充电管理、放电管理和均衡管理。充电管理指 BMS 与 OBC 或充电桩进行交互，在动力电池充电过程中，对充电电压、充电电流等进行优化控制。放电管理指 BMS 对动力电池放电过程中的状态进行监测，对放电电流等进行控制，发挥动力电池最大效能，例如当荷电状态 SOC 小于 10% 时，对最大放电电流进行限制，防止电池过放。本部分主要介绍 BMS 均衡管理。

电动汽车动力电池组中大量的单体电池通过串联形成，由于单体电池生产工艺、自放电率的先天差异和使用过程中温度、放电率不同造成的后天差异，各单体电池总会产生不同程度的不一致性。动力电池组单体电池不均衡会影响电池组整体性能。如图 2-33 所示，由于动力电池组单体电池不均衡，充电时为防止过充，达到最高电量单体电池充电电压时停止充电，导致其余单体电池仍未充满；放电时，为防止过放，达到最低电量单体电池放电电压时停止放电，导致其余单体电池电量不能充分利用。BMS 的均衡控制就是尽量消除单体电池间的不一致性，从而提高动力电池组整体性能和使用寿命。

(a)　　　　　　　　　(b)

图 2-33　单体电池不均衡产生的影响

(a) 充电；(b) 放电

动力电池均衡按能量的转移形式可分为被动均衡（能量耗散型）和主动均衡（非能量耗散型），如图 2-34 所示。被动均衡是指将串联电池组中能量较高的单体电池通过连接电阻负载，消耗部分能量，从而达到各单体电池能量均衡的方法。该方法通过损失电池能量实现均衡，损失的电池能量转变为热量，目前已较少使用。主动均衡是通过能量转移的方式"削峰填谷"，将能量高的单体电池的一部分能量转移到能量低的单体电池上，从而实现各单体电池能量均衡的方法。对于主动均衡法，若忽略转移过程中的能量损耗，则不存在电池能量损失，且自发热量少，它是目前动力电池管理系统主要采用的均衡方式。主动均衡按能量转移的形式主要有电容式、电感式、变压器式和 DC/DC 变换器式。

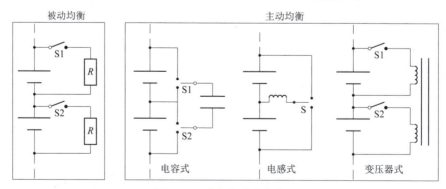

图 2-34　动力电池均衡方式

1）电容式

电容式主动均衡按参与均衡的电容数量以及均衡电路的控制方式不同可分为单电容式和多电容式。如图 2-35 所示为单电容均衡电路，BMS 检测各单体电池电压，无须均衡时，功率开关管为常开状态。均衡启动时，假设 B1，B3 分别为组内电压最高、最低的单体电池，BMS 均衡器控制功率开关管 S1，Q2 闭合，此时单体电池 B1 给电容 C 充电，控制功率开关管的占空比控制充电功率和时间。充电结束后，断开功率开关管 S1，Q2，闭合功率开关管 S3，Q4，电容给单体电池 B3 充电，如此反复，将 B1 的能量转移到 B3，直到两者均衡。单电容均衡电路具有结构简单、体积小、均衡速度快的优点。

如图 2-36 所示为多电容均衡电路。一组电容器在串联电池组相邻的单体电池间，BMS 检测单体电池电压不均衡时，控制所有开关管 S1，S2，S3 同时动作，当所有开关向左打时，B3 给电容 C2 充电，B2 给电容 C1 充电；当所有开关向右打时，C2 给 B2 充电，C1 给 B1 充电。通过功率开关在两个触点间轮流接通，能量在两相邻的单体电池之间转移，最终由电压最高的单体电池传给电压最低的单体电池。多电容均衡开关频率可高达上百 kHz，所需均衡电容量较小。

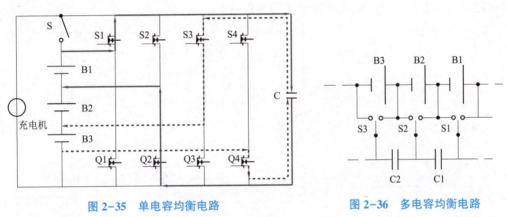

图 2-35　单电容均衡电路　　　　图 2-36　多电容均衡电路

2）电感式

电感式主动均衡以电感作为储能元件完成单体电池间能量转移。根据采用电感的数量和控制方式可分为单电感式和多电感式。

如图 2-37 所示为单电感均衡电路。假设单体电池 B1 电压开始时明显高于其他单体电池电压，在达到均衡阈值时 BMS 启动均衡，S1，Q2 开关管闭合，电感与单体电池 B1 并联，电感储存来自单体电池 B1 的能量；当 S1，Q2 功率开关管断开的同时，Q3，S4 功率开关管闭合，电感给单体电池 B3 释放一定能量。如此反复完成单体电池间能量均衡。

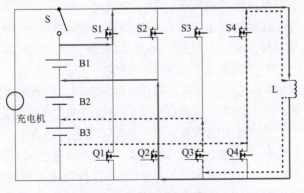

图 2-37　单电感均衡电路

多电感均衡电路在每相邻两个单体电池之间放置一个储能电感，如图 2-38 所示，通过控制功率开关通断时间，完成能量在相邻两个单体电池之间的转移。启动均衡由单体电池 B1 向 B2 转移能量时，BMS 控制开关 S1，S2 向右闭合，电感 L1 储存电量，控制开关 S1，S2 向左闭合，电感 L1 向单体电池 B2 输送电量。反之 B2 向 B1 转移电量。多电感均衡电路扩展性好，均衡电流大，但若需要均衡的单体电池相隔较远时，需多次中间转移，因此降低了均衡速度，同时均衡能量损失也较大。

3）变压器式

变压器式均衡电路以变压器作为储能元件转移能量。按变压器的绕组数量可分为单绕组式和多绕组式。单绕组变压器式均衡电路由一个单绕组变压器和一个整流二极管完成能量转移，如图 2-39 所示。启动均衡时，BMS 控制均衡开关 S1 以一定的频率通断，通过设计变压器变压比，确保次级线圈输出电压为各单体电池电压的平均值，输出电压自动向低于平均值的单体电池充电，从而完成各单体电池间能量均衡。

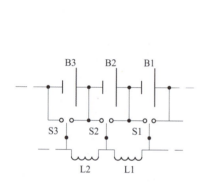

图 2-38　多电感均衡电路

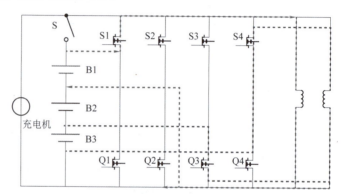

图 2-39　单绕组变压器式均衡电路

4）DC/DC 变换器式

DC/DC 变换器式主动均衡指利用 DC/DC 变换器来实现串联动力电池组中能量的转移和均衡，其中典型的 DC/DC 变换器包括 Buck 变换器（降压变换器）、Buck/Boost 变换器（降压/升压变换器）、Cuk 变换器（直直变换器）等。如图 2-40 所示为 Buck/Boost 变换器均衡拓扑结构，每 2 个单体电池之间形成一个变换器，通过电感储能元件转移单体能量，可以实现相邻单体间单向或双向能量转移，实际上就是一种多电感式的均衡电路模块。DC/DC 变换器式均衡电路的主要

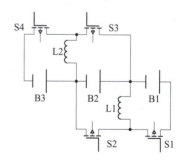

图 2-40　Buck/Boost 变换器均衡拓扑结构

问题在于能量只能在相邻单体电池间转移，单体电池较多时，均衡效率大受影响，而且要求控制精度高、元器件多、成本较高。因此在电动汽车这样的大型动力电池组中，DC/DC 变换器均衡模块通常用于电池模组间的均衡，而不是单体电池间的均衡。

电容式均衡容易引起单体电池电压波动，主动均衡选择电感式或变压器式效果相对较好。对于均衡控制变量的选择，目前大部分 BMS 选取单体电池工作电压作为均衡依据，技术较为成熟，但放电过程中动力电池电流波动比较大，单体电池电压不稳定，很可能出现误

判，影响均衡效果。理论上说，以单体电池 SOC 为均衡变量的均衡效果会更好，但前提是 SOC 要得到精确的估算。

五、BMS 通信管理

BMS 通信包括内部通信与外部通信。BMS 外部通信主要为 BMU 与 VCU、MCU、OBC 的通信，常采用高速率动力 CAN 总信通信方式。BMU 与充电桩的通信采用低速率 CAN 总线通信。电池系统内部的通信主要为主控模块 BMU 与从控模块 CSC 之间的通信，CSC 将实时检测数据向 BMU 上报，如单体电池过压欠压、通信故障、采样线束断路、单体电池温度过高过低等。BMS 通信拓扑结构图如图 2-41 所示。

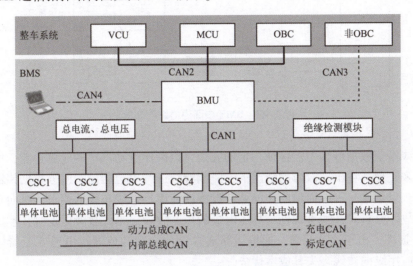

图 2-41　BMS 通信拓扑结构图

BMS 的内部通信可分为星形布线和纵向布线 2 种形式。BMS 内部通信星形布线如图 2-42 所示，每个电池模组均配有带电气隔离的数据传输线路，采用 CAN 总线。这种系统的主要优点在于通信总线与单体电池完全电隔离。当通信线路和单体电池之间发生短路时，不一定会导致电气元件的破坏，但需要大量的隔离电路，成本较高。

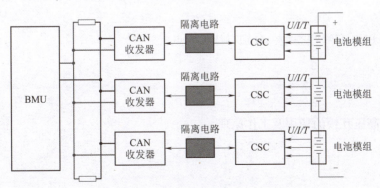

图 2-42　BMS 内部通信星形布线

另一个替代大量隔离电路的通信方式是纵向通信布线，如图 2-43 所示。这种布线形式将所需传输的信息电压和温度等，在堆叠的模块间一层一层向底层转发。最底层的模块再经由隔离电路与主控模块 BMU 通信。单体电池电压均衡的控制指令按与此相反的方向传输。在这样的系统中，数据传输速率是不可忽视的因素。该数据协议由以下几部分组成：地址、所有模块中每个单体的测量值、一个针对串行数据传输的循环冗余校验（Cyclic Redundancy Check，CRC）以及该模块编号。

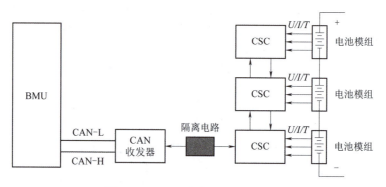

图 2-43　BMS 内部通信纵向布线

纵向布线通信数据传输中需保证一定的冗余，以确保电动汽车的应急功能，可以通过一个差分信号来实现。在出现故障的情况下，应能继续进行单边通信。差分数据传输的另一优点是减少了辐射频谱。一般简单的非屏蔽双绞线就能满足总线布线的要求。纵向布线和星形布线一样，故障分析时必须考虑到与高压电极的短路故障。当此故障出现时，不允许测量值出错或 CSC 损坏。出于这个原因，通信线路通常设计为容性或通过电感变压器耦合，采取此措施使得应用纵向布线丧失其成本优势。

任务小测

（1）简述 BMS 的组成及功用。

（2）简述 BMS 有哪些类型，分别有什么特点？

（3）简述高压互锁的功用及工作原理。

（4）简述动力电池均衡管理的功用及类型。

学习内容

（1）动力电池热管理系统功用；
（2）动力电池热管理系统类型；
（3）EV450 动力电池热管理系统。

能力要求

（1）能够向客户介绍动力电池热管理系统的工作原理；
（2）具备通过查阅维修手册等资料完成信息收集及处理的能力。

任务引入

动力电池作为电动汽车的动力能源，其充电、做功的发热一直阻碍着电动汽车的发展。动力电池的性能与电池温度密切相关。40～50 ℃的高温会明显加速电池的衰老，更高的温度（如120 ℃以上）则会引发电池热失控。作为4S店的维修人员，你能否根据自己掌握的知识对不同类型的动力电池热管理系统进行介绍？

任务描述

动力电池的化学性能受环境的温度影响非常大，为了保证电池的使用寿命，必须让电池包工作在合理的温度范围之内。请你根据自己了解的知识，对不同类型的动力电池热管理系统进行区分，并分享目前常见的动力电池热管理系统的优势与特点。

一、动力电池热管理系统概述

新能源汽车动力电池为什么需要热管理系统？以目前电动汽车常用的锂离子动力电池为例，电池在充放电的过程中，电池内部将发生复杂的化学反应，化学反应的过程大多伴随着大量热量的产生。此外，由于锂离子动力电池具有一定的内阻，电流通过时也会产生部分热量，而且这部分热量与工作电流为二次曲线关系，热量随工作电流的增大而急剧增大，尤其是高倍率充放电时温升更加明显。

在环境温度较高的情况下或大倍率充放电时，电池会产生大量热量导致极高的温度，此时需要对动力电池进行散热降温，否则高温会引起电池内部各种分解副反应，如固体电解质界面（Solid Electrolyte Interphase，SEI）膜分解、负极与电解液反应、电解液分解等，从而使动力电池容量、功率等下降，寿命缩短，严重时甚至会热失控，短时间内发生爆炸、起火燃烧，危害人员安全。

相反，如果在低温环境下工作，动力电池由于温度过低，内部化学反应活性下降，而且随温度的降低，电池的内阻会明显增大，电池的可用容量会迅速衰减。低温大电流充电会使电池容量发生不可逆衰退，甚至会使得负极附近的锂离子俘获电子生成金属锂，聚集的金属锂会形成锂枝晶，刺破隔膜而使正、负极发生短路，进而造成动力电池损坏，甚至发生短路爆炸或过温着火燃烧等严重安全事故，因此低温时需要对动力电池进行加热，提高电池的工作温度。

此外，电动汽车动力电池通常由单体电池组成的电池模组构成，动力电池箱内部温度分布不均匀会使各电池模组、单体电池温度不均匀而产生不均衡，长时间处于高温的电池性能会快速衰退，从而降低了动力电池包的整体性能和使用寿命。工作温度、热管理与电池性能、寿命的关系如表 2-2 所示。

表 2-2　工作温度、热管理与电池性能、寿命的关系

工作温度/℃	-20	0	20	40	60
性能（功率、容量）	<70%，非常高内阻	90%，高内阻	100%，内阻小	100%→0%，加快老化	
使用寿命	充电过程中快速老化		理想温度	单体老化→热分解	
热管理	加热————→冷却				
	单体电池温差<5 ℃				

大量研究表明，锂离子动力电池理想的工作温度为 20~40 ℃，如表 2-2 所示，当锂离子动力电池温度低于 0 ℃时，电池的性能会下降 30%，-20 ℃时接近电池的使用极限；当电池温度高于 45 ℃，电池的工作性能和循环寿命迅速衰减，持续工作温度上升 10 ℃，电池的循环寿命减少一半。

然而，电动汽车的实际使用环境温度通常为 -35~55 ℃，而且工作环境复杂多变和苛刻，伴随振动、灰尘、雨水等，为了使动力电池具有最佳的性能和寿命，需要通过动力电池热管理系统对电池的温度进行调节，低温加热、高温散热、均匀温度场、减少单体电池温差，确保动力电池工作在最适宜的温度范围，提高动力电池系统的性能和效率，延长其使用寿命。一般要求单体电池温差不超过 5 ℃，温差超过 5 ℃时，动力电池的 SOC 差异大于 10%。

为了确保动力电池处于最佳工作温度状态，对动力电池热管理系统有以下基本要求：

（1）要能准确测量和监测动力电池的温度；

（2）当动力电池温度高于限值时，要能及时有效地进行散热降温，保持理想工作温度；

（3）低温条件下要能快速加热，使得电池处于能正常运行的温度范围内；

（4）确保动力电池系统温度分布均匀，降低单体电池间的温差，温差不得大于 5 ℃。

二、动力电池热管理系统类型

电动汽车动力电池热管理系统基于单体电池温度控制目标来对动力电池温度进行热管理，主要内容包括电池冷却、电池加热、电池保温和控制温度均衡。不同的动力电池热管理系统采取的冷却方式、加热方式、保温措施等不同。常见的动力电池冷却方式有风冷、液冷和直冷，加热方式有电加热膜加热、PTC 加热和液热。动力电池热管理系统通常是多种冷却方式和加热方式的组合，现正在研究利用相变材料（Phase Change Material，PCM）来进一步提高动力电池热管理系统性能。PCM 是一种能够利用自身的相变潜热吸收或释放热能的

材料，采用 PCM 的热管理系统通过 PCM 在相变过程的潜热，在电池升温时来吸收电池的热，低温时对电池起到保温作用。PCM 可以防止动力电池大电流充放电状态下温度过快升高，减少温度突变，如图 2-44 所示。

图 2-44　利用 PCM 减小动力电池温度突变

此外，动力电池热管理系统通常不是独立的，是电动汽车整车热管理系统的一部分，为了更高效地对整车进行热管理，需将动力电池热管理、动力系统的冷却、空调制冷系统、空调暖风系统等进行高效融合，协调工作，这使电动汽车热管理系统相对传统车型要复杂很多。

1. 动力电池冷却方式

动力电池的冷却方式主要有风冷、液冷和直冷 3 种。风冷包括自然风冷和强制风冷 2 种。风冷是利用自然风或者乘客舱内的制冷风流经动力电池的表面进行对流换热的冷却方式。液冷一般使用独立的冷却液管路来冷却动力电池，当然也可以利用此冷却液管路来加热动力电池。直冷方式相当于给动力电池安装了一台制冷空调机，是直接利用制冷系统的蒸发器（制冷剂）对动力电池进行冷却的方式，该方式无须液体冷却管路。风冷和液冷过程中冷却工质都没有发生相变，直冷方式中冷却工质是制冷剂，制冷剂发生相变带走了大量热量。

如表 2-3 所示为各种不同的冷却方式换热效率对比，从换热效率上来说，直冷效率是最高的，但综合考虑成本、可控性、与加热系统融合、结构、能耗各方面，目前液冷是电动汽车动力电池主流的冷却方式。国内外主流的电动汽车几乎都采用液冷方式，如吉利几何 A、吉利帝豪 EV450、特斯拉、通用 Volt 等。

表 2-3　各种不同的冷却方式换热效率对比

冷却方式	换热方式	传热系数/$(W \cdot m^{-2} \cdot K^{-1})$	表面热流密度/$(W \cdot cm^{-2})$（与环境温差 10 ℃）
自然风冷	空气自然对流	5~25	0.005~0.025
强制风冷	空气强制对流	25~100	0.025~0.15
液冷	液体强制对流	500~15 000	0.5~1.5
直冷	相变	2 500~25 000	2.5~25

1）风冷系统

（1）自然风冷。

如图 2-45 所示，自然风冷方式是以车外空气作为传热介质的被动散热形式，即汽车行驶过程中，直接让车外空气流过电池箱体内部，通过空气与电池、电池箱体等导热部件之间的对流换热实现对电池的冷却，这种方式的传热系数较小，一般为 5~25 W/（m²·K），虽然结构简单、不消耗额外的能量、成本低，但散热效果有限，仅用于早期容量小、能量密度低的动力电池中，或作为现代动力电池的辅助冷却手段。

车外空气 ——————→ 电池组 ——————→ 车外

图 2-45 自然风冷方式

（2）强制风冷。

强制风冷属于主动冷却，是通过风机将空气引入动力电池箱体内部，空气以一定的流速流过动力电池模组的表面，将电池产生的热量散入到环境空气中的冷却方式。强制风冷的空气有两种，一种是没有经过车内空调制冷系统降温的自然空气，一种是经过车内空调制冷系统降温的空气，如图 2-46 所示。

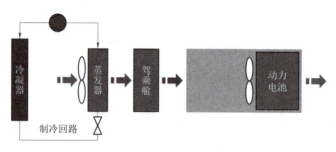

图 2-46 蒸发器降温式强制风冷

显然第一种方式的成本和能耗较低，但散热效率也较低。第二种方式的散热效率相对来说较高，但增加了成本和能耗。第一种方式主要应用于 48 V 微混合动力汽车的储能电池冷却，第二种方式更多地用在混合动力汽车和纯电动乘用车。强制风冷系统的典型代表如丰田混动卡罗拉、日产聆风等，风冷系统结构比较简单，技术相对成熟，成本较低。但由于空气带走的热量有限，其换热效率不高，电池内部温度均匀性不好，温差大，对电池温度也难以实现比较精确的控制。因此强制风冷系统一般适用于续航里程较短、整车质量较小的车型。

强制风冷系统风道的布置对冷却效果起着至关重要的作用，风道主要分为串行风道和并行风道，如图 2-47 所示。串行结构简单，但阻力大；并行结构的散热均匀性好，但较复杂且占用空间多。

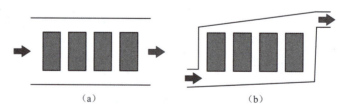

（a）   （b）

图 2-47 强制风冷系统风道布置形式
（a）串行风道；（b）并行风道

2）液冷系统

随着电动汽车对动力电池系统的功率要求越来越高，快充充电电流越来越大，伴随而来的就是对动力电池冷却系统的要求也越来越高。动力电池在大倍率充放电工况下，强制风冷已不能满足散热要求，散热效果更佳、结构较好、成本更低的液冷系统成了首选。液冷系统指在动力电池内部建立一套液体冷却管路，是利用冷却液在管路中的流动带走热量的冷却方式。为了强化液冷的散热效果，通常动力电池液冷系统通过一个叫热交换器的热交换装置与整车空调制冷系统相结合，冷却液从动力电池带走的热量通过热交换器传给整车空调制冷系统，最后通过整车空调制冷系统将这部分热量传递到环境空气中。动力电池液冷系统如图 2-48 所示。

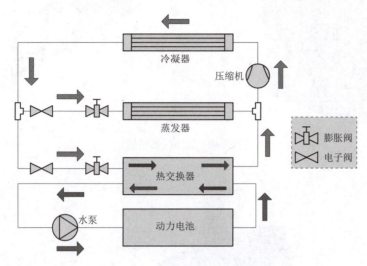

图 2-48　动力电池液冷系统

动力电池液冷系统的核心部件是压缩机、热交换器和水泵。压缩机作为制冷的动力发起点，决定着整个系统的换热能力。热交换器是液冷系统的一个关键部件，它的作用在于引入整车空调制冷系统中的制冷剂，在膨胀阀节流后蒸发，吸收动力电池冷却回路中冷却液的热量，此过程制冷剂通过热交换将冷却液的热量带走，热交换器换热量的大小也直接决定着动力电池冷却液的温度。水泵转速则决定了管路内冷却液的流速，流速越快换热性能就会越好，反之亦然。液冷系统的冷却液分为可直接接触单体电池（硅油，蓖麻油等）和非接触单体电池（水和乙二醇混合液）两种，目前水和乙二醇混合溶液用得比较多。

不同厂家的热交换器的基本结构大同小异，其换热器主体实际上就是由一个换热器和一个蒸发器组合而成，换热器有一进一出两个水管接口，蒸发器有一进一出两个制冷剂接口，换热器和蒸发器由一片片的板翅式换热片构成，换热器与蒸发器的板翅式换热片交替堆叠，形成三明治结构，如图 2-49 所示。冷却液和制冷剂分别在换热器和蒸发器内以对流的形式流动，对流过程中热量从冷却液转移到制冷剂上，实现换热。动力电池冷却的效率由热交换器的功率大小（取决于换热器主体的板翅式换热片的数量和大小）、水泵功率的大小、冷却液流速、制冷系统的制冷量大小等因素决定。

知名的热交换器制造商马勒将膨胀阀和电子控制阀集成到一块，如图 2-50 所示。吉利EV450 的热交换器还集成了给动力电池加热的换热器。

液冷系统中，冷却液流进动力电池模组的内部，将动力电池的热量带走，动力电池模组内部的液冷管路设计形式比较有代表性的车型是通用 Volt 和特斯拉，通用 Volt 采用 288 节45 A·h 的层叠式锂离子电池，并在单体电池间间隔布置了金属散热片（厚度为 1 mm），散热片上刻有流道槽，冷却液可在流道内流动带走热量，如图 2-51 所示，在低温环境下，可以加热冷却液使电池升温。

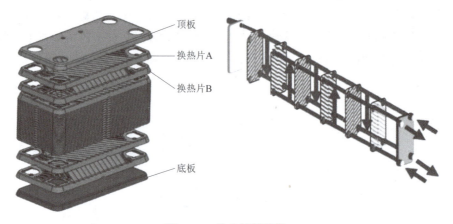

图 2-49　热交换器结构

图 2-50　集成膨胀阀和电子控制阀的热交换器

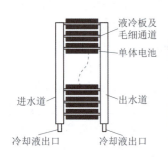

图 2-51　通用 Volt 动力电池模组液冷系统结构

与通用 Volt 的并行流道不同，由于特斯拉 Model S 采用的是圆柱形 18650 锂离子电池，特斯拉采取将冷却板安装于 18650 电池的间隙，形成串行的冷却流道的设计形式，虽然冷却板的设计布置难度较大且蛇形冷却板在一定程度上增加了液冷系统的压力损失，但是其冷却效果非常好，能实现整个电池包的温差控制在−2~2 ℃，如图 2-52 所示。

液冷系统中，动力电池模组不仅仅要冷却，当动力电池温度过低时还需要对它进行加热。根据动力电池温度的不同，热管理需求也不同。为此通常将上述的动力电池液冷系统与

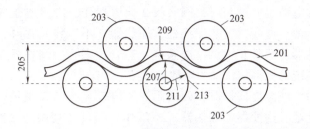

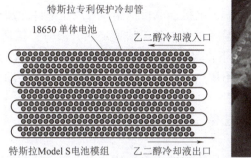

特斯拉专利保护冷却管

18650 单体电池

乙二醇冷却液入口

特斯拉Model S电池模组

乙二醇冷却液出口

图 2-52　特斯拉动力电池模组液冷系统结构

1 个液体散热器、1 个液体加热器以及逆变器、电机控制器、充电机、DC/DC 的液体冷却管路组成综合动力电池热管理系统，如图 2-53 所示。当动力电池处于不同温度时，热管理系统利用一个电子控制四通阀实现不同的控制模式。

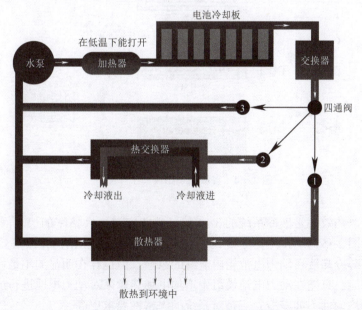

图 2-53　综合动力电池热管理系统

模式一：当动力电池温度偏高，但尚不需要通过热交换器进行降温时，四通阀 1 通道打开，2，3 通道关闭，冷却液在水泵的驱动下，经动力电池、逆变器、散热器、加热器（不工作）循环，利用散热器将热量传给车外空气进行降温。

模式二：当动力电池温度过高时，四通阀 2 通道打开，1，3 通道关闭，冷却液在水泵的驱动下，经动力电池、逆变器、热交换器、加热器（不工作）循环，将动力电池、逆变器的热量通过热交换器传给整车空调制冷系统（热管理系统控制整车空调制冷系统启动），利用整车空调制冷系统的低温加快动力电池的降温。

模式三：当动力电池温度偏低时，四通阀 3 通道打开，1，2 通道关闭，冷却液在水泵的驱动下，经动力电池、逆变器、加热器（不工作）循环，利用逆变器、电机、电机控制器等高压部件冷却时产生的热量给动力电池加热，提高热管理系统的能效。

模式四：当动力电池温度过低，单纯靠逆变器、电机、电机控制器等高压部件冷却产生的热量无法让动力电池快速升温；或者动力电池温度过低，急需快速加热升温时，四通阀 3 通道打开，1，2 通道关闭，冷却液在水泵的驱动下，经动力电池、加热器（启动工作）和逆变器、电机、电机控制器等冷却管路循环，利用加热器快速给动力电池加热，确保动力电池快速升温到可靠、稳定的工作温度。

不同车型动力电池热管理系统在控制模式的选择、管路的布置上会有所差异。

3）直冷系统

直冷系统是利用整车空调制冷系统的制冷剂直接冷却动力电池的，它主要由压缩机、冷凝器、蒸发器和节流装置组成，如图 2-54 所示。直冷系统中的蒸发器即为动力电池冷板，安装在模组底部并且与模组紧密贴合，制冷剂在冷板（蒸发器）中蒸发，直接将动力电池系统产生的热量带走，从而实现更快、更有效的冷却。

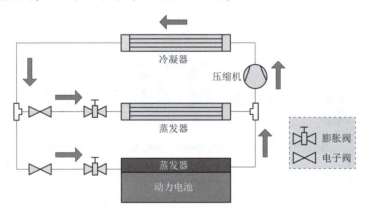

图 2-54　直冷系统组成与工作原理

直冷系统的散热效率是液冷系统的 3~4 倍，它能应对更大倍率的快充问题。宝马 i3 采用直冷系统，如图 2-55 所示。宝马 i3 的直冷系统与液冷系统相比，散热效率高、结构紧凑，避免了乙二醇冷却液在动力电池箱内泄漏的风险。但也存在明显的不足：一是直冷系统难以集成加热功能，只能在动力电池模组中增加电加热丝来对动力电池进行加热；二是直冷系统冷板的散热均匀性不如液冷；三是对系统的气密性要求更高。

2. 动力电池加热方式

电动汽车的使用地域非常辽阔，北方地区冬季的环境温度可低至-35 ℃，在如此低温环境下工作，要保证动力电池能正常工作，需要对动力电池进行加热升温。目前常用的动力电池加热方式有 3 种：电加热膜加热、PTC 加热和液热，如图 2-56 所示。3 种动力电池加热方式的特性对比如表 2-4 所示。

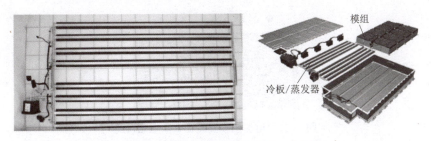

图 2-55　宝马 i3 直冷系统的冷板（蒸发器）

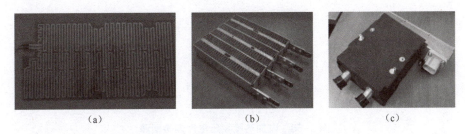

（a）　　　　　　　　　（b）　　　　　　　　　（c）

图 2-56　3 种常用的动力电池加热方式
（a）电加热膜加热；（b）PTC 加热；（c）液热

表 2-4　3 种动力电池加热方式的特性对比

项目	电加热膜加热	PTC 加热	液热
加热特点	恒功率加热	恒温加热	对流加热
厚度	0.3~2 mm	5~8 mm	集成在加热器中
干烧温度	60~130 ℃	60~80 ℃	25~40 ℃
升温速率	0.15~0.30 ℃/min	0.15~0.30 ℃/min	0.30~0.60 ℃/min
电池温差	≈8 ℃	≈10 ℃	≤5 ℃

1）电加热膜加热

电加热膜加热属于电阻加热方式，由金属加热电阻丝、绝缘包覆层、引出导线和接插件组成。金属加热电阻丝一般为镍镉合金和铁铬铝合金，绝缘包覆层一般为聚酰亚胺（Polyimide，PI）、硅胶和环氧树脂，这 3 种材料的包覆层都可以起到绝缘的作用，但又有各自不同的特点：聚酰亚胺电加热膜的厚度可以做到 0.3 mm，且具备耐腐蚀性，但缺点是容易被毛刺刺穿，从而导致绝缘失效；硅胶电加热膜不易被毛刺刺穿，硅胶电加热膜的厚度一般在 1.5 mm 以上，且不耐磨也不耐电解液腐蚀；环氧树脂电加热膜不易被毛刺刺穿，耐磨也耐腐蚀，厚度一般也在 1.5 mm 以上，但其硬度高、内应力大。

电加热膜可安装于单体电池侧边、底部或两个单体电池之间，常见的安装方式是安装在两个单体电池之间，如图 2-57 所示。

电加热膜的高压回路由电加热膜、保险丝和继电器串联而成，整个高压回路与电池系统的高压回路并联。此外，为了减少继电器粘连的风险，加热高压回路中使用了 2 个继电器，如图 2-58 所示。

图 2-57　电加热膜安装于单体电池之间

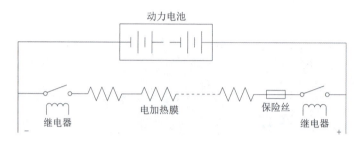

图 2-58　电加热膜高压电气连接回路

2）PTC 加热

PTC 是指正温度系数材料，其电阻会随温度的升高而增大。当加热器温度升高时，其内阻增大引起加热功率减小，自身温度下降，当加热温度下降时，其内阻减小引起加热功率增大，自身温度升高，PTC 加热器利用材料的这种特性可以达到恒温加热的效果。

PTC 加热器由 PTC 元件、导热金属板和引出导线组成。PTC 元件是 PTC 加热器的发热元件，被绝缘密封于导热金属板内部，通过引出导线串入加热高压回路。导热金属板起导热、均热和提高结构强度的作用，导热金属板的厚度就是 PTC 加热器的厚度，一般情况下，PTC 加热器的厚度在 8 mm 左右，因厚度太大，不适宜安装在单体电池之间，所以 PTC 加热器一般安装在电池模组的底部或侧面，PTC 加热器的电气回路常采取单块 PTC 并联后与继电器串联，并入高压回路的连接方式，如图 2-59 所示。

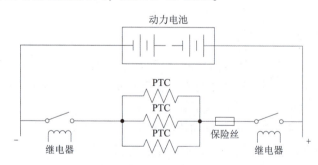

图 2-59　电池模组 PTC 加热器高压电气回路

3）液热

液热采用加热液体流经动力电池表面对动力电池进行加热的方式，它是主流电动汽车动力电池加热的主要方式。加热液体方式有电阻丝和 PTC 两种，目前比较常用的是 PTC 加热。动力电池 PTC 加热器可以采用独立设置或与整车空调制热系统的 PTC 加热器共用的方式，独立设置时，PTC加热器可以串入或并入液冷系统回路，共用液体回路。动力电池PTC加热器式液热系统如图2-60所示。

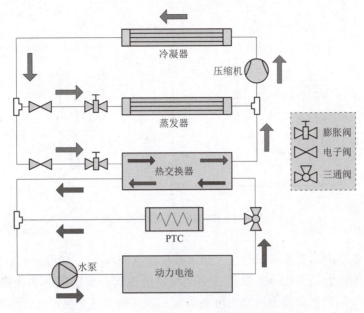

图2-60　动力电池PTC加热器式液热系统

与整车空调制热系统共用PTC加热器时，整车空调制热PTC加热器常采用换热器方式对液冷回路液体进行加热，不共用液体回路。吉利EV450采用的就是换热器方式，吉利EV450动力电池加热系统与整车空调制热系统共用PTC加热器，空调制热液体回路在热交换器中通过换热器与动力电池加热液体回路完成传热，从而给动力电池加热。整车PTC加热器液体回路与动力电池加热液体回路是各自独立的。

液热系统的主要工作参数是流入动力电池的冷却液入口温度和流量。通常冷却液入口温度为40~60 ℃，冷却液流量为10 L/min。

三、吉利EV450动力电池热管理系统

1. 整车热管理系统组成与工作原理

第四代帝豪、几何A等的动力电池热管理系统采用第三代电池智能温控系统（Intelligent Temperature Control System，ITCS），即ITCS3.0。在ITCS2.0的基础上，动力电池热管理系统散热管路施加的压力小于驱动电机散热管路，不同的散热伺服系统，被施加不同压力和不同冷却液流速，可以达到精准控制温度（伺服目标）并降低动力电池非驱动用电耗。而ITCS3.0可在-30~55 ℃温度区间正常、高效充电；可确保动力电池在最佳状态下恒温运行，避免电池局部过热隐患；优化电驱动加热动力电池的功能，减少PTC加热的电耗。新的整车热管理系统大幅度降低了整车非驱动电耗，使其续航里程提升了4%。

EV450整车热管理系统分为3个部分：乘员舱热管理、动力电池系统热管理和电驱动系统热管理，如图2-61所示。整车热管理系统包括1个R134a空调制冷回路（制冷剂为R134a）和3个冷却液回路（水和乙二醇）。

R134a空调制冷系统有2个制冷回路，一个制冷回路为压缩机→冷凝器→制冷管路电磁

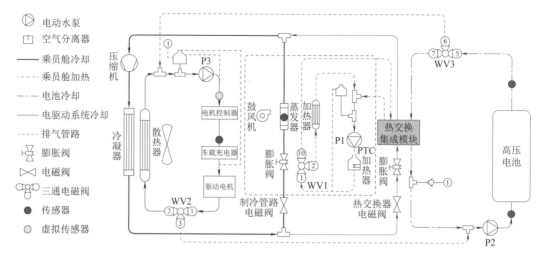

图 2-61　EV450 整车热管理系统

阀→膨胀阀→空调箱内蒸发器→压缩机，用于乘员舱空调制冷，该回路由制冷管路电磁阀控制；另一个制冷回路为压缩机→冷凝器→热交换器电磁阀→膨胀阀→热交换器换热片（蒸发器）→压缩机，通过热交换器给动力电池降温，该回路由热交换器电磁阀控制。

3 个冷却液回路分别为电驱动系统冷却液回路、动力电池冷却液回路和 PTC 加热冷却液回路。电驱动系统冷却液回路为电驱水泵（P3）→电机控制器→车载充电机→驱动电机→三通电磁阀（WV2）→散热器→电驱水泵（P3），用于电驱动系统冷却。动力电池冷却液回路为电池水泵（P2）→高压电池冷却管道→三通电磁阀（WV3）→热交换器换热片→电池水泵（电动水泵 P2），用于动力电池的热管理。其中电驱动系统冷却液回路与动力电池冷却液回路通过三通电磁阀控制可相互连通，故共用 PTC 加热冷却液回路，其中一个膨胀罐与电驱动系统冷却液回路、动力电池冷却液回路均不连通，单独使用一个膨胀罐。如图 2-62 所示为两个冷却液回路膨胀罐。

图 2-62　两个冷却液回路膨胀罐

PTC 加热冷却液回路由 2 个循环回路组成，一个循环回路为 PTC 加热水泵（P1）→PTC 加热器→三通电磁阀（WV1）→空调箱内加热器→PTC 加热水泵（P1），用乘员空调制热；另一个循环回路为 PTC 加热水泵（P1）→PTC 加热器→三电磁阀（WV1）→热交换器换热片→PTC 加热水泵（P1），用于动力电池加热。PTC 加热冷却液回路的 2 个循环回路由三通电磁阀（WV1）控制。

热交换器集成了 PTC 加热换热片、制冷空调换热片（蒸发器）、动力电池冷却液换热片，可实现动力电池的加热与冷却。

EV450 整车热管理系统电气原理图如图 2-63 所示，热管理控制器即为 A/C 空调控制器，接收阳光传感器、室外温度传感器、蒸发器温度传感器（空调制冷）、动力电池温度传感器（BMS 通过 CAN 传送）、加热器温度传感器、电机温度传感器（VCU 通过 CAN 传送）、空调压力开关等信号，通过调速模块控制的鼓风机、风向调节电机、内外循环电机、冷暖风调节电机、电动空调压缩机、PTC 加热器、PTC 加热水泵（P1）等完成乘员舱制冷与制热（空调）功能；通过控制热交换电磁阀、制冷电磁阀、PTC 加热水泵（P1）、电池水泵（P2）冷却液回路的 3 个三通电磁阀、PTC 加热器、电动空调压缩机等完成动力电池冷却、加热和电驱动系统的冷却和加热。其中电驱水泵（P3）冷凝器与散热器的冷却风扇由 VCU 控制。

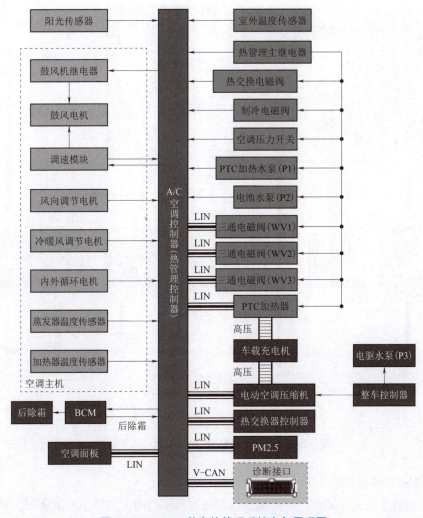

图 2-63　EV450 整车热管理系统电气原理图

1）乘员舱热管理

乘员舱热管理和传统车一样，包括空调制冷与制热。不同的是，由于没有发动机，制冷系统采用电动空调压缩机实现制冷，制热系统采用PTC电加热实现制热。

与传统车一样，乘员舱制冷使用的是R134a空调制冷系统，由于没有发动机，EV450的制冷系统采用电动涡旋式压缩机、平行流式冷凝器、层叠式蒸发器和H型膨胀阀，在H型膨胀阀的前端有一个两通电磁阀（制冷电磁阀），在乘员舱不需要制冷时电磁阀关闭，切断制冷剂回路，如图2-64所示为制冷空调管路控制电磁阀电路示意图。

同样因为缺少发动机，乘员舱的制热依靠电加热PTC来实现，需要制热时，热管理控制器控制PTC加热器［高压加热器（High Pressure Heaters，HVH）］工作，控制三通电磁阀（WV1）1，2号管路接通，PTC加热水泵（P1）驱使经PTC加热后的冷却液流进空调系统风道中的加热芯体，实现采暖。

制冷空调系统的控制为控制面板+热管理控制器（A/C空调控制器）的形式，空调控制面板采集按键信息，将信息通过LIN线传给热管理控制器（A/C空调控制器），由热管理器完成整车乘员舱制冷空调系统的运行管理。

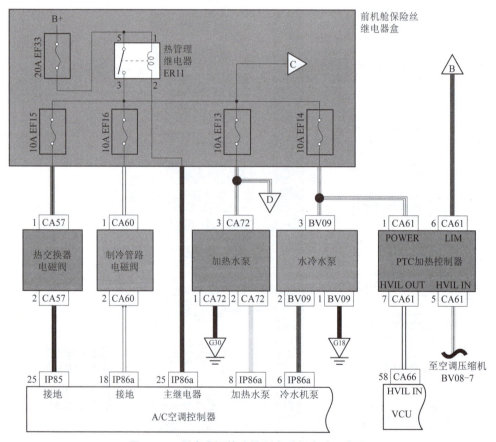

图2-64　制冷空调管路控制电磁阀电路示意图

2）电驱动系统热管理

驱动电机转子高速旋转会产生高温，热量通过机体传递，如果不加以降温，驱动电机无法正常工作，所以驱动电机机体内设置有冷却液道，通过冷却液的循环与外界进行热交换。

这样能将驱动电机的工作温度保持在一定范围内，防止驱动电机过热。

车载充电机工作时将高压交流电转化或高压直流电，其转化过程中会产生大量的热量，因此车载充电机内部也有冷却液道，通过冷却液的循环降低车载充电机的工作温度。

电机控制器与 DC/DC 总成不但控制驱动电机的高压三相供电，还要将动力电池的高压直流电转化成低压直流电为铅酸蓄电池充电。在此过程中会产生热量，需要通过冷却液循环散热。

电驱动系统热管理的作用就是通过冷却液循环散热为驱动电机、车载充电机、电机控制器这 3 大部件进行散热冷却。电驱动系统热管理主要包括电驱水泵（P3）、冷却液回路、三通电磁阀（WV2）、散热器、冷却风扇、温度传感器和膨胀罐等；散热部件的进水顺序为散热器出水→电机控制器与 DC/DC 变换器→车载充电机→驱动电机，电机流出的较高温度冷却液通过散热器与空气的热交换降温，经过降温的冷却液再经散热部件，达到冷却的目的。行驶状态下，在动力电池温度高于-10 ℃，动力电池有加热需求时，电驱动系统的冷却液可为动力电池加热，减少动力电池加热的电耗，当系统冷却液温度高时，膨胀的冷却液可通过电驱水泵（P3）出口和充电机出口膨胀管流入膨胀罐，当系统冷却液温度低时，膨胀罐冷却液经电驱水泵（P3）入口流系统，确保系统可靠散热。

如图 2-65 所示为电驱动热管理系统控制电气原理图，如图 2-66 所示为电驱动热管理系统冷却风扇（与冷凝器共用）控制电路示意图，如图 2-67 所示为电驱动热管理系统冷却水泵电路示意。

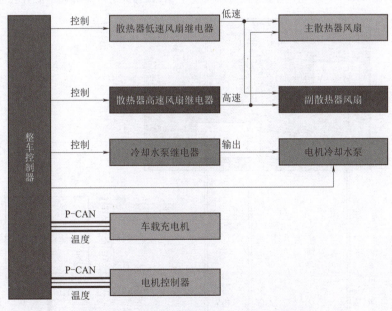

图 2-65　电驱动热管理系统控制电气原理图

3）动力电池系统热管理

动力电池系统热管理是负责对动力电池进行冷却和加热，确保动力电池在最佳的温度范围内工作。EV450 动力电池热管理系统采用的是液冷与 PTC 电加热式液热系统，液冷利用整车乘员舱制冷系统进行降温，大大提高了动力电池可靠性，保证了其工作环境温度。EV450 的动力电池热管理系统还与电驱动冷却系统相结合，充分利用电驱动系统的热量给动

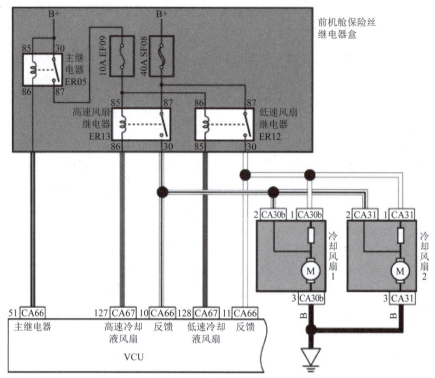

图 2-66　电驱动热管理系统冷却风扇（与冷凝器共用）控制电路示意图

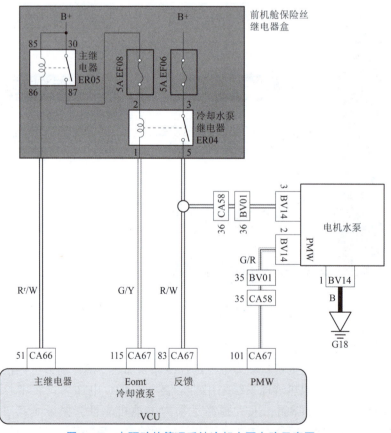

图 2-67　电驱动热管理系统冷却水泵电路示意图

力电池加热，降低了动力电池非驱动电耗。

动力电池热管理冷却回路包括电动压缩机、冷凝器、热交换器、H型膨胀阀、热交换集成模块、电池水泵（P2）、三通电磁阀（WV3）等，如图2-64所示。当动力电池管理系统监测单体电池超过限值，需要启动制冷系统对动力电池进行降温时，热管理控制器控制冷却电磁阀打开，启动电动空调压缩机进行制冷，同时控制三通电磁阀（WV3）的5，7管路接通，驱动电池水泵（P2）使动力电池中吸热的高温冷却液流向热交换器，在热交换器中进行热交换，将热量传给制冷系统。动力电池热管理冷却回路能随时根据动力电池温度状态的变化调节制冷量和水泵的转速，精确控制动力电池的温度。

低温状态下，主要利用PTC加热器回路进行加热。动力电池PTC加热回路主要包括PTC加热器（HVH）、PTC加热水泵（P1）、三通电磁阀（WV1）、三通电磁阀（WV3）、电池水泵（P2）和热交换器。

当动力电池最低温度小于−10 ℃时，热管理控制器控制三通电磁阀（WV1）的1，10管路接通，三通电磁阀（WV3）的5，7管路接通，启动PTC加热器并控制电池水泵（P2）、PTC加热水泵（P1）驱动电池回路与PTC回路的冷却液在热交换器中的换热器中传递热量，给动力电池加热。并随时根据动力电池温度的变化调整水泵转速和PTC加热功率，精确控制动力电池温度。

当动力电池加热回路中冷却液温度高、膨胀时，可通过一个单向阀由1号管路流进电驱动回路膨胀罐。当温度低时，由电驱动回路经三通电磁阀流回动力电池回路，确保动力电池回路中的冷却液稳定流动。

为了降低动力电池加热的电耗，EV450将电驱动冷却系统与动力电池加热回路结合，充分利用电驱动的热量给动力电池加热。当电池有加热需求时（电池最低温度高于−10 ℃），热管理控制器控制PTC不启动，三通电磁阀（WV2）的1，3管路接通，三通电磁阀（WV3）的5，6管路接通，动力电池回路与电驱动冷却回路相通，启动电驱水泵（P3）和电池水泵（P2），促使电驱动回路的高温冷动液流向动力电池，对动力电池进行加热，同时利用电池回路的低温冷却液对电驱动系统冷却。

2. EV450热管理系统控制策略

（1）车辆在交流充电、直流充电、智能充电、行车过程中（包括车速为0）都可以启动热管理对动力电池加热或冷却。

①当动力电池有冷却需求时，热管理控制器控制压缩机启动，动力电池回路通过热交换器与空调回路进行换热，利用空调制冷回路给动力电池降温。

②当动力电池有加热需求时（电池最低温度低于−10 ℃，且暖风开启），PTC加热器启动，动力电池回路通过热交换器集成的换热器与PTC回路进行换热，利用PTC加热回路给动力电池加热。

③当电池有加热需求时（电池最低温度高于−10 ℃），PTC不启动，利用电驱回路给动力电池加热。

（2）动力电池冷却控制策略：当动力电池需要冷却时，BMS根据单体电池最高温度发送热管理控制信号，包括"冷却""匀热""关闭"3种模式。

①动力电池在放电模式与慢充模式下，单体电池温度≥38 ℃时，电池冷却系统启动工

作；当单体电池温度≤32 ℃时，电池冷却系统停止工作。

②动力电池在快充模式下，单体电池温度≥32 ℃时，电池冷却系统启动工作；当单体电池温度≤28 ℃时，电池冷却系统停止工作。

③动力电池冷却启动后，若动力电池平均温度≥25 ℃，且冷却水温度与电池最高温度差≥14 ℃时，动力电池冷却关闭，水泵继续运转，开启匀热模式。若电池最高温度持续10 min不变，则匀热模式关闭，重启动力电池冷却系统。

（3）动力电池加热控制策略：当动力电池需要加热时，BMS根据单体电池最低温度发送热管理控制信号，包括"加热""匀热""关闭"3种模式。

①动力电池在放电模式下，单体电池温度≤-20 ℃时，电池加热系统启动工作；当单体电池温度≥-18 ℃时，电池PTC加热系统停止工作。

②动力电池在快充模式下，单体电池温度-20 ℃<T≤20 ℃时，电池电压≤4.148 V，电池PTC加热系统启动工作；当单体电池温度≥21 ℃时，电池PTC加热系统停止工作；当电池单体温度-20 ℃<T≤5 ℃时，电池电压≥4.148 V，电池PTC加热系统启动工作；当单体温度≥7 ℃时，电池PTC加热系统停止工作。

③动力电池在慢充模式下，单体电池温度-20 ℃<T≤1 ℃，电池PTC加热系统启动工作，当单体电池温度≥20 ℃，电池加热系统停止工作。

④动力电池加热启动后，若动力电池温度的变化量≥12 ℃且冷却水温度与电池最高温度差≥14 ℃时，电池PTC加热关闭，水泵继续运转，开启匀热模式。若电池最高温度持续10 min不变，匀热模式关闭，重启动力电池PTC加热系统。

（4）动力电池温度监测由BMS完成，BMS根据动力电池单体温度判定动力电池是否启动冷却，并发送冷却请求给VCU，VCU转发BMS上述信号至AC控制器（热管理控制器）。动力电池进行快充及慢充时，VCU直接转发BMS的热管理请求。

（5）行车状态下，VCU接收到BMS发送的加热需求后，需要根据当前电池温度、暖风状态、车速等条件进行再次逻辑判断，从而发送不同热管理请求至AC控制器（热管理控制器）。

（6）车辆处于ON挡非充电状态下时，当单体电池温度超过上限值55 ℃，车辆不进行动力电池冷却。

一般情况下，压缩机和动力电池水泵、PTC加热水泵由AC控制器（热管理控制器）控制，冷却风扇、电驱水泵（P3）由VCU控制。但是，当空调面板有给VCU发送压缩机开机请求和功率请求时，风扇做低速运转；当空调面板给VCU发送风扇高速请求时，VCU控制风扇高速运转。

四、比亚迪海豚车型热泵空调系统

热泵空调是一种高效节能装置，既可制冷又可制热，制热时以逆循环方式迫使热量从低温物体流向高温物体，它仅消耗少量的逆循环功，而可以得到较大的供热量，从而达到节能的目的。海豚是比亚迪电动3.0平台海洋系列的首款车型，该车首次搭载了热泵空调系统，对整车热管理系统的效能有较大提升。

1. 海豚车型热泵空调系统组成

如图2-68所示，海豚车热泵空调系统主要由电动空调压缩机（最大功率6 kW）、电子风扇、电机散热器、车外冷凝器、车内冷凝器与蒸发器、动力电池直冷直热板、汽液分离器、热管理集成模块以及板式换热器（位于热管理集成模块下方，图中未画出）等组成，制冷剂为R134a。热管理集成模块（见图2-69）上集成了6个电磁阀、3个电子膨胀阀以及9个制冷剂管接头（见图2-70）。

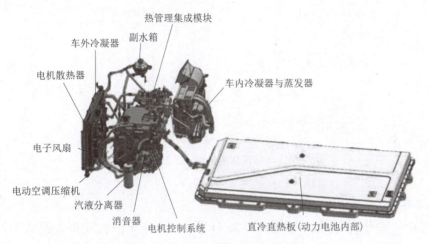

图2-68 海豚车热泵空调系统组成

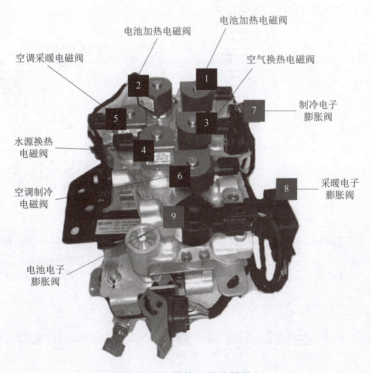

图2-69 热管理集成模块

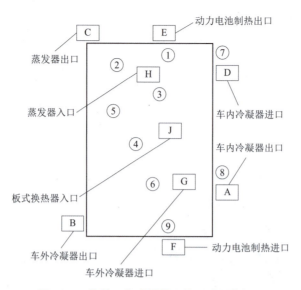

图 2-70　热管理集成模块上的制冷剂管接头

2. 海豚车热泵空调系统工作原理

海豚车热泵空调系统原理示意图如图 2-71 所示。图中 PT-1，PT-2 表示两个制冷剂压力及温度传感器。P-1 表示制冷剂压力传感器。T-1，T-2 表示两个制冷剂温度传感器。海豚车热泵空调系统取消了传统电动汽车的高压 PTC 加热器，替换为低压风加热 PTC 加热器（1 kW），用于极低环境温度下的辅助采暖。

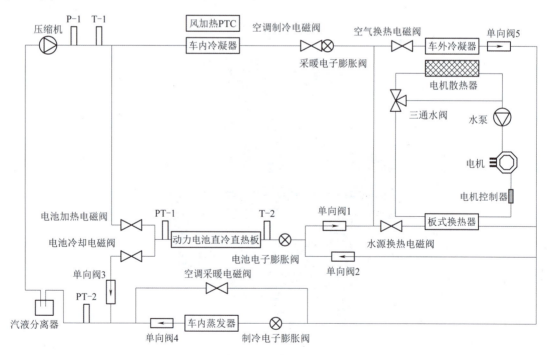

图 2-71　海豚车热泵空调系统原理示意图

海豚车热泵空调除了可以实现车内制冷、车内采暖功能外，还全球首次实现了通过制冷剂对动力电池直接冷却、直接加热的功能，以及对驱动电机、电机控制器等电驱单元热量利用等功能，并实现了整车智能综合热管理。搭载热泵空调技术的海豚车冬季续航能力提升10%以上，车辆覆盖了-30~40 ℃宽域温度范围，最低每百千米能耗降至10.3 kW·h。

1）空调制冷

当车辆高温行驶（或停止）时，打开空调系统制冷，热泵空调系统开启电动压缩机，制冷电子膨胀阀工作，空调制冷电磁阀及空气换热电磁阀均打开，制冷剂通过车外冷凝器放热，车内蒸发器吸收车内热量。

空调制冷时，制冷剂的流动路线为：压缩机→车内冷凝器→空调制冷电磁阀→空气换热电磁阀→单向阀5→制冷电子膨胀阀→车内蒸发器→单向阀4→汽液分离器→压缩机（见图2-72）。

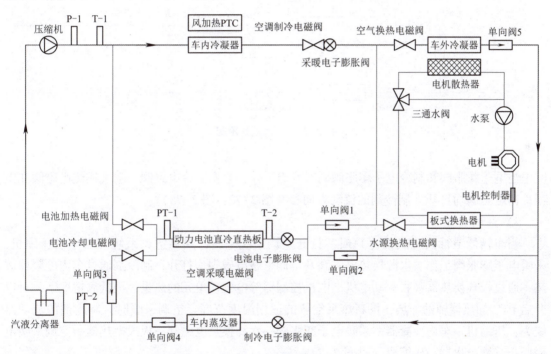

图 2-72　空调制冷

2）动力电池冷却

充电特别是大功率充电时，为了防止动力电池温度过高，热泵空调工作，对动力电池直接进行冷却；车辆行驶时，当动力电池温度高于设定值，热泵空调也开始工作。此时，电池电子膨胀阀开启工作，空调制冷电磁阀、空气换热电磁阀和电池冷却电磁阀均打开。制冷剂通过车外换热器放热，通过动力电池直冷直热板吸热。

动力电池冷却时，制冷剂的流动路线为：压缩机→车内冷凝器→空调制冷电磁阀→空气换热电磁阀→单向阀5→单向阀2→电池电子膨胀阀→动力电池直冷直热板→电池冷却电磁阀→单向阀3→汽液分离器→压缩机（见图2-73）。

3）空调制冷和动力电池同时冷却

车辆充电或者车辆行驶时，若同时需要车内制冷以及动力电池冷却，热泵空调工作，此

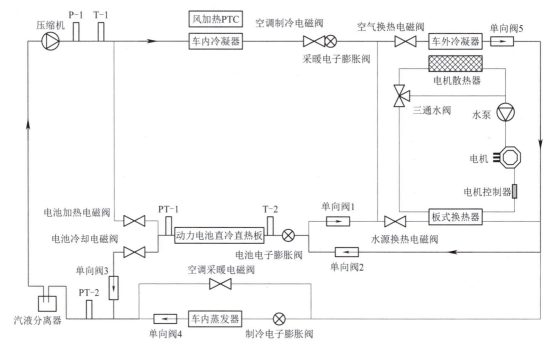

图 2-73 　动力电池冷却

时电池电子膨胀阀和制冷电子膨胀阀同时开启工作，空调制冷电磁阀、空气换热电磁阀和电池冷却电磁阀均打开（制冷剂的流动方向参考图 2-72、图 2-73）。

4）空调采暖

当车辆低温行驶（或停止）时，打开空调系统采暖，热泵空调系统开启电动压缩机，采暖电子膨胀阀工作、水源换热电磁阀及空调采暖电磁阀均打开，制冷剂通过车内冷凝器放热，通过板式换热器吸收驱动电机、电机控制器等电驱动单元的热量。极低温情况下，可以开启 PTC 加热器辅助加热，提高热泵空调的适用温度范围。空调采暖时，制冷剂的流动路线为：压缩机→车内冷凝器→采暖电子膨胀阀→水源换热电磁阀→板式换热器→空调采暖电磁阀→汽液分离器→压缩机（见图 2-74）。

5）动力电池加热

当低温环境下充电，为缩短充电时间，或者是在车辆低温行驶时改善低温下整车的动力性，热泵空调工作并对动力电池直接进行加热。此时，电池电子膨胀阀开启工作，电池加热电磁阀、水源换热电磁阀和空调采暖电磁阀均打开，制冷剂通过板式换热器吸收电驱动单元余热，加热动力电池直冷直热板。电池加热时，制冷剂的流动路线为：压缩机→电池加热电磁阀→动力电池直冷直热板→电池电子膨胀阀→单向阀 1→水源换热电磁阀→板式换热器→空调采暖电磁阀→汽液分离器→压缩机（见图 2-75）。

6）空调采暖和动力电池同时加热

当车辆低温行驶或低温充电时，若需要同时给乘员舱采暖和动力电池加热，热泵空调系统开启电动压缩机，采暖电子膨胀阀和电池电子膨胀阀同时开启工作，水源换热电磁阀、电池加热电磁阀及空调采暖电磁阀均打开，吸收电驱动单元余热，车内冷凝器和动力电池直冷直热板放热，若有必要，可以开启 PTC 加热器辅助加热（制冷剂的流动方向参考图 2-74、图 2-75）。

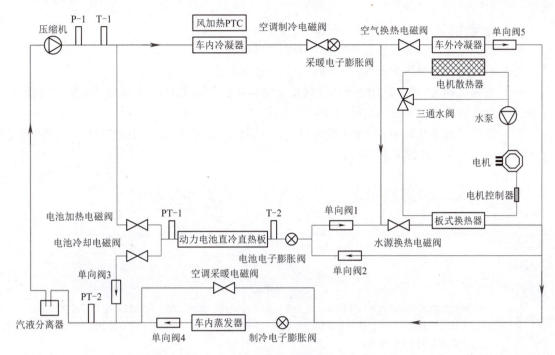

图 2-74　空调采暖

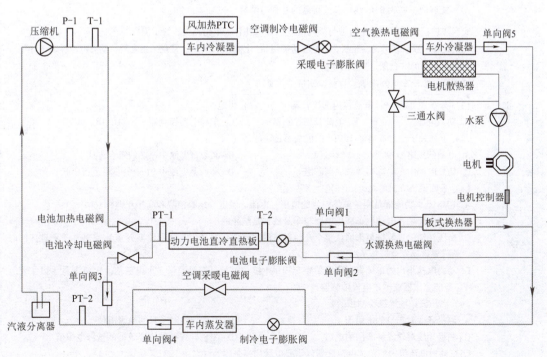

图 2-75　动力电池加热

（1）电动汽车动力电池为什么需要热管理系统？

（2）动力电池冷却方式有哪些类型？分别有什么特点？

（3）动力电池加热方式有哪些类型？分别有什么特点？

（4）根据吉利EV450动力电池热管理系统结构图，简述乘员舱热管理、电驱动系统热管理、动力电池系统热管理的制冷/加热工作回路。

（5）根据海豚车热泵空调系统原理示意图，简述空调制冷、动力电池冷却、空调采暖、动力电池加热的制冷剂的流动路线。

实训项目　电池管理系统的认知与检修

组员姓名			学时		班级	
组别		组长	联系电话		小组任务成绩	
实训场地			日期		个人任务成绩	
任务描述	一辆纯电动汽车的动力系统故障灯、电池系统故障灯点亮，无法上电，你的技术主管通过初步诊断为BMS无法与诊断设备通信。此时需要你作为维修人员协助技术主管按照规范程序，对BMS进行性能检查，请问你能够完成这个任务吗					
任务目的	（1）掌握动力电池预充电保护机制与上电流程； （2）能够读取BMS的故障代码并进行故障分析； （3）能够规范完成BMS线束及连接器的检查与测量					
任务准备	安全防护：做好车辆安全防护与隔离（车内外三件套、车轮挡块、警示隔离带等）。 工具设备：数字万用表、兆欧表、绝缘防护用品、绝缘工具套装、常规工具套装、动力电池拆装举升台。 台架车辆：BMS台架、实训车辆。 辅助资料：汽车维修手册、教材、实训工作页					
资讯	（1）分布式BMS中，电池包内部接触器由（　　）供电。 A. 动力电池　　　　　　B. 电池管理控制器　　　　C. 车身电器控制器　　　　D. DC/DC （2）下列关于动力蓄电池3P91S的说法不正确的是（　　）。 A. 电池的规格型号　　　　　　　　　　　B. 动力蓄电池中电芯的组合方式 C. 动力电池中3片电芯并联成电芯组　　　　D. 动力蓄电池中91个电芯组进行串联 （3）下面说法有误的是（　　）。 A. BMS基本功能就是测量单体电池的电压、电流、温度，绝缘检测和高压互锁 B. 为安全起见，电动汽车高压电路与车身搭铁是绝缘的 C. 高压互锁的目的是用来确认整个高压系统的完整性，当高压系统回路断开或者完整性受到破坏的时候，就需要启动安全措施了 D. 动力电池组内的单体电池串联给整车提供电能，一般只需要测量多个电流值。电流测量手段主要分2种，智能分流器或霍尔电流传感器 （4）高压线束的绝缘检测指的是（　　）。 A. 测量导线对车身的电阻值　　　　　　　B. 测量导线对车身的绝缘阻值 C. 测量导线对导线屏蔽层的电阻　　　　　D. 测量导线对导线屏蔽层的绝缘电阻值 （5）动力电池组内的单体电池之所以需要电量均衡是因为（　　）。 A. 充电时间长短不一　　　　　　　　　　B. 每个单体电池的一致性不理想 C. 放电率不均匀　　　　　　　　　　　　D. 动力电池总成内温度不均衡					

资讯	（6）缺少预充电阻可能会造成的后果是（　　）。 A. 烧毁主继电器　　　　　　　　　　　B. 损坏车载充电机 C. BMS 不能运行　　　　　　　　　　　D. 车辆仍然可以行驶 （7）以下不能检查出高压互锁断路故障点的是（　　）。 A. 检查高压插接件是否松脱　　　　　　B. 测量高压互锁检测线路通断 C. 检查带有高压互锁针脚的低压插接件　D. 检查高压互锁电源保险 （8）散热效率最高的冷却方式是（　　）。 A. 自然风冷　　　　B. 液冷　　　　C. 直冷　　　　D. 强制风冷 （9）一般要求单体电池温差不超过（　　）。 A. 3 ℃　　　　B. 5 ℃　　　　C. 10 ℃　　　　D. 15 ℃ （10）动力蓄电池的温度过低，以下说法错误的是（　　）。 A. 会导致锂离子在电极材料、电解液以及隔膜之间的电导率下降 B. 造成锂离子的脱嵌能力下降 C. 导致电池即使在常规的工况下工作也会产生较为严重的极化 D. 不会影响电池的使用寿命
计划与决策	请根据动力电池检测的任务，确定检测的标准方法和所需要的检测仪器，并对小组成员合理分工，制订详细的工作计划。 （1）采用的评价标准：＿＿＿＿＿＿＿＿＿＿＿＿＿＿＿＿＿＿＿＿＿＿＿＿＿＿。 （2）需要的检测仪器和工具。 ①仪器：＿＿＿＿＿＿＿＿＿＿＿＿＿＿＿＿＿＿＿＿＿＿＿＿＿＿＿＿＿＿。 ②工具：＿＿＿＿＿＿＿＿＿＿＿＿＿＿＿＿＿＿＿＿＿＿＿＿＿＿＿＿＿＿。 （3）实训计划：＿＿＿＿＿＿＿＿＿＿＿＿＿＿＿＿＿＿＿＿＿＿＿＿＿＿＿。 （4）小组成员任务分工（见表 2-5）。 表 2-5　小组成员任务分工 <table><tr><td>操作员</td><td></td><td>记录员</td><td></td></tr><tr><td>安全员</td><td></td><td>展示员</td><td></td></tr></table>
实施	1. 预充电保护与上电流程 （1）根据如图 2-76 所示的电池系统预充电保护电路基本结构填写表 2-6，并绘制预充电保护电路结构简图。 图 2-76　电池系统预充电保护电路基本结构

表 2-6　电池系统预充电保护电路部件及功能

部件名称	基本功能/作用
预充电继电器	
预充电电阻	

预充电保护电路结构简图：

实施

（2）根据如图 2-77 所示的高压系统上电控制图，简述高压系统上电控制流程，填入表 2-7 中。

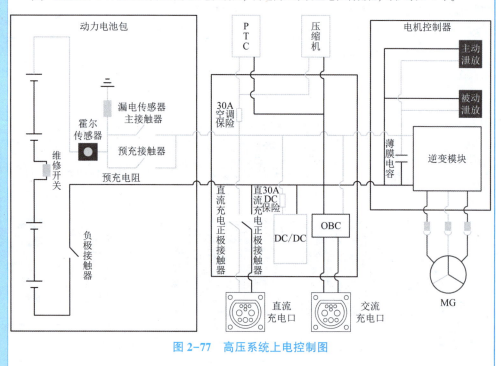

图 2-77　高压系统上电控制图

表 2-7　高压系统上电控制流程

序号	上电流程	说明
1		
2		
3		
4		
5		
6		
7		
8		
9		

（3）连接诊断仪器后，打开点火开关，读取高压继电器的数据流，查看高压继电器的工作状态，填入表 2-8 中。

表 2-8　高压继电器的工作状态

序号	预充继电器状态	负极继电器状态	正极继电器状态	预充状态	预充电保护控制策略
1	断开			未预充	—
2	吸合			正在预充	
3	吸合			正在预充	
4	断开			预充完成	
预充工作状态描述					
无法预充的原因分析					

2. BMS 认知与检修

（1）读取 BMS 数据流，填入表 2-9 中。

表 2-9　BMS 数据流

故障代码	故障码诊断程序	第　章　节　页
参数名称	检测数据	结果判定
电池包实际 SOC 值		□正常　□异常
电池组当前总电压		□正常　□异常
动力电池正极继电器当前状态		□正常　□异常
动力电池负极继电器当前状态		□正常　□异常
动力电池预充继电器当前状态		□正常　□异常
高压互锁状态		□正常　□异常
绝缘电阻		□正常　□异常
单体电池电芯最低电压		□正常　□异常
最低电压单体电池序号		□正常　□异常
单体电池电芯最高电压		□正常　□异常
最高电压单体电池序号		□正常　□异常
单体电池电芯最高温度		□正常　□异常
最高温度单体电池序号		□正常　□异常
单体电池电芯最低温度		□正常　□异常
最低温度单体电池序号		□正常　□异常

（2）BMS 的基本检查。

前提条件：完成高压系统电源的切断后，按表 2-10 所示进行动力电池高压线束及低压线束的检查。

表 2-10　动力电池高压线束及低压线束的检查

序号	测试项目	技术要求	判定
1	动力电池高压线束连接器	检查插接器是否有退针、倒针、锈蚀和烧蚀情况	□正常　　□异常
2	动力电池低压线束连接器	检查插接器是否有退针、倒针、锈蚀和烧蚀情况	□正常　　□异常

（3）查询维修手册，记录 BMS 的端子针脚信息并检测。

①电源、搭铁端子信息（见表 2-11）　　第___章___节___页

表 2-11　电源、搭铁端子信息

针脚	线束颜色	端子说明	标准电压值	实际电压值

②CAN 端子信息与检测。

a. CAN 端子信息（见表 2-12）

表 2-12　CAN 端子信息

针脚	线束颜色	端子说明	实际电压值	判定
				□正常　　□异常
				□正常　　□异常
				□正常　　□异常
				□正常　　□异常

实施

b. CAN 线波形检测（见表 2-13）

表 2-13　CAN 线波形检测

CAN 名称： CAN 端子信息： 检测工况：未上电□ 电压峰值： 响应时间： 最大信号电压值： 波形判定： 正常□　异常□	波形绘制

3. 电动空调压缩机的检修

检查电动压缩机电路，找出导致电动压缩机不工作的故障原因，记录相关信息于表 2-14 中。

表 2-14　故障原因及信息

故障现象				
故障代码				
制冷剂压力	检查条件	高压/Pa	低压/Pa	判断
	静态			□正常　□异常
	动态			□正常　□异常
数据流分析				
电路图查询	记录所查询的电路图在维修手册位置：第　　　页			

画出电动压缩机插头针脚端视图	针脚	线束颜色	端子说明
	1		
	2		
	3		
	4		
	5		

可能故障原因	□元件本体　□电路线束　□保险丝　□模块 ECU　□其他	
检测项目	检测结果	判断
		□正常　□异常
		□正常　□异常
		□正常　□异常
		□正常　□异常
□LIN □CAN 波形		□正常　□异常

（左栏：实施）

空调压缩机 高压电路、 互锁及绝缘 电阻测量	测量项目	测量值（需先进行高压系统切断作业）	判断
	压缩机 DC+至 PDU		□正常　□异常
	压缩机 DC-至 PDU		□正常　□异常
	互锁电路		□正常　□异常
	绝缘电阻		□正常　□异常
故障元件			
故障机理分析			

4. PTC 加热器的检修

检查 PTC 加热器电路，找出导致电动压缩机不工作的故障原因，记录相关信息于表 2-15 中。

表 2-15　故障原因及信息

故障现象	
故障代码	
数据流分析	
电路图查询	记录所查询的电路图在维修手册位置：第　　　页

画出 PTC 加热器 插头针脚端视图	针脚	线束颜色	端子说明
	1		
	2		
	3		
	4		
	5		

画出 PTC 水泵插头针脚端视图	针脚	线束颜色	端子说明
	1		
	2		

可能故障原因	□元件本体　□电路线束　□保险丝　□模块 ECU　□其他	
检测项目	检测结果	判断
		□正常　□异常
		□正常　□异常
		□正常　□异常
		□正常　□异常
□LIN □CAN 波形		□正常　□异常

PTC 高压电路、 互锁及绝缘 电阻测量	测量项目	测量值（需先进行高压系统切断作业）	判断
	PTC DC+至 PDU		□正常　□异常
	PTC DC-至 PDU		□正常　□异常
	互锁电路		□正常　□异常
	绝缘电阻		□正常　□异常
故障元件			
故障机理分析			

实施

检查	(1) 根据考核标准，对整个实训过程中出现的问题进行总结。 (2) 各小组根据各自的检测对象和结果，相互交流检测过程的注意事项			
评价	项目	评分标准	分值	得分
	任务导入	明确工作任务，理解任务在工作中的重要程度	5	
	知识要点	动力电池上电流程、BMS 线束及连接器的检查与测量、空调压缩机、PTC 加热器检查	15	
	任务计划	制定动力电池上电流程	5	
		制定 BMS 线束及连接器的检查与测量计划	5	
		制定空调压缩机检查计划	5	
		制定 PTC 加热器检查计划	5	
		能协调小组人员安排任务分工	5	
		能在实施前准备好所需要的工具器材	5	
	任务实施	能够完成动力电池上电流程	7	
		会使用专业测量仪器完成 BMS 线束及连接器的检查与测量	7	
		会使用专业测量仪器完成空调压缩机的检查与测量	6	
		会使用专业测量仪器完成 PTC 加热器的检查与测量	6	
		能规范找出故障元件并记录信息，进行故障机理分析	5	
		清点工具，打扫场地	5	
	任务检查	学生任务完成，操作过程规范	10	
	任务评价	学生能对自身表现情况进行客观评价	2	
		学生在任务实施过程中发现自身问题	2	

自评得分（满分100）								
组内互评	姓名	评分（满分20分）	姓名	评分（满分20分）	姓名	评分（满分20分）		

小组互评	评价对象	评分	评价对象	评分	评价对象	评分	评分（满分20分）

教师评价	评分（满分50分）

学生本次完成实训任务得分	

项目 3　动力电池系统制造技术

动力电池性能和质量的提高依赖于锂离子材料、工艺、装备和模组制造装配的理论研究和技术进步。在前面介绍锂离子电池基本原理和基本概念的基础上，本项目以锂离子动力电池关键制造工艺为主线，介绍了制浆、涂布、辊压、分切、装配、焊接、化成和分容分选等制造工序的工艺原理及应用；电池模组的制造装配工序的工艺原理及应用、下线测试（End Of Line，EOL）等内容。

 任务1　锂离子电池制造工艺

 学习内容

（1）锂离子电池制造工艺流程；

（2）锂离子电池制浆、涂布、辊压、分切、装配、焊接、化成、分容分选。

 能力要求

（1）能够描述锂离子电池制造工艺流程；

（2）能够描述锂离子电池制浆、涂布、辊压等工艺。

 任务引入

小张是某电池制造企业的实习生，工作岗位是设备维护，他的指导师傅老王要求小张先对电池制造工艺理论进行了解再到线上进行实践。

 任务描述

电池生产制造相关的岗位需要对电池各个制造工艺流程非常熟悉，结合教材并收集资料，对锂离子电池各个制造环节设备、工艺流程进行总结，在学习小组或班级进行交流汇报。

一、锂离子电池制造工艺流程

锂离子电池原材料主要有正极材料、负极材料、电解液和隔膜。正负极材料通常为微米级粉体材料。已经商业化的正极材料有钴酸锂（$LiCoO_2$）、锰酸锂（$LiMn_2O_4$）、三元材料

（$LiNi_xMn_yCo_zO_2$）和磷酸铁锂（$LiFePO_4$）等，其中新能源汽车主要使用磷酸铁锂和三元材料。目前负极材料有石墨材料、硬炭材料、软炭材料、钛酸锂、Si 基材料和 Sn 基材料，其中石墨负极材料应用最广。电解液通常为液体电解质和凝胶电解质，常用的锂盐为六氟磷酸锂（$LiPF_6$），有机溶剂为碳酸乙烯酯（Ethylene Carbonate，EC）、碳酸二甲酯（Dimethyl Carbonate，DMC）、碳酸二乙酯（Diethyl Carbonate，DEC）和碳酸甲乙酯（Ethyl Methyl Carbonate，EMC）等的混合液。隔膜通常为聚乙烯（Polyethylene，PE）单层多孔膜、聚丙烯（Polypropylene，PP）单层多孔膜和 PP/PE/PP 三层多孔膜。电池壳体材料为铝塑复合膜、铝壳体和不锈钢壳体。辅助材料包括导电剂、黏结剂和集流体等。导电剂为炭黑、气相生长碳纤维（Vapor Grown Carbon Fiber，VGCF）和碳纳米管等，黏结剂有聚偏氟乙烯（Polyvinylidene Fluoride，PVDF）和丁苯橡胶（Polymerized Styrene Butadiene Rubber，SBR）等，其中 PVDF 可用于正极和负极，SBR 通常用于负极。正极集流体为铝箔，正极极耳为铝片；负极集流体为铜箔，负极极耳为镍片。

锂离子电池制造工艺通常包括极片制备、电芯装配、注液、化成和分容分选等主要过程。本任务以方形铝壳锂离子电池为例介绍生产工艺流程，如图 3-1 所示。极片的制造过程首先是将正负极活性粉体材料、黏结剂、溶剂和导电剂混合，经过搅拌，使它们分散均匀，制得浆料，然后将浆料均匀涂于集流体上并烘干，再将极片经过辊压、分切制得所需尺寸的正负极极片。装配过程包括在正负极片上焊接正负极极耳，再与隔膜一起卷绕或叠片制成电芯，然后将电芯封装入方形的铝壳体、不锈钢壳体或铝塑复合膜软包装壳体中。注液化成和老化过程是将装配好的电池经过烘干后注入电解液，然后将注液后的电池充电进行化成，最后在一定温度的环境中储存一段时间进行老化。分容分选是对电池进行测试，按电池容量、内阻、厚度、电压等指标分成不同等级的产品。最后进行包装和出厂。

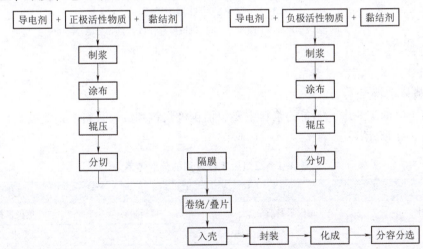

图 3-1　方形铝壳锂离子电池的生产工艺流程

二、锂离子电池制浆

1. 制浆原理

锂离子电池制造过程中的制浆，是将正负极活性物质粉体、导电剂粉体、高分子黏结剂和助剂均匀分散于溶剂中形成稳定悬浮液的过程。这种悬浮液在锂离子电池行业中称为浆料。锂离子电池正极浆料常用钴酸锂粉体、炭黑（导电剂）、聚偏氟乙烯（PVDF）（黏结剂兼分散剂）等，分散于 N-甲基吡咯烷酮（N-Methylpyrrolidone，NMP）中形成悬浮液。负极浆料常用石墨粉体、炭黑（导电剂）、丁苯橡胶乳液（SBR）（黏结剂）、羧甲基纤维素钠（Carboxy Methyl Cellulose，CMC）（分散剂）等，分散于水中形成悬浮液。

悬浮液的制备通常包括粉体润湿、分散、脱出气泡等 3 个过程。其中粉体润湿是溶剂在粉体表面的浸润铺展过程，直接影响到颗粒能否进入到溶剂中；粉体分散是利用剪切应力将团聚的固体颗粒解聚和打散，分散于溶剂中的过程，是制浆核心步骤；脱出气泡是将分散过程中引入到悬浮液中的气泡脱出的过程。

常见制浆过程示意图如图 3-2 所示。活性物质颗粒团聚体首先在机械搅拌作用下被打散，然后均匀分散于溶剂中。均匀稳定分散是锂离子电池制浆的基本要求。对于制备好的悬浮液，能否稳定分散，主要取决于悬浮颗粒之间的作用力情况。当颗粒之间的作用力以排斥力为主时，颗粒之间不自发产生团聚，有助于悬浮液的稳定分散；当颗粒之间的作用力以引力为主时，将自发产生团聚，不能稳定分散，需要对颗粒的受力情况进行调控，以便使其稳定分散。

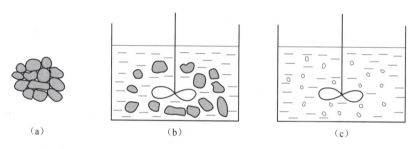

图 3-2　常见制浆过程示意图
（a）活性物质颗粒团聚体；（b）机械搅拌；（c）均匀分散

2. 浆料体系及特点

1）浆料体系特点

在锂离子电池工业中，制备的浆料主要包括正极浆料和负极浆料。正负极浆料常用的分散体系如表 3-1 所示。

表 3-1　正负极浆料常用的分散体系

项目		油性体系		水性体系
正负极浆料		正极浆料	负极浆料	负极浆料
分散介质		NMP		水
分散介质性质		外观无色透明，沸点 204 ℃，密度 1.028 g/cm³，低毒性物质，一般环境上下限为 100 mg/kg		外观无色透明，密度为 1 g/cm³，沸点 100 ℃
分散质	活性物质	钴酸锂、锰酸锂、镍酸锂、磷酸铁锂、三元材料		石墨、钛酸锂、硅氧化物
	导电剂	炭黑、石墨粉、石墨烯、碳纳米管		
黏结剂		PVDF		SBR 乳液
分散剂		PVDF		CMC

锂离子电池浆料体系有水性体系和油性体系两大类，浆料具有如下特点。

①油性体系的粉体活性物质既可以是正极材料，也可以是负极材料，溶剂为 N-甲基吡咯烷酮（NMP），与正负极材料均具有很好的润湿性。油性体系的稳定性受微量水影响，NMP 能与水无限互溶，易吸水，因此制备浆料时应该严格控制原料和环境的水分含量。PVDF 是油性体系使用的黏结剂，同时也是有机高分子分散剂，主要靠位阻作用、增加黏度等作用稳定浆料。由于其黏结性较弱，因此往往添加量较大。为了增加 PVDF 与铝箔集流体的黏合性，有时还会加入黏结助剂，如马来酸、醋酸和草酸等。

②水性体系主要用于碳素类负极材料体系，由于石墨的润湿角为 69°，为部分润湿，CMC 既是润湿剂又是有机电解质分散剂，其分散主要靠双电层作用和高分子的位阻作用，同时又具有增稠、润湿等多重作用。水性体系黏结剂使用的多是 SBR 分散于水中的乳液。

③锂离子电池正负极材料的粒度通常为 3~50 μm，均在临界直径以上，并且密度较大，属于重力沉降作用显著的悬浮液体系，因此制备浆料时，一方面通过分散剂等增大排斥力、增加黏度使其稳定，另一方面还必须辅以流体力学力调节，使其均匀悬浮。

④在锂离子电池浆料体系中，为提高活性物质的导电性，常常加入导电剂，最常加入的是炭黑。炭黑是一种纳米材料，团聚作用很强，因此需要强剪切才能分散。

2）浆料要求

①浆料分散性和稳定性好，能够稳定保持一定时间。

②在满足极片要求的前提下，浆料中非活性物质导电剂、黏结剂和分散剂的含量应尽量少。

③为了节约溶剂、提高烘干速率、降低能耗，应该尽量制备固含量大的悬浮液。

④黏结剂和分散剂应稳定，不参与电化学反应。

⑤浆料流变性应符合涂布要求。

⑥浆料溶剂成本低，易回收，无污染。

3）浆料分散性表征方法

表征浆料分散性的测试方法很多，主要包括黏度法、粒度法和极片法 3 种。

①黏度法就是用浆料黏度间接表征分散性能的方法。一般来讲，对于一定的浆料体系，制浆后黏度越低，表明分散越好。

②粒度法是由激光粒度仪和刮板细度计进行测定的方法，主要用于分散后浆料中聚团或颗粒的粒度及其分布测试。浆料中分散颗粒的粒度越小，越接近活性物质粉体的粒度，表明分散性越好。其中刮板细度计如图 3-3 所示。测试方法为将浆料滴在刮槽深的一边，然后利用刮板向刮槽浅的方向刮，由于槽深不断变浅，颗粒被留在小于它直径的槽深的地方，观察浆料在不同槽深处的残留情况就可以判断出浆料粒度情况，测试范围为 5~100 μm。由于使用者的操作及评判标准的主观性，刮板细度计一般只能用于粗略的测量，但由于其操作的简单、方便、快速，因此在涂料、油墨的颗粒测量中得到广泛应用。激光粒度仪是取少量浆料，分散于溶剂中，然后进行粒度分布测试。这

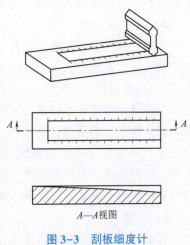

图 3-3　刮板细度计

A—A视图

种方法表征的准确性受二次分散的影响较大。

③极片法属于间接判断方法，可以通过 SEM 分析直接观察活性物质颗粒和导电剂的分散情况，也可以测定涂布极片的电导率，来进行导电剂分散效果的间接判断。

4）浆料稳定性表征方法

稳定性表征方法主要有悬浮液固含量测定法，就是测定悬浮液同一高度处的固含量变化。通常对于不稳定悬浮液，随着沉降时间的延长，顶部位置的固含量下降，而底部位置的固含量上升。顶部固含量下降越慢，底部固含量上升越慢，则浆料越稳定。有时为了快速测定，也采取离心沉降方法加速沉降，还可以采用吸光度方法。悬浮液沉降时，悬浮液的吸光度随之变化。悬浮液顶部的吸光度下降越快，则表明浆料越不稳定，但是由于锂电浆料属于浓悬浮液，因此这种方法用得不多。

3. 制浆流程

1）制浆准备

①烘干。将正负极材料、导电剂和 PVDF 等原料烘干，可减少水分对制浆的影响。活性物质的烘干还有助于减少表面吸附物质，增大颗粒的表面能，以便增大对分散剂的吸附。

②固态分散剂和黏结剂溶液制备。对于固体分散剂和黏结剂，需要配制成溶液使用。如 CMC 溶于水，PVDF 溶于 NMP 制成的高浓度溶液。为加快溶解过程，某些厂家采用球磨设备制备。

③导电剂浆料制备。导电剂通常不适合于直接加入，在使用前需要制备成浆料。例如某些厂家采用球磨制备炭黑+CMC 的导电剂浆料。

2）活性物质的预混合

将活性物质与润湿剂、分散剂和溶剂进行预先混合。对于水性体系，通常将 CMC 溶液、水与石墨粉混合，保证石墨粉充分吸附分散剂，并被溶剂润湿。对于油性体系通常先将正负极粉体与 NMP 混合润湿备用。这一过程通常用捏合或搅拌混合设备完成，以保证充分润湿。

3）高速搅拌分散

将预混合后的活性物质加入搅拌罐中，进行搅拌分散。高速搅拌分散是由分散机中的圆盘齿片搅拌桨来完成的，它直径小、转速高（2 000 r/min），可提供高剪切力将聚团打散，使粉体分散在溶剂中。同时开动螺带式低速搅拌桨，用于将浆料混匀和防止粘壁。在高速分散过程中，分批次加入溶剂、导电剂浆、黏结剂和分散剂溶液，以达到配方要求。

4）真空脱气泡

在真空状态下进行慢速搅拌，使气泡脱出。但是真空脱气泡时间不宜过长，以防过多损失溶剂。一般真空度为-6.1 kPa 时，时间不超过 0.5 h。

5）匀浆过程

匀浆过程是指在不打开高速分散搅拌桨或搅拌桨速度不高的情况下，主要依靠螺带式搅拌桨对流体进行低剪切、高循环，达到使浆料稳定分散的过程。这个过程是一个长时间的搅拌过程，可达 5~10 h。这是因为高分子分散剂在粉体颗粒表面的吸附和紧密排列需要一定时间。这种低速长时间的搅拌，既可以防止颗粒的团聚，又可以使分散剂和黏结剂等进一步均匀紧密吸附于固体颗粒表面，达到使颗粒均匀稳定分散的目的。

6）过滤

过滤的目的是除去浆料中未分散的大颗粒聚团。通常使用 100~300 目的筛网完成，也可以用特制的过滤器来完成。在制浆过程中并非只有最后一次过滤，根据需要可以安排多次过滤，以确保浆料具有良好的分散效果。当然，最重要的还是最后一次过滤，这是分离出大颗粒的最后一道屏障。

典型水性体系和油性体系的制浆工艺流程如图 3-4 和图 3-5 所示。具体的加料顺序、加料批次以及工艺参数，因不同的浆料要求、设备、厂家而不同。另外，锂离子电池浆料本身是不稳定的，应在一定时间内使用，否则需要重新分散才可再次使用。

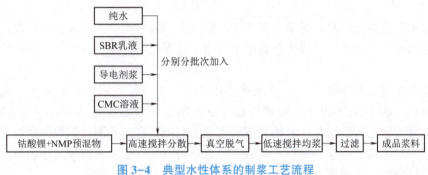

图 3-4 典型水性体系的制浆工艺流程

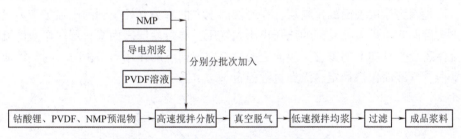

图 3-5 典型油性体系的制浆工艺流程

三、锂离子电池涂布

1. 涂布概述

锂离子电池涂布是利用涂布设备，将含有正负极活性物质的悬浮液浆料均匀涂布于铝箔或铜箔片幅上，然后干燥成膜的过程。如图 3-6 所示为刮刀涂布装置示意图，涂布过程具体包括剪切涂布、润湿和流平、干燥等 3 个工序。

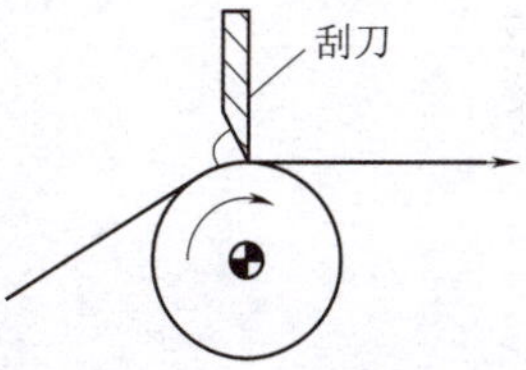

图 3-6 刮刀涂布装置示意图

1）剪切涂布

在刮板和辊面间缝隙中有一层作为片幅的金属箔片，在刮刀的左侧有浆料。片幅以一定速度沿如图 3-6 所示箭头所指的方向向右运动，剪切涂布就是在机械力剪切作用下，将浆料涂于片幅表面的过程。

2）润湿和流平

包括润湿和流平 2 个过程。浆料首先在片幅表面铺展并附着在片幅表面上，这就是润湿过程。从微观角度看，沿片幅运转方向（纵向），在片幅表面的浆料膜存在厚度不均的纵向条纹，这些条纹会在表面张力的作用下产生流动而使浆料涂膜变得平整，这就是流平过程。

3）干燥

干燥是将经过流平的涂膜，通过与热空气接触使其中的溶剂蒸发并被空气带走，涂膜附着在片幅上的过程。有时在干燥的初期也存在流平现象。

2. 辊涂原理与工艺

辊涂有单辊、双辊和多辊涂布方式。单辊涂布方式应用较为广泛，双辊和多辊涂布主要用于高速涂布或薄层涂布。

1）单辊涂布

单辊涂布就是将绕有片幅的单个涂布辊部分浸入到浆料槽中，涂布辊和片幅以一定速度旋转，将浆料涂到片幅上的过程。单辊涂布的涂布过程简单，操作方便，但涂层较厚，精度不高。

单辊涂布原理如图 3-7 所示。当把带有片幅的涂布辊浸入到浆料槽中时，由于浆料均为润湿性流体，表面张力的作用使浆料在靠近片幅表面狭缝处形成了一个稳定的弯液面（半径 R）。随着涂布辊的旋转，片幅从浆料表面上拉出，在弯液面处附着的浆料层会被片幅带走。由于片幅的向上运动，靠近片幅表面时，浆料层受到片幅表面张力作用与片幅一起向上运动，涂层表面的浆料层则受到片幅表面浆料层黏性力作用也随之向上运动。这种向上运动破坏了静止的弯液面，使得涂层表面的浆料层还受到弯液面表面张力的作用而有向下运动的趋势。这是因为涂层表面的浆料层，在弯液面上方曲率为 0 处受到的压强等于大气压，而在其下方弯液面曲率最大处受到的压强小于大气压，导致涂层表面浆料层向弯液面流动。同时这层流体还会受到向下的重力。当向上的拉曳力与向下的作用力平衡时，在弯液面处建立了新的平衡，弯液面保持稳定，涂布过程稳定。

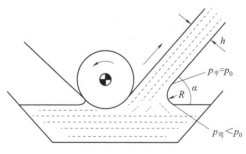

图 3-7　单辊涂布原理

2）双辊涂布

双辊涂布方式有顺转辊涂布和逆转辊涂布 2 种。顺转辊涂布是双辊间最小间隙位置的线速度方向相同的涂布方法，如图 3-8（a）所示。顺转辊涂布时，浆料经过双辊的缝隙，按照一定比例将浆料分配到两个转辊表面，浆料涂布于经过计量辊的片幅表面。逆转辊涂布是双辊间最小间隙位置的线速度方向相反的涂布方法，如图 3-8（b）所示。逆转辊涂布时计量辊将片幅表面的浆料减薄，完成涂布过程。

3）三辊涂布

三辊涂布如图 3-9 所示。三辊逆转辊涂布时，其中涂布辊和计量辊、涂布辊和上背辊均以逆转辊形式进行旋转。由涂布辊将浆料带上来，通过计量辊对涂布膜进行定量，最后将涂布辊上的定量膜全部转移到上背辊的片幅上，如图 3-9（a）所示。三辊顺转辊涂布时，

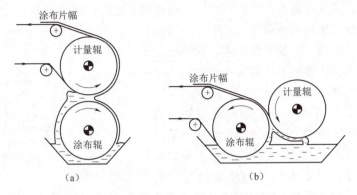

图 3-8　双辊涂布中的顺转辊涂布和逆转辊涂布

（a）顺转辊涂布；（b）逆转辊涂布

涂布辊和计量辊、计量辊和上背辊均以顺转形式进行旋转，由涂布辊将浆料带上来，经过刮刀定厚，然后通过涂布辊和计量辊辊缝进行分裂，计量辊上涂膜在进入计量辊和上背辊间隙时再次进行分裂，上背辊上的涂层留在片幅上得到最终涂层，如图 3-9（b）所示。

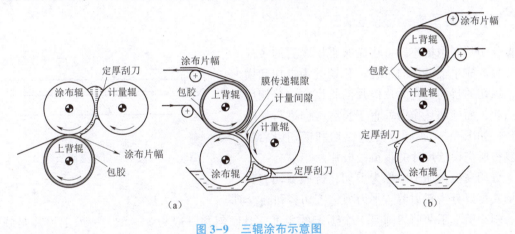

图 3-9　三辊涂布示意图

（a）三辊逆转辊涂布；（b）三辊顺转辊涂布

四、锂离子电池极片辊压

极片辊压一般安排在涂布干燥工序之后，裁片工序之前，是正负极金属集流体（正极是铝箔，负极是铜箔）上的涂布粉体电极材料经过辊压机压实的过程。极片辊压机示意图如图 3-10 所示。极片进入辊压机后，在对辊压力的作用下，极片中的活性颗粒发生流动、重排以及嵌入，颗粒之间的空隙减少，排列紧密化。辊压主要目的是减小极片厚度，提高粉体层单位体积的活性物质担载量，即提高填充密度，从而达到提高电池容量的目的。辊压良好的极片具有较大的填充密度，厚度均匀，同时极片柔

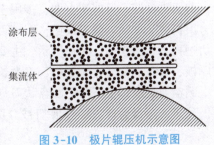

图 3-10　极片辊压机示意图

软、不引入杂质，极片金属不产生塑形变形，或者塑形变形量很小。

电池辊压机是从轧钢机械演变过来的。一般辊压机主要由机架、轧辊、测控系统组成，此外还配有放卷机、收卷机、切边机等，可实现连续辊压生产，常用有机架型辊压机，如图 3-11 所示。辊压机机架通常为"门"字形框架，起到固定和安装轧辊和其他零部件的作用。这种辊压机的特点是在辊压过程中，辊压力要通过轧辊传给机架，应力线（辊压力通过轧辊经过受力零件传递到机架的连

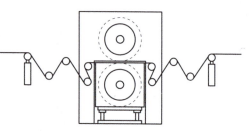

图 3-11　机架型辊压机示意图

线）较长，辊压机刚度系数小，只能通过增大机架截面尺寸提高机架刚度，从而提高辊压力。轧辊通常采用 65HRC 以上高硬度材料制备，长径比小于 1 来提高刚度，减小压扁率和表层弹性变形。测控系统测量辊出极片厚度、辊缝、辊压力、张力、辊压速度，反馈到控制系统，对辊压工艺进行实时控制，保证辊压过程的稳定性。放卷机的作用是在辊压前将成卷极片放开展平，并调整合适的输送速度将极片送入轧辊间。收卷机的作用是辊压后，将极片卷绕成卷。

五、锂离子电池极片分切

分切是利用相应设备将涂布辊压之后的大片极片分裁成单个极片的过程。分切分为纵切和横切，纵切的目的是将大片极片沿长度方向分切成长条状，而横切是指沿垂直于长度方向进行切断操作，如图 3-12 所示。经过纵切和横切以后就可获得所需设计尺寸的正负极极片。

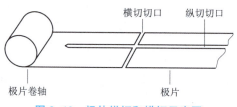

图 3-12　极片纵切和横切示意图

分切在机械加工中称为剪切，按照剪切刀具的形式可以分为斜刃剪、平刃剪、滚切剪和圆盘剪等。

斜刃剪上下两剪刃间呈一个固定的角度，其倾斜角一般为 1°~6°，一般上刀片是倾斜的，如图 3-13（a）所示。由于上下剪刃不平行，存在沿着剪刃方向的力，易造成切口扭曲变形，但剪切作用面积小，剪切力和能量消耗比平刃剪切要小，故用于大、中型剪板机中剪切厚板，极片分切一般不采用。

平刃剪与斜刃剪结构相同，只是上下剪刃口平行，如图 3-13（b）所示。剪切无扭曲变形，剪切质量好，但剪切力大，多用于小型剪板机和薄板、薄膜下料和极片横切。

滚切剪又称圆弧剪刃滚切，采用刃口呈圆弧状的刀具，刀具绕两个固定轴回转摆动完成剪切过程，如图 3-13（c）所示。主要用于实现定长横切、头尾横切和切边纵切，一般剪切中厚板，具有质量高、能耗小、寿命长和产量高等特点。

圆盘剪是通过上下两个圆盘状刀盘连续旋转来完成剪切，如图 3-14 所示。剪切时，开卷极片进入圆盘剪口，经过剪切被分成多条。圆盘剪广泛用于薄板、薄膜和金属箔的纵切分条。

在锂离子电池生产中，极片的纵切通常采用圆盘剪，而横切采用平刃剪，自动化生产线通常先进行纵切，然后进行横切。一般对锂离子电池极片分切有以下要求：

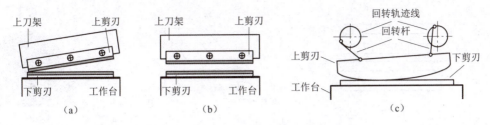

图 3-13　斜刃剪、平刃剪、滚切剪的示意图

（a）斜刃剪；（b）平刃剪；（c）滚切剪

①极片尺寸精度高；

②极片边缘平整无毛刺，缺陷少，不破坏极片涂布层；

③合格率高，生产效率高。

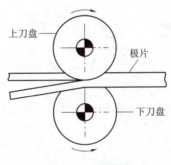

图 3-14　圆盘剪

六、锂离子电池装配

锂离子电池的装配通常是指将正负极片、隔膜、极耳、壳体等部件装配成电池的过程。装配过程通常可以分成卷绕和叠片、组装、焊接等工序。卷绕和叠片是将集流体上焊接有极耳的正负极极片和隔膜制成"正极极片—隔膜—负极极片"结构的方形或圆柱形电芯结构的过程。组装是指将电芯、壳体、盖板和绝缘片等装配到一起的过程。焊接是将极耳、极片、壳体、盖板按工艺要求连接在一起的过程。

1. 卷绕和叠片工艺

1）电芯结构

卷绕通常是首先将极耳用超声焊焊接到集流体上，正极极片采用铝极耳，负极极片采用镍极耳，然后将正负极极片和隔膜按照"正极极片—隔膜—负极极片—隔膜"的顺序进行排列，再通过卷绕组装成圆柱形或方形电芯的过程。卷绕式锂离子电池电芯结构示意图如图 3-15 所示。

叠片通常是以集流体作为引出极耳，将正负极极片和隔膜按照"正极极片—隔膜—负极极片"的顺序，逐层叠合在一起形成叠片电芯的过程。叠片式锂离子电池结构示意图如图 3-16 所示。叠片方式既有将隔膜切断的直接叠片的积层式，也有隔膜不切断的 Z 字形叠片的折叠式。

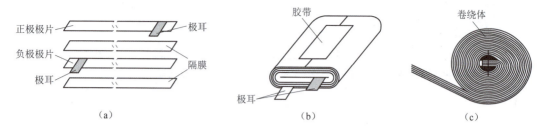

图 3-15 卷绕式锂离子电池电芯结构示意图

（a）极片和隔膜排放顺序；（b）方形；（c）圆柱形

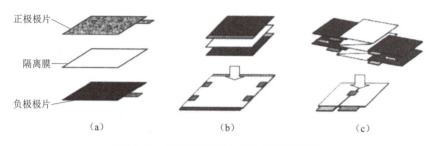

图 3-16 叠片式锂离子电池结构示意图

（a）极片和隔膜叠放顺序；（b）积层式；（c）折叠式

2）工艺要求

卷绕与叠片的具体工艺要求如下：

①负极活性物质涂层能够包住正极活性物质涂层，防止析锂的产生。对于卷绕电芯，负极的宽度通常要比正极宽 0.5~1.5 mm，长度通常要比正极长 5~10 mm；对于叠片电芯，负极的长度和宽度通常要比正极大 0.5~1.0 mm。负极比正极大出的尺寸与卷绕和叠片的工艺精度有关，精度越高，留出的长度和宽度可以越小。

②隔膜处于正负极极片之间能够将正负极完全隔开，并且比负极极片更长更宽；对于卷绕电芯，隔膜的宽度通常比负极要宽 0.5~1.0 mm，长度通常要比负极长 5~10 mm；对于叠片电芯，隔膜的长度和宽度通常要比负极大 1~2 mm。隔膜的具体长度与电芯结构设计有关。

③卷绕电芯要求极片卷绕的松紧适度，过松浪费空间，过紧不利于电解液渗入，同时还要避免电芯出现螺旋；叠片电芯要求极片和隔膜叠片的整齐度高，极片的极耳等部件装配位置要准确，从而减小空间浪费和安全隐患。

④卷绕和叠片过程要防止极片损坏，保持极片边角平整，无毛刺出现。

3）卷绕与叠片各有优势

卷绕采用对正负极片整体卷绕的方式进行装配，通常具有自动化程度高，生产效率高，质量稳定等优点；但是卷绕电芯的极片采用单个极耳，内阻较高，不利于大电流充放电；另外卷绕电芯存在转角，导致方形电池空间利用率低。因此卷绕电芯通常用于小型常规的方形电池和圆柱形电池。

叠片电芯的每个极片都有极耳，内阻相对较小，适合大电流充放电；同时叠片电芯的空间利用率高。但是叠片工艺相对烦琐，同时存在多层极耳，容易出现虚焊。因此叠片电芯通常适用于大型的方形电池，也可用于超薄电池和异形电池。

4）工艺流程

全自动卷绕机的工艺流程如图 3-17 所示。隔膜、正负极极片利用放卷机主动放料进入输送过程，隔膜经过除静电后进入卷绕工位，在卷针转动的驱动下进行预卷绕；极片经过除尘、极耳焊接、贴胶后进入卷绕工位，依次插入到预卷绕的隔膜中进行共同卷绕；切断极片和隔膜，贴胶固定电芯结构，进行短路检测，进入传输装置送入下一工序。

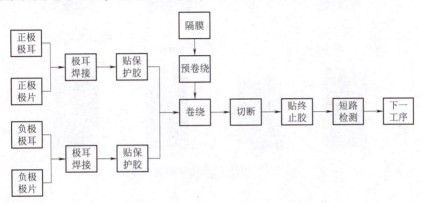

图 3-17　全自动卷绕机工艺流程

全自动叠片机的工艺流程如图 3-18 所示。正负极极片经过定位后传输至叠片台，隔膜从料卷放卷后也引入叠片台；极片经过精确定位后依次叠放在叠片台上，隔膜左右往复移动形成"正极极片—隔膜—负极极片"的叠片结构，叠片完成后，自动贴胶，完成后送入下一工序。

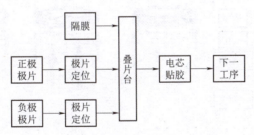

图 3-18　全自动叠片机工艺流程

2. 组装工艺

1）方形锂离子电池

方形铝壳电池的封装流程如图 3-19 所示。首先将贴胶的电芯装入铝壳。入壳后在电芯上部放置绝缘片和盖板，其次将正极铝极耳和铝壳盖板采用电阻焊焊接作为电池的正极端子，将负极镍极耳和盖板上的镍钉采用电阻焊焊接作为电池的负极端子。再次采用激光点焊接将盖板预固定在壳体上，再采用激光将盖板与壳体进行连续密封焊接。最后进行烘干和注液，预化成后采用钢珠封口。

2）圆柱形钢壳电池

圆柱形锂离子电池的顶盖由安全阀、气孔、顶盖、垫片以及密封圈 5 部分组成。盖帽组装按照从内到外的顺序通常为：将正极耳激光焊接在安全阀上；再采用密封圈卡住安全阀边缘；然后将安全阀主体和气孔激光焊接在一起；随后将垫片放在顶盖和气孔之间；最后组合

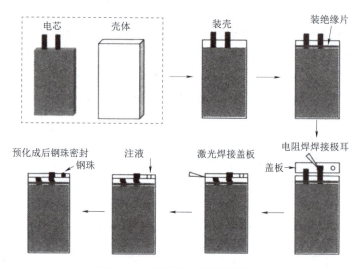

图 3-19　方形铝壳电池封装流程

顶盖，利用胶圈将钢壳外壁和盖帽绝缘，防止正负极短路。安全阀是保证电池的使用安全的重要部件，当电池内部压力上升到一定数值时气孔翻转，与安全阀脱离而断路，同时垫片还起着过流保护的作用，而普通垫片仅起到密封的作用。圆柱形锂离子电池的顶盖结构及状态如图 3-20 所示。

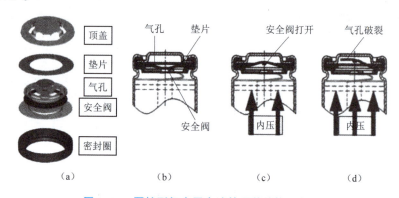

图 3-20　圆柱形锂离子电池的顶盖结构及状态
（a）顶盖结构；（b）正常状态；（c）安全阀工作；（d）气孔工作

圆柱形钢壳电池的封装流程如图 3-21 所示。先将下绝缘底圈放入圆柱形壳体，再将卷绕电芯插入壳体，采用电阻焊将负极极耳焊于钢壳，插中心针，再进行钢筒滚槽，真空干燥后注液，再将盖帽焊到正极极耳上，最后进行封口。经过清洗后的电池进行喷码、外观检查、X 射线检测、分容分选后进行包装、出厂。

七、锂离子电池焊接

锂离子电池装配过程中，极耳与集流体、极耳与壳体、极耳与电极引出端子、壳体外底部与电极引出端子、壳体与盖板等都需要焊接，涉及的焊接方法有超声波焊、电阻焊和激光焊等。焊接方法和工艺的合理选用直接影响电池的可靠性与安全性，还决定着电池的生产成

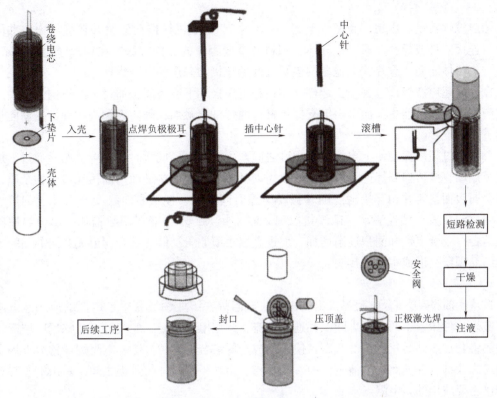

图 3-21　圆柱形钢壳电池的封装流程

本。在锂离子电池装配过程中，金属壳体外底部与复合镍带、壳体与盖板通常采用激光焊接，极耳与集流体通常采用超声波焊接；极耳与壳体、极耳与电极引出端子通常采用电阻点焊和激光点焊。

1. 激光焊接

激光焊接是利用高能量密度的激光束作为热源的一种高效精密焊接方法。激光焊接属于无接触式加工，具有许多优点：焊接热量集中、焊接速度快、热影响区小；焊接变形和残余应力小；焊接温度高，可以焊接难熔金属，甚至可以焊接陶瓷以及异种材料等；易于实现高效率的自动化与集成化；焊接精度高，工件越精密，激光焊接的优势越明显。因此，激光焊接在锂离子电池装配中得到广泛使用。

激光是经过受激辐射放大的光。在物质原子中有不同数量粒子（电子）分布在不同能级上，在高能级上的粒子受到某种光子的激发，会从高能级跃迁到低能级上，这时将会辐射出与激发光相同性质的光，在某种状态下能出现一个弱光激发出一个强光的现象，即"受激辐射的光放大"，简称激光。激光具有单色性好、方向性好、亮度高和相干性好等特点。

激光焊是激光照射到非透明焊接件的表面，一部分激光进入焊件内部，入射光能转化为晶格的热振动能，在光能向热能转换的极短时间（约 10^{-9}s）内，热能仅局限于材料的激光辐射区，而后热量通过热传导由高温区向低温区传递，引起材料温度升高，继而局部金属产生熔化、冷却、结晶，形成原子间的连接。一部分激光被反射，造成激光能量的损失。激光焊微观上是一个量子过程，宏观上则表现为加热、反射、吸收、熔化和气化等现象。

2. 超声波焊接

超声波焊接是利用超声频率（超过 16 kHz）产生的机械振动能量并在静压力的共同作用下，连接同种或异种金属、半导体、塑料及金属陶瓷的焊接方法。在锂离子电池生产中，极耳与集流体之间、叠片式电池多层极耳之间的连接常采用超声波焊接。

在金属超声波焊接过程中，焊件被夹持在上声极和下声极间，通过上声极向焊件输入超声波产生弹性振动能量，而下声极支撑焊件。两焊件接触面在静压力和高频弹性振动能量的作用下实现连接。

首先通过超声振动使上声极与上焊件之间产生摩擦而形成暂时的连接，然后通过上焊件将超声振动直接传递到焊件接触面，依靠振动摩擦去除焊件接触面的油污和氧化物杂质，使纯净金属表面暴露并相互接触。随着振动摩擦时间延长，接触表面温度升高（达到熔点的 35%~50%），发生塑性流动，微观接触面积越来越大，塑性变形不断增加，出现焊件间的机械结合。咬合点数和面积逐渐增加，促进金属表面原子扩散与结合，形成共同的晶粒或出现再结晶现象，形成牢固的接头。

3. 锂离子电池电阻点焊

自从 1886 年第一台电阻焊机出现以来，电阻焊在工业领域获得了广泛的应用。电阻焊是将被焊工件压紧于两电极之间，并通以电流，利用电流流经工件接触面及临近区域产生的电阻热将其加热到熔化或塑性状态，使之形成金属结合的一种方法。电阻焊通常分点焊、缝焊和对焊 3 种，在锂离子电池生产中，极耳与引出端子、极耳与盖板之间、引出端子与导线的连接主要应用的是电阻点焊。

八、锂离子电池化成

装配好的锂离子电池需要经过注液、化成和老化三个工序才能制备出成品电池。注液是将电解液注入真空干燥深度脱水电池壳体内的过程。化成是对注液后的电池进行充电的过程，包括预化成和化成两个阶段。预化成是在注液后对电池进行小电流充电的过程，通常伴有气体产生（方形电池需将气体排出）。化成是在预化成后以相对较大的电流对电池充电的过程，气体生成量很少。老化是将化成后的电池在一定温度下搁置一段时间的过程。其中化成在电池后工序中占有关键地位。

1. 注液过程

注液包括两个过程：一是电解液由电池外部流入电池内部的流体输送过程；二是电解液进入极片、隔膜、颗粒间空隙以及颗粒内部孔隙的浸润过程。电解液对极片的浸润程度对电性能影响明显，经过完全浸润的电池才能进行化成，如果极片润湿不足容易导致电池局部化成不足或化成不均匀，甚至在封口后容易出现气胀。

注液的基本过程是将电池注液孔与真空系统连接，进行抽真空使电池壳体内部形成负压，电解液在负压作用下，通过注液管进入电池内部。注液的动力是外界与电池内部的压差（$\Delta p = p_0 - p_1$），真空度越高，压力差越大，电解液进入壳体的速度越快。当然也可以在注液管内施加一定的压力，加快注液速度，但是加压过大有可能造成电池壳体变形。

浸润是电解液通过极片与隔膜的缝隙进入电池内部，直至隔膜内部的孔隙和极片颗粒间的孔隙，被电解液完全润湿或充满。电解液浸润过程示意图如图 3-22 所示。润湿是液体与空气争夺固体表面的过程，抽真空消除气相，有利于液体的润湿。电解液在这些孔隙的浸润与压力差作用和表面力作用有关。

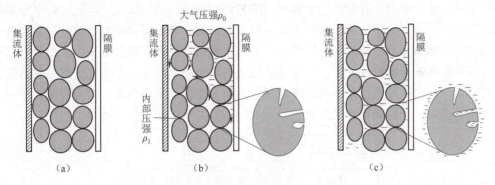

图 3-22　电解液浸润过程示意图
（a）初始；（b）进入缝隙；（c）进入颗粒内部

2. 化成工艺

锂离子电池化成工艺的主要目的为：通过预化成排出化成反应中产生的气体，防止电池封口后的气胀（正压圆柱形电池除外）；通过预化成和化成生成均匀稳定的 SEI 膜，使得电池具有稳定的循环性能；通过充电使电池极片内应力逐渐释放，极片膨胀和孔隙率增大，获得稳定的电池厚度；化成将电池充电至一定的电位，便于后续老化工序后对自放电电池的挑选甄别；对于钢壳电池开口化成，能使钢壳负极的电压升高，降低电解液对电池钢壳壳体的腐蚀。

3. 老化

老化通常是指将化成后的电池在一定温度下搁置一段时间使电池性能稳定的过程，也称为陈化。在老化过程中，自放电电池的电压比正常电池下降快，因此通过老化还可以筛选出不合格的自放电电池。老化主要有持续完成化成反应、促进气体吸收和化成程度均匀化等作用。化成反应虽然在首次充电时已经接近完成，但是最终完成还需要较长时间，直至化成反应结束。封口化成过程中还会产生微量气体，老化过程中电解液会吸收这些气体，有助于减小电池气胀现象。封口化成以后，存在气路或气泡的极片区域与其他区域的化成反应程度还没有达到完全一致，这些区域之间存在电压差。这些微小的电压差会使极片不同区域化成反应程度趋于均匀化。极片不同区域的电压差很小，这种均匀化速度很慢，这也是老化需要较长时间的原因之一。

九、锂离子电池分容分选

1）分容分选概述

电池制造过程中，对于同一型号同一批次的锂离子电池，由于工艺条件波动和环境的细微差别，会导致电池性能也产生区别。分容是通过对电池进行一定的充放电检测，将电池按容量分类的过程；分选是通过对电池各项性能和产品指标进行检验，将电池按照产品等级标准分开的过程。合格品出厂供应客户，不合格品降价处理、销毁或者回收原材料。

2）全检和抽检项目

分容分选指标分为全检项目和抽检项目。全检项目需要对每块电池进行检测，主要包括开路电压、自放电、电池容量、电池尺寸（通常为厚度）、电池内阻和外观等。抽检项目采取随机取样的方法进行检测，主要包括循环性能、倍率放电性能、高低温性能等电性能，以及短路、过充过放、热冲击、振动、跌落、穿刺、挤压和重物冲击等安全性能。

以铝壳电池为例，分容分选的全检项目工艺流程如图3-23所示。老化后的电池经过外观检验合格后，进行电压检验，测定电池的自放电。对于电压不合格的电池，视为可疑自放电产品，需要重新充电进行二次电压检验，不合格者停止流通。经过电压一次检验和二次检验的合格品进入贴绝缘胶片工序，可防止盖板上电极短路，然后所有电池进行容量分选。分容后的电池进行内阻分级，最后进行厚度测定，不合格电池重新压扁后测定厚度，分出不同等级厚度的产品，最后确定产品等级。

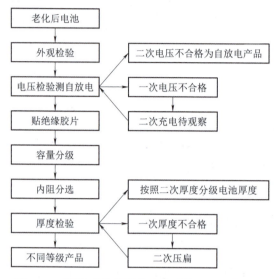

图3-23　铝壳电池分容分选的全检项目工艺流程

3）包装出厂

经过分容分选的电池，检验合格后进行喷码，方便厂家追溯电池的质量，需要标注的信息通常包括：产品型号、正负极极片、生产批号以及其他必要的编号。然后进行包装，包装过程需要对电池进行贴纸，防止正负极短路和防止电池外观受到破坏。电池应在清洁、干燥、通风的室内环境中贮存，环境温度为-5～35 ℃，相对湿度不大于75%，避免与腐蚀性物质接触，远离火源及热源。电池需要包装成箱进行运输，在运输过程中要防止剧烈振动、冲击、短路或挤压，防止日晒雨淋。运输时要符合相关的运输标准。

任务小测

（1）已经商业化的正极材料有_____、_____、_____和_____等，其中新能源汽车主要使用_____和_____。

（2）锂离子电池制造工艺通常包括_____、_____、_____、_____和_____等主要过程。

（3）锂离子电池制造过程中的制浆，是将_____、_____、_____和_____均匀分散于溶剂中形成稳定悬浮液的过程。

（4）锂离子电池涂布是利用涂布设备，将含有_____的悬浮液浆料均匀涂布于

_____或_____片幅上，然后干燥成膜的过程。

（5）极片辊压一般安排在_____工序之后，_____之前，是正负极金属集流体（正极是铝箔，负极是铜箔）上的涂布粉体电极材料经过辊压机压实的过程。

（6）分切在机械加工中称为剪切，按照剪切刀具的形式可以分为_____、_____、和_____等剪切方法。

（7）卷绕将正负极极片和隔膜按照顺序"_____－_____－_____－_____"进行排列。

（8）装配好的锂离子电池需要经过_____、_____和_____ 3 个工序才能制备出成品电池。

任务2　电池模组制造工艺

学习内容

（1）锂离子电池一致性；
（2）圆柱形电芯模组制造工艺；
（3）方形电芯模组结构和工艺。

能力要求

（1）能够描述锂离子电池一致性内容、影响因素、一致性和电池模组性能；
（2）能够描述圆柱形电芯模组制造工艺；
（3）能够描述方形电芯模组结构和工艺。

任务引入

小刘是某电池制造企业的实习生，工作岗位是设备维护，他的指导师傅李工要求小刘在进入车间前，先对电池模组制造工艺理论进行了解再到线上进行实践。

任务描述

电池模组生产制造相关的岗位，需要对电池模组制造各个工序工艺非常熟悉，结合教材并收集资料，对锂离子电池模组各个制造环节设备、工艺流程进行总结，在学习小组或班级进行交流汇报。

一、锂离子电池一致性

原材料的不均匀及生产过程的工艺偏差，都会使电池极片厚度、活性物质的活化程度、正负极片的微孔率等存在微小差别。因此，同批次投料产出的电池，在质量、容量、内阻等参数方面不可能完全一致。

电池的一致性是指对一定数量的电池进行性能测试，测试参数落在规定范围内电池数量的一种描述。在规定范围内电池数量越多，一致性越好。也可以理解为测定值在设计值附近波动，波动范围越小，一致性越好。动力电池通常需要串并联形成电池组来使用，与小型手机电池相比，对动力单体电池的一致性要求高。由于原材料、制备过程等差异，没有任何两个电池的性能是完全相同的。不同类型的电动汽车对电池一致性的要求也不同。容量型动力电池对电池容量和电压一致性要求较高，满足续航里程和较长寿命的要求。功率型动力电池对电压和内阻一致性要求较高，对容量一致性要求相对较低。

1. 电池一致性指标

单体电池的一致性包括外形尺寸和电性能参数等众多指标。动力单体电池的一致性主要关注非工作状态的电性能指标和电池工作状态的差异。非工作状态的电性能指标包括电池容量、内阻和自放电率的差异，电池工作状态的差异包括电池荷电状态和工作电压的差异。

1）容量一致性

电池容量一般指电池当前的最大可用容量，即电池在满充条件下恒流放出的电量，它是衡量电池性能的重要参数之一。影响电池容量的因素较多，对于同一型号电池而言，除了单体内部差异，外部测试条件如温度和放电率等也会显著影响电池容量。电池容量的一致性评价时，则必须要保证在相同的外部条件下测试。

2）内阻一致性

动力电池内阻包括欧姆内阻和电化学反应中表现出的极化内阻两部分。欧姆内阻由电极材料、电解液、隔膜电阻和各零件的接触电阻组成；极化内阻是电化学反应中由于电化学极化和浓差极化等产生的电阻。

对于动力电池，还常用直流内阻这个概念来表征电池的功率特性。直流内阻往往包含欧姆内阻和一部分极化内阻，其中极化内阻所占比例受电流加载时间的影响。

3）自放电率一致性

自放电是电池在存储中容量自然损失的一种现象，一般表现为存储一段时间后开路电压下降。

4）荷电状态一致性

电池的状态主要是指电池的荷电状态（SOC）和端电压，它们决定了电池的工作点，是影响电池寿命的主要因素之一。并且电池状态与单体电池性能参数具有耦合作用，状态的不一致会进一步影响参数的不一致。

5）端电压一致性

对于动力单体电池而言，其外部特性可以用如图 3-24 所示的动力单体电池等效电路模型来描述。图中 R_{dl}、C_{dl}、R_{diff} 和 C_{diff} 描述由于双电层电容效应及扩散效应等带来的极化现象，R_Ω 为电池的欧姆内阻。从模型可以看出，在同样电流激励下，单体电池的性能参数差异最终表现为单体电池端电压的不一致，是单体电池性能参数和状态不一致的综合表现。

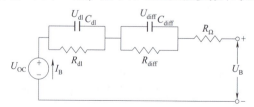

图 3-24 动力单体电池等效电路模型

2. 电池一致性影响因素

影响单体电池一致性的因素很多，贯穿于整个电池的设计、制造、储存和使用等各个环节，主要可分为原材料、生产设备和工艺两个方面。

1) 原材料

锂离子电池所用的原材料和辅料有几十种，每种材料本身就存在不一致现象，几十种原材料不一致的叠加，将导致锂离子电池具有很大的不一致性。

不同批次生产的原材料的粒度形貌、比表面积、密度以及杂质成分有所不同。不同批次电解液成分不同，有可能导致电解液的介电常数、导电性、黏度密度等也有所不同。因此电池厂家都有严格的质量检测标准和原材料的允许波动范围，波动范围越小，原材料的一致性越好，电池的一致性越好。

2) 生产设备和工艺

锂离子电池从原材料到成品电池需要经过制浆、涂膜、装配和化成等多道工序，每道工序由于制造精度、稳定性和生产工艺等差异都可能造成单体电池的一致性差异较大。目前，工艺一致性主要研究工艺微小波动对电池性能变化幅度的影响，根据电池的一致性要求来确定对制备工艺波动的耐受程度，从而制备出一致性好的电池。

制浆过程中，配料和搅拌对电池性能的影响非常重大，但是具体效果和影响在工序完成后难以直接观察，需要大量的生产经验和试验结果才能确定最合适的配料比例和搅拌方法。搅拌需要达到将活性材料、导电剂和黏结剂均匀分散的效果，但由于工艺条件限制，搅拌不可能完全均匀分散，导致局部活性物质、黏结剂和导电剂比例不一，造成电池性能不一致。

涂布过程中，影响涂布质量的因素很多，涂布头精度、涂布机运行速度、动态张力控制、平稳性、极片干燥方式、温度设定曲线和风压大小等都会影响涂布质量。涂布过程中极片厚度、质量的稳定一致性，对于电池的性能一致性有着重大影响，对保证涂布均匀至关重要。

辊压过程中，在涂布均匀的情况下，压实密度取决于辊压厚度。在辊压过程中容易产生厚度不均匀现象，造成极片压实密度不一致，从而导致同一批电池一致性出现偏差。辊压厚度主要取决于辊缝、轧辊刚度、轧辊偏心、极片活性物质变形抗力等因素。一般来说极片厚度随空载辊缝增加而增大，随轧辊刚度增加而减小，随极片活性物质变形抗力增加而增大。

电芯装配过程中，电芯的松紧度和正极、负极与隔膜的相对位置对电池的一致性影响明显。电芯越紧，在注液过程中越难以浸润，容量发挥不完全；电芯越松，正负极片之间距离越大，电池内阻越大。同时电芯还会在充放电过程中发生膨胀，内阻更加增大。从尺寸上来说，需要保证隔膜完全包住负极，负极完全包住正极，且正极与负极不能有直接接触，以保证电池的安全性能。

注液和化成过程中，在电解液量相差不到4%的情况下，电池初始容量和循环性能都有较大区别，为了保证电池一致性能良好，必须使注入电解液量均匀一致。在注液过程中首检完成后还要注意抽检，对一定数量的电池进行注液后需要确定注液量的精确值并适时调整。化成工序采用锂离子电池化成柜，能够同时对多个锂离子电池进行化成预充，可以尽量保证化成过程中各电池所处环境相同，但也要注意防止在特殊情况下各通道之间电流不均匀造成的电池化成不一致。

设备自动化程度和精度越高，生产的电池的一致性越好。

3. 筛选指标与一致性

虽然锂离子电池生产制造工艺水平在不断提高和完善，但不可能完全消除单体电池的不一致性，必须采用合适的指标对单体电池进行筛选。筛选方法主要有以下几种：

1）静态容量匹配法

根据锂离子电池在相同充放电条件下不同放电容量的匹配程度进行筛选。这种方法的操作方便、分选容易；但容量的分选是在特定的充放电条件下进行的，只能说明电池容量的静态匹配，不能全面反映电池的其他性能，存在一定的局限性。

2）内阻匹配法

根据锂离子电池的内阻进行筛选。内阻一致的电池组成的电池组通常具有更长的使用寿命。内阻体现了电池内部的极化情况，可以瞬间测量，筛选简单，但内阻的精准测量还有待提高。

3）电压匹配法

根据锂离子电池两端电压进行筛选。电压又分为空载电压和动态电压，利用空载电压匹配时操作简单，但不精准；动态电压是电池在带负载工作过程中的电压变化，但电压一个参数不能反映电池的容量、内阻等其他性能，也存在一定的局限性。

4）动态特性匹配法

动态特性匹配法是模拟电池组的实际工作条件，设定一定的测试条件对单体电池施加电压、电流并记录充放电曲线，然后分析对比这些充放电曲线进行筛选。电池动态特性曲线是锂离子电池在充放电过程中端电压随时间和电流的变化曲线，它不仅体现了电池端电压随时间的变化，还体现了充放电过程中容量、充放电电压平台、电池内阻和极化情况等电池的大部分性能特征。动态特性匹配法具体的分选方法又包括阈值法、面积法、轮廓法、数字滤波法以及斜率法等。

静态容量、内阻和电压匹配法都是以电池单一性能参数进行筛选，具有操作简单方便的优点，但反映出的电池性能不全面，筛选出的单体电池一致性不高；采用动态特性配组法筛选的单体电池的一致性最好，但筛选工序复杂。

为了筛选出一致性较好的单体电池，有些厂家采用几个性能进行综合筛选，如利用容量和内阻一起进行分选，或者结合电池容量、内阻和电压对电池进行分选。目前，配组的单体锂离子电池的分选条件一般为：放电容量（0.2C）差≤3%，内阻差≤5%，自放电率差≤5%，平均放电电压差≤5%。

提高筛选标准可以提高电池一致性，但是会导致电池废品率升高，生产成本增加。

4. 一致性与电池组性能

1）电池组容量

当电池组中所有单体电池的容量和内阻都一致时，在相同倍率条件下进行放电，单体电池的容量从荷电状态（SOC）为100%逐渐减小并且步调一致，电池组将保持平衡状态。在实际电池组中，由于单体电池的初始容量和电压一致性的差异，或者电池内阻一致性的差异，会导致单体电池荷电状态不同，电池组失衡。如某个单体电池充电达到饱和（SOC为100%）时，整个电池组不能继续充电，而其他电池仍处于未完全充电状态。相反，当某个单体电池放电至完全状态（SOC为0%）时，整个电池组不能继续再放电使用，而其他单体电池仍然有一些电荷未能放出。

为了保持电池组的平衡，必须缩小所有单体电池的荷电状态范围，从而使整个电池组的使用容量降低。如果电池平衡状态的 SOC 从 50% 降到 0%，则这个电池组的容量几乎减半。在极端情况下，电池将严重失衡，所有电池停止充放电，此时整个电池组容量几乎为 0。

在实际电池组中，一致性较差的单体电池可能会导致实时电压分配不均，造成过压充电或欠压放电，引起副反应，从而引发安全问题。下面从串联和并联电路中分别讨论电池一致性对电池组的影响。

2）电路设计

①串联电路。串联电路中，流经各单体电池的电流相等。如果某个电池的容量较低，充电时会先达到充电截止电压，放电时会先达到放电截止电压。因此在串联电池组中，电池组最大容量是由容量最小的单体电池所决定的。另外容量较低的电池容易出现过充或过放现象，严重影响电池组的性能。串联电路中，内阻较高的单体电池在充电时会先达到充电截止电压，放电时也会先达到放电截止电压。这与容量的影响类似，另外内阻较大的单体电池也容易出现过充或过放现象。串联电池组各电芯的初始电压不一致会导致电压较高的单体电池过压充电，而电压较低的电池会欠压放电，从而引起过充或过放现象。并且电压差异越大，安全问题越严重。

②并联电路。并联电路中，各单体电池的能量可以在各个单体之间自由地流动。在充电过程中，容量小的电池会先到达较高电压，然后向其他电池充电；在放电过程中，容量大的电池电压下降慢，电压相对较高，会向容量小的电池充电。这既造成能量的浪费，又额外地进行了充放电，加速了电池的损害。

在并联电路中，各单体电池两端的电压是一致的。内阻较高的单体电池流经的电流较小，在充放电过程中充入/放出的电量较小。内阻较低的单体电池流经的电流较大，长时间充放电过程会对寿命产生不可逆的损耗。

③串并联电路。在实际电池组中，单体电池既有串联又有并联。不同的连接方式对电池组性能的影响不同。在先串联后并联的电池组中，由于单体电池电压的不一致，在串联组中电压差的累计有逐步累加和相互抵消两种情况。在实际测试中，串联组之间都存在一定的电压差，并且电压差随放电深度的增加而增大，能量损失将更大。另外，电池之间的互充电还将对放电过程产生阻碍。

在先并联后串联的电池中，先并联的电池虽然也存在互充电现象，但单体电池的相对电压差较小，互充电能耗较小，并且只影响并联的几块电池，作用范围小。这种小范围的互充电将对电池产生均衡的作用，补充充电不足的电池，这种连接方式对电池的均衡作用是比较显著的。因此，建议采用先并联后串联的方法连接电池组。

3）电池组寿命

以国内某电动公交车的车载动力电池组为例，为了简化计算，假定容量衰减系数为定值，令 $f(C)=0.999$ 和 $f(C)=0.9999$，分别计算正常放电深度（DOD）为 80%，单体电池循环寿命为 300 次、600 次、1 200 次时成组电池组的使用寿命，计算结果如表 3-2 所示。从理论分析和实例分析看出，电池的一致性是影响电池组使用寿命最关键的因素，电池一致性越高，使用寿命越长。但是电池组的实际使用寿命远远低于上述理论计算值：该车载动力电池组中单体锂离子电池使用寿命均在 1 000 次以上，但是电池组在使用 150 次后，容量就出现严重的衰减，抽检的部分单体电池容量已低于电池额定容量的 80%。

表 3-2　在不同衰减系数下电池组的理论使用寿命

衰减系数	单体电池使用寿命/次	电池组使用寿命/次
0.999	300	220
	600	330
	1 200	361
0.999 9	300	291
	600	565
	1 200	1 064

二、圆柱形电芯模组制造工艺

在圆柱形电芯模组设计中，模组结构是多种多样的，主要根据客户和车型的需求来确定，最终导致模组的制造工艺也不一样。模组一般由圆柱形电芯、上下电芯支架、汇流排（有的也称连接片）、采样线束、绝缘板等主要部件组成，如图 3-25 所示为一种典型的圆柱形电芯模组结构，下面以如图 3-26 所示的圆柱形电芯模组常用工艺流程来进行介绍。

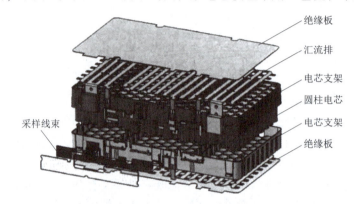

图 3-25　圆柱形电芯模组结构示意图

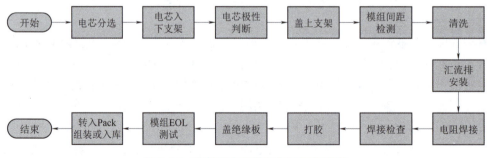

图 3-26　圆柱形电芯模组常用工艺流程

1）电芯分选

模组工艺设计时，需要考虑模组电性能的一致性，确保 Pack 整体性能达到或满足整车的要求。为了保证模组电性能的一致性，需要对电芯来料进行严格的筛选。电芯厂家一般在电芯出货前，也会按电芯的电压、内阻和容量规格进行分组，但是电芯厂家与 Pack 厂家的最终需求是不同的，考虑到制造工艺、成本、电芯性能等因素，Pack 厂家一般会按自己的标准重新对电芯进行分选。

电芯分选需要考虑分选标准的问题，标准制定得合理，会减少剩余闲置的电芯，提升生产效率，降低生产成本。在实际生产过程中，还需要对电芯的外观进行检查，比如检查电芯有无绝缘膜破损、绝缘膜起翘、电芯漏液、正负极端面污渍等。

2）电芯入下支架

电芯入下支架是指把电芯插入下支架的电芯定位孔中。难点在于电芯与下支架孔之间的配合公差，假如孔太大，方便电芯插入，但是电芯固定不好，影响焊接效果；假如孔太小，电芯插入下支架定位孔比较困难，严重的可能导致电芯插不进去，影响生产效率。为了便于电芯插入，又能固定好电芯，可以把下支架孔前端开成喇叭口如图 3-27 所示。装配时需要防止电芯极性装反，若是手动装配，需要对电芯极性进行快速检查，以免不良品流入后面的工序。

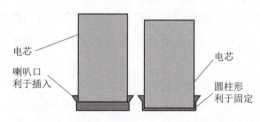

图 3-27　下支架开喇叭口示意图

3）电芯极性判断

电芯极性判断是指检查电芯的极性是否符合文件要求，此项属于安全检查。假如没有极性检查，而电芯正负极又装反了，在装入第二面的汇流排时模组就会产生短路，导致产品毁坏，严重的可能导致人员受伤。

4）盖上支架

盖上支架是指把上支架盖到电芯上，并把电芯固定在支架内。一般情况下，盖上支架比电芯入下支架困难：一是与圆柱形电芯的生产工艺有关，工艺里面有个滚槽的工序，假如控制不好，会导致电芯尺寸的一致性差，影响盖上支架，严重的会盖不上去；二是电芯与下支架固定不好，导致电芯有一定的歪斜，导致上支架不好盖或者盖不上。

5）模组间距检测

模组间距检测是指检测电芯极柱端面与支架表面的间距检测，目的是检查电芯极柱端面与支架的配合程度，用于判断电芯是否固定到位，为是否满足焊接条件进行提前预判。

6）清洗

等离子清洗是一种干法清洗，主要是依靠等离子中活性离子的"活化作用"达到去除物体表面污渍的目的。这种方式可以有效地去除电芯极柱端面的污物、粉尘等，为电阻焊接提前做准备，以减少焊接的不良品。

7）汇流排安装

汇流排安装是指把汇流排安装固定到模组上，以便电阻点焊。设计时需要考虑汇流排与电芯的位置精度，特别是定位基准的问题，目的是使汇流排位置处于电芯极柱面的中心，便于焊接。

在进行上下支架设计时，要考虑对汇流排的隔离；假如不好做隔离设计，在工序设计时需要考虑增加防短路工装的使用，可以避免在异常情况下发生短路。

8）电阻焊接

电阻焊接是指通过电阻焊的方式把汇流排与电芯极柱面熔接在一起。目前国内一般采用电阻点焊，在进行电阻点焊工艺设计时，需要考虑以下4点：

（1）汇流排的材质、结构和厚度；

（2）电极（也称焊针）的材质、形状、前端直径和修磨频次；

（3）工艺参数优化，如焊接电流、焊接电压、焊接时间、加压力等；

（4）焊接面的清洁度和平整度。

在实际生产中，失效因素非常多，需要技术人员根据实际情况来分析处理。

9）焊接检查

在电阻焊接过程中，设备一般对焊接的参数都有监控，假如监测到参数异常，设备都会自动报警。由于影响焊接质量的因素很多，只通过参数监测来判断焊接失效，目前结果还不是特别理想。在实际的生产控制中，一般还会通过人工检查外观和人工挑拨汇流排的方式，再次检查和确认焊接效果。

10）打胶

胶水在模组应用上，一般有两种用途：一种用途是固定电芯，主要强调胶水的黏结力、抗剪强度、耐老化、寿命等性能指标；另一种用途是把电芯和模组的热量通过导热胶传递出去，主要强调胶水的导热系数、耐老化、电气绝缘性、阻燃性等性能指标。由于胶水的用途不同，胶水的性能和配方也不同，实现打胶工艺的方法和设备就不同。在胶水选择和打胶工艺方面，需要考虑以下3点：

（1）胶水的安全环保性能：尽量选择无毒无异味的胶水，不但可以保护操作者，也可以保护使用者，还能更好地保护环境，也是新能源发展的目标。

（2）胶水的表干时间：为了提高生产效率，一般希望胶水的表干时间越短越好。但在实际生产过程中，假如胶水表干时间过短，由于待料、设备异常等因素，会导致胶水的大量浪费；也可能由于操作员处理不及时，因胶水固化时间短而导致设备堵塞，严重时导致停拉线。按经验，尽量把表干时间控制在 15~30 min 比较合理。

（3）胶水的用量：胶水用量主要由产品和工艺来确定，目的是满足产品的要求。目前常用打胶工艺有点胶、涂胶、喷胶和灌胶，每种工艺所需要的设备也是不同的。在打胶时需要注意胶量的控制，避免产生溢胶而影响其他工序。

11）盖绝缘板

盖绝缘板是指把模组的汇流排进行绝缘保护起来。在工艺设计时，需要注意绝缘板不能高出支架的上边缘，同时绝缘板与支架边框之间的间隙最好小于 1 mm。

12）模组 EOL 测试

EOL 测试一般也称下线测试，是生产过程中质量控制的关键环节，主要针对模组的特殊特性进行测试，主要测试项目有：

（1）绝缘耐压测试；

（2）内阻测试；

（3）电压采样测试；

（4）尺寸检测；

（5）外观检查。

测试项目一般根据客户和产品的要求来增减，其中安全检测项目是必不可少的，关于EOL测试，本项目的任务4有专题阐述。

13）转入Pack组装或入库

经EOL测试合格的模组按规定转入Pack组装工序或入库，转运过程中需要对模组进行绝缘保护和防止模组跌落。

通过圆柱形电芯模组生产工艺流程的介绍，针对不同的客户和产品，工艺流程的设计是不同的，目的都是为了快速地响应客户和市场的需求。

在进行模组工艺流程设计时，一般需要考虑以下几点：

（1）安全性：产品安全和安全生产；

（2）电性能：容量、电压、内阻、性能的一致性；

（3）生产节拍：节拍越高，表示产能越大；

（4）尺寸：外形尺寸和固定尺寸；

（5）工艺路线：指关键工艺的选择和确定；

（6）成本：产品设计和工艺设计时都需要考虑的要素。

通过上面的分析，仅仅把模组工艺流程设计好是不够的，还需要有完善的生产体系来支撑，才能制造出让客户满意的产品。

三、方形电芯模组结构和工艺

方形电芯模组一般由电芯、端板、侧板、底板、连接片（通常也称Busbar）、线束隔离板、上盖、端板绝缘罩等主要部件组成。如图3-28所示为典型方形电芯模组结构示意图，如图3-29所示为典型方形电芯模组常用工艺流程。

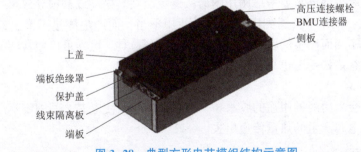

图3-28 典型方形电芯模组结构示意图

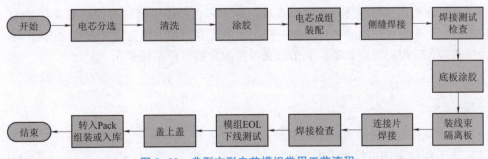

图3-29 典型方形电芯模组常用工艺流程

通过前面对圆柱形电芯模组的介绍，对比这两种模组的差异还是比较大的，由于电芯外形的不同，导致模组的结构和工艺流程也不同。下面就重点介绍方形电芯模组与圆柱形电芯模组工艺不同的地方，主要从以下几方面进行分析。

1. 模组的绝缘性

早期方形电芯模组一般采用胶框来固定电芯，这一点与目前的圆柱形电芯模组相似，模组的绝缘性相对比较好。但是方形电芯用胶框来固定，可能会产生3个问题：一是因电芯与胶框的尺寸配合不好而导致电芯不能有效固定；二是电芯尺寸控制不好导致模组不好装配；三是胶框结构强度偏弱可能会因电芯膨胀而导致胶框断裂。随着技术的发展，目前采用金属外框的方式来固定电芯，可以有效避免用胶框固定电芯的弊端。

由于采用金属外框来固定电芯，如果绝缘保护没有做好，绝缘就失效了，一般在焊接前和焊接后都需要增加绝缘测试。焊接前做测试时发现绝缘不良，一般返工处理就可以解决；若是焊接后做测试时发现绝缘不良，一般不好处理，严重的可能会导致模组报废。做绝缘处理时，一般在端板、侧板内侧增加绝缘垫或绝缘板隔离；电芯之间也需要做绝缘处理，一般通过涂胶或喷胶的方式来隔离。

2. 模组尺寸控制

如果模组的关键尺寸偏差过大，会导致模组无法安装，严重的直接导致模组报废。要控制好模组的关键尺寸，需要从以下3个方面来考虑：

（1）电芯尺寸配组：配组时对电芯厚度尺寸要严格把关，从源头上解决来料尺寸不良的问题。假如是全自动生产线，不解决好这个问题，将直接导致生产线停产。

（2）工装夹具设计：假如夹具设计不合理，会导致装配效率低下，也可能导致关键尺寸控制不精准。为了解决因夹具而引起的问题，在夹具设计时就需要考虑以下3个方面的问题：一是基准问题，夹具与模组的定位基准要保持一致，避免因基准不同而导致公差累积；二是精度问题，夹具的精度需要高于产品的精度，避免引起新的偏差增加；三是耐用性问题，夹具的活动或摩擦部件需要考虑耐用耐磨，避免因夹具松动或磨损导致尺寸超差。

（3）检测方式：工作中会遇到因检测工具使用不当，而产生测量不准、效率低下等问题。为避免因检具不当而产生问题，推荐大家使用定制检具，这样可以使检测变得简单易于操作，效率又高，客户接受度也高。

3. 打胶

方形模组一般会采用两种用途的胶水：一种是结构胶，使电芯之间固定不产生滑移；另一种是导热胶，把电芯产生的热量传递出去。

4. 焊接

模组焊接在模组生产中一般会定义为关键工序，一是焊接不良品若流出去可能导致安全隐患，二是焊接不良品可能会导致模组报废。在实际生产中，侧缝焊接一般采用CMT和激光焊接工艺，而连接片与电芯极柱焊接一般采用激光穿透焊。因为电芯极柱结构的不同，可以分为穿透焊、缝焊、对边焊等。关于激光焊接的介绍，详见任务3。

任务小测

（1）动力单体电池的一致性主要关注_____和_____的差异。

（2）非工作状态的电性能指标包括_____、_____和_____的差异，电池工作状态的差异包括_____和_____的差异。

（3）影响单体电池一致性的因素很多，贯穿于整个_____、_____、_____和_____等各个环节，主要可分为原材料、生产设备和工艺两个方面。

（4）对单体电池进行筛选的方法主要有_____、_____、_____、_____。

（5）胶水在模组应用上，一般有两种用途：一种用途是_____，另一种用途是_____。

任务3　电池制造关键工艺

学习内容

（1）电芯分选；
（2）电阻焊接、键合焊接、激光焊接；
（3）打胶工艺；
（4）Pack 总装紧固及线束装配；
（5）气密性检测。

能力要求

（1）能进行装配前的电芯分选操作；
（2）能进行电阻焊接、键合焊接、激光焊接操作；
（3）能进行打胶操作；
（4）能进行 Pack 总装紧固及线束装配操作；
（5）能进行气密性检测操作。

任务引入

小张是某电池制造企业的实习生，工作岗位是电池模组制造工艺员，他的指导师傅老王要求小张能够进行电池模组制造各个工艺的操作。

任务描述

电池模组生产制造相关的岗位需要对电池模组各个制造工艺流程非常熟悉，结合教材和收集资料，对锂离子电池模组各个制造环节、工艺流程进行总结，在学习小组或班级进行交流汇报。

一、电芯分选

1. 电芯分选概述

电芯分选是模组或 Pack 生产中的关键工序，目的是通过分选，把电性能一致性好的电芯选出来配成一组，以保证模组或 Pack 电性能的一致性，延长 Pack 的使用寿命。

模组一般由多个电芯通过串并联组合而成，如果单体电芯一致性不好，模组寿命会变短，模组性能最后由最差的单体电芯决定。虽然电芯制造自动化程度越来越高，但是其制造工艺复杂，原料、零部件、环境每个环节都有可能造成单体电芯之间的不一致，并且这种不一致在使用过程中会逐渐累积扩大。

因此电芯生产厂家不仅需要对电芯生产的每个环节进行严格把控，确保电池生产的一致性；Pack 厂家也需通过合适的分选方法，来降低电池组中单体电芯之间的初始差异，提高电池组性能和寿命。

2. 电芯分选方式

目前动力电芯的分选方法主要有单参数分选法、多参数分选法、动态特性曲线分选法以及电化学阻抗谱分选法。

1）单参数分选法

利用电芯外在特性参数（电压、内阻、容量）进行单独分选。开路电压法，操作简单，但准确度差；内阻法测量会导致电池极化，产生极化内阻；容量法分选有一定效果，但是不能反映电池组在不同工况下的工作特性。

2）多参数分选法

选取多个参数进行分选，参数可选择容量、电压、内阻、自放电率等。根据配组要求设定综合容量差异、内阻差异、电压差异、自放电速率差异等多方面条件，从而提高分选的准确性。

3）动态特性曲线分选法

充放电曲线是容量、内阻、充放电电压平台和极化程度的集中表现。对电池进行特定的充放电试验，根据充放电曲线之间的相似性进行电池分选。

4）电化学阻抗谱分选法

该方法施加一个频率不同的小振幅的交流信号，测量交流信号电压与电流的比值（阻抗）随正弦波频率变化关系。

从表 3-3 可知，几种方法都有优缺点，选择适合实际的才是合理的。

表 3-3 4 种分选方法的优缺点

分选方法	优点	缺点
单参数分选法	操作简单，耗时短	准确度差
多参数分选法	综合电池的外在特性	无法反映电池内特性
动态特性曲线分选法	能反映电池内特性	耗时长，无法反映电池外特性
电化学阻抗谱分选法	能反映电池内特性	耗时长，需要电化学工作站设备

二、电阻焊接

1. 电阻焊接的定义

电阻焊接是将被焊工件压紧于两电极之间，并通以电流，利用电流流经工件接触面及邻近区域产生电阻热将其加热到熔化状态，使之形成金属结合的一种焊接方法。常见的电阻焊方式主要有 4 种，即点焊、缝焊、凸焊、对焊。如图 3-30 所示为电阻焊接方法示意图。

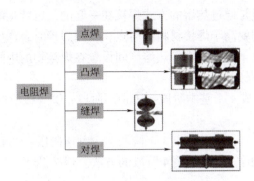

图 3-30　电阻焊接方法示意图

在模组焊接中，一般采用电阻点焊和凸焊，相对来说，电阻点焊占比更多，在实际应用中，又以点焊中的平行焊接居多，下面主要以电阻点焊来分析。

2. 电阻点焊

1）点焊原理

在实际生产中，圆柱形电芯模组采用电阻点焊的比例最大。点焊是利用电阻热原理来焊接的，因此，它符合焦耳定律：

$$Q = I^2RT \tag{3-1}$$

式中，Q 为产生的热量（J）；I 为焊接电流（A）；R 为电极间电阻（Ω）；T 为焊接时间（s）。

从式中可以看出，电流 I 对焊接效果的影响最大，在焊接设备的模式选择上，一般有定电流、定电压和综合模式。为了获得稳定的焊接效果，推荐采用定电流模式，当然，也需要根据自身产品和工艺设计的实际情况来定。

2）点焊的基本特点

为了获得稳定的焊接效果，也便于进行焊接的工艺设计，通过如图 3-31 所示的电阻点焊示意图和焊接原理，来分析实现焊接的一些基本特点：

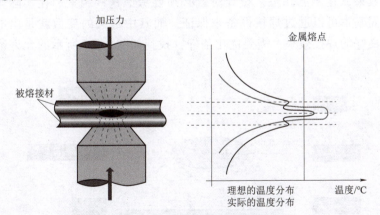

图 3-31　电阻点焊示意图和焊接原理

（1）接头形式是搭接，就是电极与被焊接产品要接触；

（2）焊接过程中始终需要保持压紧力，通过压紧力保持工件的良好接触，利于焊接；

（3）电阻点焊的能量是通过热熔的方式焊接在一起的，也就是电阻热的方式；

（4）焊接时热熔温度要高于焊接材料的熔点，否则焊接时会产生虚焊，产生焊接失效；

（5）焊接工艺设计时，尽量把焊核热熔区间设置在焊接物的中间。

3）点焊焊接循环过程分析

点焊焊接过程一般分成 4 个基本阶段：①预压阶段；②焊接阶段；③维持阶段；④休止阶段。

若按是否施加电流来分，可以分成 3 个阶段：①预压阶段；②通电加热阶段；③冷却结晶阶段。在分析焊接过程时，一般采用 4 阶段的方法。焊接循环过程示意图如图 3-32 所示。

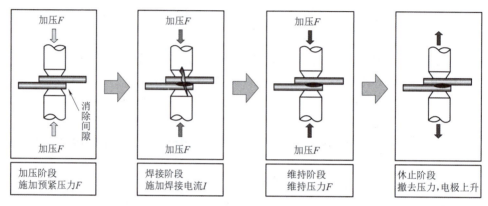

图 3-32　焊接循环过程示意图

从上面的分析可以得知，点焊过程一般分解成 4 个阶段，自动焊接过程就是不断重复循环这 4 个阶段。点焊的过程，就是在电阻热与机械（力）作用下形成焊核的过程，电阻热作用使焊件贴合面母材金属熔化，机械（力）作用使焊接区产生必要的塑性变形。

4）影响焊接的因素

从焦耳定律和实际生产来看，影响焊接效果主要有 6 大因素，如图 3-33 所示。要想获得好的焊接效果，在产品和工艺设计时就必须要考虑这些因素。在实际生产中，焊接电流和焊接时间基本可以通过焊接设备来保证，而其中最大的变数就是由电极和工件引起的。要获得良好的焊接效果，需要优化条件，找到如图 3-34 所示的允许范围（参见图中小红圈范围）。

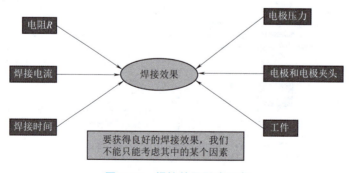

图 3-33　焊接效果影响因素

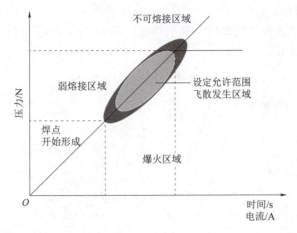

图 3-34　飞散限度曲线（附彩插）

下面结合实际，重点分析一下焊接电阻、电极和工件对焊接的影响关系。从焦耳定律可以看出，假如在时间和电流确定的情况下，焊接电阻越大产生的电阻热就越多，反之，电阻热就越少。焊接电阻一般由 R_1，R_2，R_3，R_4 和 R_5 组成，如图 3-35 所示，其中 R_2 和 R_4 是固有电阻，只要工件材质和厚度选定，阻值就确定了；但是 R_1，R_3 和 R_5 是接触电阻，会随着焊针接触面的变化和加压力的变化而变化。在实际生产过程中，需要定义电极的形状、打磨时间和更换时间，以确保电极处于控制状态。

电极是电阻点焊中非常重要的一环，同时电极也是耗材，在整个生产过程中都需要严格管理。在选择电极材质时，需要注意以下 4 点：

（1）导电率高：通大电流也不易发热；

（2）热传导高：即使发热也能马上冷却；

（3）机械性强度好：即使在高温状态也能保持硬度，在受到加压冲击或者焊接中发热也能不变形；

（4）不易与被焊接物（工件）形成合金，即电极与工件不易粘上。

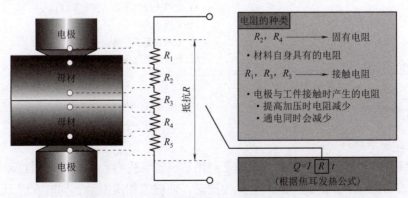

图 3-35　焊接电阻组成示意图

焊接工序是圆柱形电芯模组中的关键工序，如果控制不好，会导致产品存在严重的缺陷。为了管控好焊接工序，从产品的设计、工艺到生产管控，都需提前做风险分析，尽量把不可控因素降低到最小。

在生产过程中，经常会遇到焊接不良的情况，如表 3-4 所示为焊接时经常遇到的问题及建议对策，供大家参考。

表 3-4　常见焊接问题及建议对策

序号	焊接不良	对策
1	焊点被烧穿	（1）焊接电流过大； （2）工件厚度材质差异过大； （3）电极头接触不良； （4）电极压力过小； （5）工件或电极有污物； （6）被焊金属本身缺陷
2	焊接时飞溅大	（1）焊接电流过大； （2）电极焊到汇流片边缘； （3）工件厚度、材质差异过大； （4）电极压力偏小； （5）工件或电极有污物
3	焊点压痕过大	（1）电极端面直径过小或端面变形； （2）电极压力过大； （3）上下电极未对准或端面不平行
4	焊点太小或强度不够	（1）焊接电流太小或焊接时有电流的分流； （2）焊接时间过短； （3）焊接回路接触不良； （4）电极压力过大； （5）工件或电极有污物； （6）工件厚度材质差异过大
5	焊点有烧痕或划痕	（1）焊接电流过大； （2）被焊金属本身缺陷； （3）电极头冷却不良，导致粘针； （4）电极压力过小； （5）电极端面有污物； （6）电极端面修磨粗糙

三、键合焊接

1. 键合焊接原理

键合焊接也称超声波铝丝焊接，原理是利用超声波发生器产生能量，通过磁致伸缩换能器，在高频磁场感应下，迅速伸缩产生弹性振动，使劈刀相应振动，同时在劈刀上施加一定的压力，劈刀在这两种力的共同作用下，带动铝丝在被焊区的金属氧化层（如铝膜）表面迅速摩擦，使铝丝和铝膜表面产生塑性形变，这种形变也破坏了铝层界面的氧化层，使两个纯净的金属表面紧密接触达到原子间的键合，从而形成焊接。焊接时通过焊头把超声能量传递到焊区，由于焊区即两个焊接的交界面处声阻大，因此会产生局部高温，又由于工件导热性差，热量瞬间不能及时散发，聚集在焊区，使两个工件接触面的分子之间迅速相互渗透和扩散，使其融合成一体。当超声波停止作用后，继续保持一定的压力使其凝固成型，形成一个坚固的分子链，达到焊接的目的，焊接强度能接近于原材料本体的强度。

目前锂电池键合焊接主要应用在镍、铝等材质上，通常电芯的每个极性（正极或负极）焊接1根铝丝或铝带，每根铝丝或铝带有2个焊点。键合焊接外观如图3-36所示。

图3-36　键合焊接外观

2. 键合焊接分类

根据铝丝形状，键合焊接可分为铝丝焊接和铝带焊接。

1）铝丝焊接

在锂电池铝丝焊接中，通常使用的铝丝直径为200~500 μm；铝丝焊接压力调整范围值为50~1 500 g；

铝丝焊接的换能器：ORTHODYNE超声发生器，工作频率为60 kHz；铝丝焊接的超声波发生器功率为60 W；

以上参数仅供参考，可以根据实际应用场合进行相应的调整。

铝丝焊接图例如图3-37所示。

2）铝带焊接

在锂电池铝带焊接中，通常使用的铝带直径为20×4~80×12 mil（1 mil＝0.025 mm）；铝带焊接压力调整范围值为100~5 000 g；

铝带焊接的换能器：ORTHODYNE超声发生器，工作频率为60 kHz；

铝带焊接的超声波发生器功率为150 W；

以上参数仅供参考，可以根据实际应用场合进行相应的调整。

铝带焊接图例如图3-38所示。

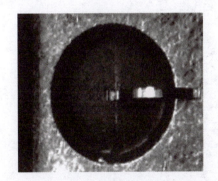

图3-37　铝丝焊接图例　　　　　图3-38　铝带焊接图例

3. 铝丝焊接规则

铝丝焊接不只是用于连接，还起到另一个重要的作用：过流保护，即保险丝效应。不同规格的铝丝存在不同的过流值，如表3-5所示为不同铝线线径的焊点大小及各铝线最大承受电流。

表 3-5 不同铝线线径的焊点大小及各铝线最大承受电流

线径/(mil①)	线径/μm	焊点长度: 153/175/μm	焊点宽度/μm	最大承受电流/A
5	125	490/400	170	4.5
6	150	555/465	200	6
8	200	750/605	260	9
10	250	920/780	330	12.5
12	300	1 140/900	390	16.5
15	380	1 360/1 190	500	22.5
20	500	1 820/1 300	650	34.5

①1 mil = 0.025 mm。

注: 需要说明的是:

(1) 焊点长度以常规使用劈刀口长度 1.3 倍左右进行计算, 其中 153 为长焊点劈刀, 175 为短焊点劈刀;

(2) 焊点宽度以使用铝线线径 1.3 倍左右进行计算, 框架上二焊点宽度可适当放宽, 即不超过线径 1.8 倍均可;

(3) 铝线通过的最大承受电流选取小于国标不超过 0.5 A;

以上参数仅供参考, 具体情况可根据实际产品焊接工艺要求作相应调整。

4. 焊点强度判断方法

1) 拉力判断法

键合设备有自动拉力检测装置, 且拉力测试在焊接过程中完成, 也称为在线检测法。

此检测方式为非破坏性拉力测试, 在每个焊点焊接完成后, 设备自动根据设定值进行拉力检测并判断。根据不同规格的铝丝尺寸, 设定的在线式拉力标准值如表 3-6 所示。

表 3-6 不同铝丝在线拉力标准值

金属丝大小/mil①	建议拉力/gf②
5	40
6	45
7	50
8	60
10	100
12	120
15	150
20	200

①1 mil = 0.025 mm;

②1 gf ≈ 9.8 × 10⁻³ N。

注: 以上参数仅供参考, 具体情况可根据实际产品焊接工艺要求作相应调整。

2) 焊点强度标准

不同尺寸的铝丝会有不同的拉力强度标准, 如表 3-7 所示。

表 3-7　不同铝丝焊接强度标准值

线径/μm	线径/mil[①]	拉力要求/gf[②]
125	5	≥65
150	6	≥85
175	7	≥120
200	8	≥150
250	10	≥200
300	12	≥250
375	15	≥400
500	20	≥700

①1 mil=0.025 mm；1 mm=10^{-3} μm。

②1 gf≈9.8×10^{-3} N。

注：以上参数仅供参考，具体情况可根据实际产品焊接工艺要求作相应调整。

5. 键合焊接过程注意事项

在键合焊接过程中需要注意以下几个方面：

（1）被焊接物（电芯、汇流排）必须保证固定牢靠，防止在键合焊接过程中因晃动而出现焊接不稳定和焊接后因振动而铝丝或铝带断裂，建议电芯端采用 UV 胶水粘接固定，汇流排固定螺丝锁紧；

（2）焊接物整体固定必须稳固牢靠，防止焊接过程中因晃动而导致焊接异常；

（3）必须保证焊接物（汇流排、锂电池组）焊接表面清洁，建议采用激光清洗措施清洁；

（4）同一锂电池组内不可同时存在铝丝和铝带焊接方式；

（5）每个锂电池焊接表面与汇流排焊接高度一致；

（6）为了产品质量，建议开启拉力检测功能但此功能启动后会降低生产率，根据实际应用计算：键合焊接+拉力检测总工时为 1.2~1.5 s 一个焊点。

注：以上参数仅供参考。

（7）遵循键合最大线弧距：40 mm；

（8）遵循键合最小线距检测：2 mm；

（9）必须遵循设备保养周期和方法对设备进行维护保养。

四、激光焊接

1. 激光焊接概述

电芯与电芯之间的连接一般采用连接片焊接的方式。在模组制造过程中，一般软包电芯和方形电芯模组采用激光焊接，具体情况可能每家公司都有一些差异，下面就以业界对软包电芯和方形电芯采用的激光焊接工艺进行介绍。

激光产生的三要素：激励源、介质、谐振腔。介质受到激发至高能量状态，由于受激吸收跃迁光在两端镜间来回反射，将光波放大，并获得足够能量而开始发射出激光。激光鲜明的 4 个特性：单色性、相干性、方向性、高亮度。因而高度集中的激光可以提供焊接、切割及热处理等功能。

激光焊接属于熔融焊接，以激光束为能源，冲击在焊件接头上。激光束可由平面光学元件（如镜子）导引，随后再以反射聚焦元件或镜片将光束投射在焊缝上。激光焊接属非接触式焊接，作业过程不需加压，但需使用惰性气体以防熔池氧化。

2. 激光焊接参数

在实际的生产使用中，激光焊接要实现稳定可靠的焊接效果，必须要有优化的工艺参数，主要考虑的参数有：

（1）激光功率：增加激光输出功率，可提高焊接速度，增加焊缝宽度和熔深。

（2）焊接速度：焊接速度对熔深影响较大，提高速度会使熔深变浅，但速度过低又会导致材料过度熔化、工件焊穿。

（3）透镜焦距：聚焦光斑大小与焦距成正比，焦距越短，光斑越小。

（4）离焦量：离焦量直接关系到激光作用在工件上的功率密度，焦平面位于工件上方的为正离焦，反之则为负离焦。

（5）光束焦斑：光束焦斑的大小，一定程度上决定能量密度的大小。

（6）保护气体：

激光焊接过程常使用惰性气体来保护熔池，作用有：

①保护熔池免受氧化；

②保护聚焦透镜免受金属蒸气污染和液体熔滴的溅射；

③对驱散高功率激光焊接产生的等离子屏蔽很有效。

（7）材料吸收值：材料的吸收率与材料本身特性有关，吸收率低，焊接效果差。

3. 激光焊接方式

激光焊接要获得稳定可靠的焊接效果，不但要考虑工艺参数和焊接材质的选型，还需要焊接工装来保证焊接面的良好接触。一般对焊接面要进行清洁去氧化层，如果有一点控制不好，焊接效果就不可控。下面就以软包电芯和方形电芯常见的焊接方式进行简单的分析。

软包电芯模组中极耳与连接片的连接方式，业界目前采用螺栓和焊接的方式，但是趋势是越来越多的公司采用激光焊接工艺，其又可分为顶封焊接和折弯焊接。顶封焊接示意图如图 3-39 所示，折弯焊接示意图如图 3-40 所示。

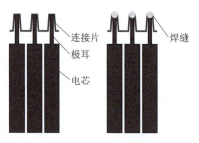

图 3-39　顶封焊接示意图

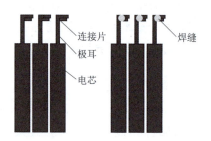

图 3-40　折弯焊接示意图

顶封焊接一般只能选择连续激光焊接工艺来实现，相对于折弯焊接方式来说，对极耳裁切的要求非常高，并且模组装配工艺相对简单一些。折弯焊接可以选择脉冲激光点焊，也可以选择连续激光焊接来实现，只是在效率上有区别，若是量产提升效率，推荐连续激光焊接工艺，顶封焊接和折弯焊接的对比如表 3-8 所示。

表 3-8　顶封焊接和折弯焊接对比

项目	顶封焊接	折弯焊接
技术成熟度	高	高
成组效率	高	低
裁切极耳精度要求	高	低
焊接稳定性	低	高
焊接强度	低	高
焊接变形	低	低
综合性价比	低	高

方形电芯模组焊接业界一般有 2 个工序需要用到焊接：一种是方形电芯极柱与连接片的连续激光焊接；另一种是侧板与端板的焊接。焊接连接片目前业界主要有 2 种焊接，一种是缝焊，另一种是穿透焊。是选择缝焊还是穿透焊，主要取决于电芯极柱的设计。缝焊示意图如图 3-41 所示，穿透焊示意图如图 3-42 所示。

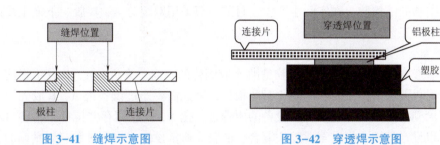

图 3-41　缝焊示意图　　　　　　图 3-42　穿透焊示意图

侧板与端板焊接示意图如图 3-43 所示。侧板与端板焊接一般有 CMT 焊接和连续激光焊接 2 种方式。与 CMT 焊接相比，激光焊接效率更高，基本没有耗材成本，综合性价比更优。越来越多的厂家都在推广激光焊接。侧板与端板焊接时，侧板与端板的错位尺寸 h 要控制到合理的值以内，不然会形成焊接不良品。侧板与端板错位示意图如图 3-44 所示。

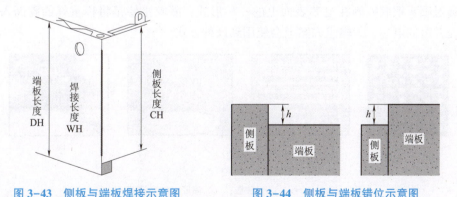

图 3-43　侧板与端板焊接示意图　　　图 3-44　侧板与端板错位示意图

4. 激光焊接注意事项

要获得可靠、稳定的焊接效果，需要把控好生产的各个环节，从物料、工艺参数、工装夹具、员工培训等方面去细化和落实，只有把细节做好了，才能把生产管控好。下面重点介绍需要关注的一些事项：

（1）焊接参数。焊接参数的重要性就不用多讲了，要优化参数，只有通过试验的方式，最好采用 DOE 方法，找到最佳的焊接参数。

（2）焊接夹具。激光焊接时，需要被焊接工件之间的接触面紧密结合在一起，不能有间隙，这样才能确保焊接效果。同时也需要注意对焊渣的防范，不能让焊渣飞溅到模组中，否则后患无穷。

（3）焊接材质。工艺验证好的材料型号，甚至批号能确定下来，就不要轻易改变；假如一定要改变，建议改变前先进行验证，验证通过后再改变。另外，因铝材质在空气中容易氧化，若是铝材质物料，建议提前做钝化处理，以防铝材质被氧化，影响激光焊接。

（4）清洁。在模组焊接前，一般会先进行焊接面的清洁，以去除表面的污渍；另外，对铝极柱进行激光清洁时，还需要去除焊接面氧化层，以提升焊接效果和效率。

五、打胶工艺

模组生产一般会用到 2 种性能的胶水：一种是以导热性为主的导热胶，另一种是防止电芯之间相互滑移的结构胶。在实际生产中，目前一般采用双组分 A，B 胶。下面主要以双组分胶来介绍打胶工艺。

1. 打胶原理和方式

在业界一般 A 胶是主性能胶，B 胶是助 A 胶固化的，简单来说，A，B 胶不提前混合在一起，涂胶时再混合。由于胶水的固化时间很长，因此需要通过设备把 A，B 胶先混合在一起，然后再涂到指定的工件上。打胶设备的原理是：把 A，B 胶储存并搅拌，再各自经过泵体，两泵体以设定的转速打胶至混胶头混合，混胶头通常设计成将两种胶料以精确的比例混合在一起，以确保获得所需的混合物。混合后的胶料经过混胶头后，被送到涂胶头，涂胶头经工作台带动涂胶。

根据产品设计要求的不同，打胶方式有 4 种：点胶、涂胶、喷胶和灌胶，如图 3-45 所示。点胶一般在线束与连接片的焊接中比较常用，主要用来固定线束和防止焊接氧化；涂胶就是把胶按一定的行走轨迹进行涂抹，是一种比较常见于电芯之间的涂胶方式；喷胶就是在高压下通过喷头把胶喷洒在电芯表面上的一种形式；灌胶主要是将称重好的胶倒入电箱底部，填充并凝固电芯，无模组方案上会使用到该种方式。

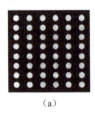 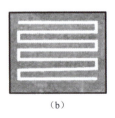 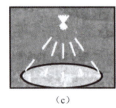 

（a）　　　　　　（b）　　　　　　（c）　　　　　　（d）

图 3-45　打胶方式示意图

（a）点胶；（b）涂胶；（c）喷胶；（d）灌胶

2. 导热胶参数与注意事项

导热胶顾名思义是以导热为主要性能来定义的，除了导热性要求外，还要考虑固化时间、黏结强度、阻燃等级、耐老化性等方面的性能。比如一款产品需要在铝板上涂导热胶，胶的涂层越薄越好，因为一般金属的导热性都比胶的性能好，另一个少涂胶的原因是可以减小模组的质量，适当的提高模组的能量密度；但是如果胶的涂层太薄，比如涂层厚度<0.5 mm，又会减少胶与铝板的黏结力，所以厚度必须在一个合理范围内，按经验，一般厚度控制在0.7~1.2 mm比较合适。

胶的老化性能也是非常关键的参数，随着客户的要求越来越高，产品的行驶里程和年限也越来越高，对产品的性能要求就更严格了。假如一款产品的寿命是8年，如果我们的胶到5年的时候就老化使黏结力急剧降低，会导致导热胶与铝板脱落，铝板与胶之间由空气填充，从之前的接触传热变成空气传热，使导热的作用和效果变差，从而导致模组和Pack寿命大大缩短，甚至有可能发生热失控的风险。

胶的固化时间（也称表干时间）对生产的影响非常大，主要是对生产节拍的影响，比如一款胶的表干时间是10 min，另一款胶的表干时间是30 min，假如胶要表干之后才能正常流拉，相信大家已经看出两款胶水对节拍的影响了。如果选择的胶是通过放热反应来固化的，一般胶都是从内往外固化，有时会出现内部硬化外部还会沾手现象。如图3-46所示是胶水固化原理示意图，从图中可以看出，加热可以使胶水从内外同时开始凝固，可以缩短固化时间，提升生产效率。

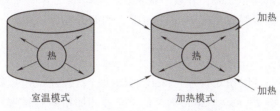

| 室温模式 | 加热模式 |

图3-46　胶水固化原理示意图

3. 结构胶参数与注意事项

结构胶是以黏结强度为主要指标，同时也要考虑固化时间、使用寿命、阻燃等级、耐老化性等方面的性能。如图3-47所示是结构胶粘接示意图，从图中可以看出，结构胶主要是把电芯、隔板和端板粘接在一起，根据产品的不同，可能胶的型号也不相同。

隔板　　　　　　　　　涂胶　　　端板

图3-47　结构胶粘接示意图

六、Pack总装紧固

在Pack组装中模组紧固一般指用螺栓把模组固定到箱体中，模组不但占比空间大，质量占比也大，模组紧固的好坏直接决定整个Pack的性能和安全。Pack装配中不只是模组采用螺栓紧固方式,还有箱体结构件、充放电接插件、安全阀、MSD 开关、BMS、高压电缆等也需要采用螺栓紧固的方式。Pack 装配中主要以螺栓紧固为主,采用螺栓紧固有 4 个优点:①装配方便;②拆卸方便;③效率高;④成本低。

在螺栓拧紧过程中,一般通过扭矩值来控制,拧紧方法有:扭矩控制法、转角控制法、扭矩斜率法,如表 3-9 所示。实际选择时需要结合工件的紧固等级、夹紧力精度要求、成本效率、可操作性、可维护性等因素。

表 3-9　3 种典型的拧紧方法

方法	指标	区域	紧固系数(参考)
扭矩法	力矩值	弹性区	1.4~3
转角法	回转角度	弹性区	1.5~3
		塑性区	1.2
扭矩斜率法	对应于回转角紧固扭矩斜率	弹性极限	1.2

上述三种拧紧方法的理论和试验参考 GB/T 16823.2—1997《螺纹紧固件紧固通则》和 GB/T 16823.3—2010《紧固件扭矩-夹紧力试验》。仅靠理论和试验是无法确定合适的拧紧方法和标准的,通常还要依赖其他的可靠性测试,例如振动测试等。

1. 螺栓紧固控制方法

在国内 Pack 行业里,采用扭矩控制法的比较多,不管如何选择,目的都是要得到可靠稳定的拧紧质量,下面主要以扭矩控制法来说明如何拧紧螺栓。扭矩就是为了拧紧螺丝或螺母必须施加的外力,扭矩 $T=F \times L$,单位 N·m。通过外加扭矩旋转螺栓或螺母使螺杆受力伸长,通过螺纹相互咬合产生的夹紧力使工件紧固,外加扭矩转化而来的夹紧力才是拧紧需要的最终结果。螺丝拧紧示意图如图 3-48 所示。通常来讲,90% 的扭矩能量被摩擦力消耗,只有 10% 的能量转化为夹紧力。

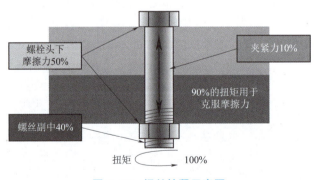

图 3-48　螺丝拧紧示意图

2. 螺栓紧固实现方式

1)拧紧工具的选择

(1)满足拧紧过程中需要监控参数功能的要求,比如拧紧过程不仅有扭矩的要求,还有角度、时间要求等。

(2)满足精度和过程能力的要求,需要达到产品和客户的要求。

(3)满足其他要求,比如产能和成本的要求。

2）拧紧操作方式与要求

（1）手动/半自动拧紧方式。在拧紧过程中需要在人工的协助下才能完成拧紧的要求，操作时需要注意：①操作时应握紧拧紧工具，避免大幅度摆动或歪斜；②应对螺丝批头施加一定的压力，避免旋转过程中批头与螺帽松脱。

（2）自动拧紧方式。在拧紧过程中由拧紧设备自动完成，不需要人工的协助就能完成，选择设备和工艺时需要注意：①要根据产品特点，灵活选择单轴或多轴拧紧方式；②优先考虑螺丝自动送料；③螺丝批头要在螺丝出现偏斜时能够自动导正；④拧紧转速设置要合理。

3）拧紧工具的检查

（1）内部点检。主要适合无反馈类型的拧紧工具，在使用工具前调好目标值，然后定期用点检仪器确认，点检仪器需要定期内部校验或外部校验。

（2）外部计量。主要适用内部无法检查和评估的拧紧工具，如带扭矩、角度实时监控的工具。

常见的拧紧不良：在实际生产中，经常会遇到各种各样的螺栓拧紧不良，比如常见的拧紧不良中的漏拧紧或忘记拧紧，工件错位导致螺栓倾斜拧下去，螺丝滑牙等。拧紧不良示意图如图3-49所示。

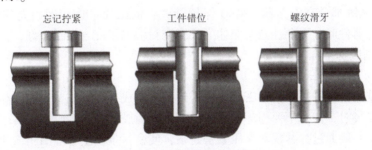

图3-49　拧紧不良示意图

为了降低拧紧不良的流出，一般在拧紧后，需经品检员工抽检，合格后再画上一条骑缝线，以防止拧紧不良的情况流到客户端。

七、线束装配

Pack中的线束一般分为低压线束和高压线束。低压线束指电压采样线、温度采样线、通信线和控制线等线束；高压线束主要指过大电流的主回路线束，比如铜巴、连接电缆等。线束连接一般有2种方式，一种是插接的方式，另一种是螺栓紧固的方式。实际中如何选择，需要根据客户和产品的需求来定。

低压线束在安装之前必须要全检线束的正确性，不然跳错线或插错线会导致短路，引起严重的后果。一般厂家都会做测试工装来检测，这样操作方便效率又高，还不会出差错。测试工装检测线束示意图如图3-50所示。

高压线束连接前需要核对文件，并把连接顺序熟记于心。在条件允许的情况下，最好做防呆工装，避免员工误操作导致电箱短路，轻则导致产品毁坏，严重的导致人员伤亡。

在线束连接中一定不能有试错的想法，因为电芯都是带电的，需要100%的确定后才能连接上去；假如连接错误，可能会引发严重的后果，只要时刻把安全放心上，时刻保持危机感，安全事故就不会轻易发生。

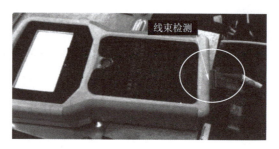

图 3-50   测试工装检测线束示意图

八、气密性检测

气密性检测是一项安全测试，一般要求达到 IP67 的等级。目前业界测试气密性的方法有 3 种：正压测试、负压测试和流量测试。实际中如何选择，根据自身情况综合评估，以不低于客户标准和国家标准为原则。下面主要从装配的角度来介绍需要注意的事项。

1. 箱体连接件的安装

一般 Pack 系统都会有安全阀、MSD 保护开关、低压线束连接器和充放电连接器等器件，在安装这些器件时，需要注意与箱体的配合密封，如果配合密封不好，会导致箱体的密封失效，IP67 测试就不合格。

2. 箱盖与箱体的安装

箱体与箱盖的密封一般要借助密封条或密封胶来完成，同时也要看箱体与箱盖的形状和复杂程度。在安装时，注意不要损坏密封条，若是密封胶，需要等胶固化后才能安装。箱体与箱盖的紧固，一般通过拧紧螺丝来压紧密封条，使密封条产生合理的压缩变形，以达到良好的密封效果。

3. 气密性测试

测试箱体气密性一般需要通过专门的测试仪器来进行，同时也需要考虑与被测试箱体的密封连接。若是采用正压测试，检测过程分为充气、保压、检测和排气 4 个阶段，假如被测试箱体密封性差，可能还达不到保压压力值，需要检查漏点，修复后再重新测试。

在实际测试时，需要注意检查易漏点，比如连接器的密封、安全阀的密封等；同时充气时压力不要太高，最好不要超过 0.3MPa。如果测试时发现有泄漏，又不便于查找到泄漏点，建议使用涂抹肥皂水的方法，把认为是易漏点的地方先涂抹上肥皂水，直到找到泄漏点。泄漏点检查处理后重复测试，若没有通过继续查找，直到通过为止。

任务小测

（1）动力电芯的分选方法主要有_____、_____、_____以及_____。

（2）在模组焊接中，一般采用电阻_____和_____。

（3）激光产生的三要素：_____，_____，_____。

（4）A，B 胶中，A 胶是_____，B 胶是_____。

（5）气密性检测是一项安全测试，一般要求达到_____的等级，目前业界测试气密性的方法有 3 种：_____、_____和_____。

任务4 下线测试

学习内容

（1）下线测试（EOL）作用；

（2）模组和 Pack 下线测试（EOL）的内容。

能力要求

（1）能描述下线测试（EOL）作用；

（2）能进行模组和 Pack 下线测试（EOL）的操作。

任务引入

小张是某电池制造企业的实习生，工作内容是电池下线测试，他的指导师傅老王要求小张能够进行模组和 Pack 下线测试（EOL）的操作。

任务描述

动力电池系统作为电动汽车动力核心部件，涉及后续作业人员和客户的安全，只有通过了所有下线测试的产品，才能放心安装在整车上。作为测试人员需要对电池模组和 Pack 的测试非常熟悉，结合教材并收集资料，对锂离子电池模组和 Pack 测试进行总结，在学习小组或班级进行交流汇报。

一、下线测试（EOL）作用

动力电池系统作为电动汽车动力核心部件，在生产线上有严格的质量管理，但是产品从组装线下线之后、交付客户之前，除外观尺寸要求外还应经历产品综合测试、安全测试，以模拟最坏情况下产品的应对能力。只有通过了所有下线测试的产品，才能放心安装在整车上。

动力电池系统出厂之前，要对整个系统的电器部件、开关、线束以及 BMS 进行检测，避免故障产品到客户端，同时某些特殊的功能需要进行一些特殊方式才能触发验证。

因此下线测试是在产线终端对产品出厂前的测试，它包括机构组装、电气安规性能、BMS 通信、内部电器部件逻辑是否正常、电池之间电压和温度是否正常等功能测试。

二、下线测试（EOL）检测功能需求分析

下线检测主要检测有无错漏装以及有无电器不良品，因此下线测试具有两大功能：①发现问题、解决问题；②对产品质量给出客观评价。

根据产品的设计、电气网络拓扑结构及产品的实际应用需求，下线测试系统应具备回路

电流与电压测试、安规测试、性能测试、模块 CAN 诊断等功能测试。

1. 模组下线检测

为保证 Pack 满足安规和性能要求，在模组级别就必须满足安规、性能和尺寸要求，避免因模组来料问题导致的返工，同时在模组级别安规测试参数要高于 Pack 级别测试参数，其目的是将潜在风险诱发失效。模组下线测试常见的检测内容如表 3-10 所示。

表 3-10　模组下线测试常见的检测内容

测试项目	测试目的	测试等级	测试方法	判定标准
模组开路电压	检测模组电压是否在允许范围内	必测	利用多功能电表测量模组的开路电压	V_{min}≥电芯来料串联总压（未做任何充放电时）
模组单体电芯电压	模组单体电芯一致性是保证 Pack 一致性的前提	选测	利用测试工装测量模组各电芯的开路电压，并确认各电芯之间的压差小于固定数值	≤10 mV（未做任何充放电时）
模组内阻	检测模组内阻是否在允许范围内	必测	利用内阻测试仪测量模组总正/总负之间的内阻值	≤产品特性决定（常温下）
绝缘电阻	检测模组高压回路与模组外壳是否绝缘异常	必测	测试正/负极分别与壳体之间绝缘阻抗值。500 VDC, 5 s	≥500 MΩ
耐压测试	检测模组高压回路和外壳之间电气间隙是否满足要求	必测	测试总正对壳，总负对壳，测试电压 2 750 V DC（建议值），5 s （1）耐压机正对模组正，耐压机负对壳； （2）耐压机正对模组负，耐压机负对壳； （3）耐压机负对模组正，耐压机正对壳； （4）耐压机负对模组负，耐压机正对壳	≤1 mA
模组 DCR	检测模组高压回路 DCR 是否在范围内	选测	测试模组直流阻抗，确认功率性能和连接状况。室温情况下，3.0C 放电 12 s，计算第 10 s 的 DCR	≤产品特性决定（常温下）
模组尺寸	检查模组外形尺寸和固定孔位是否在规格范围内	必测	用卡尺测量模组外形尺寸和模组固定孔位是否满足要求并在误差允许范围内	产品特性决定
模组外观	检查模组外观是否有漏液、绝缘层破裂等外观不良	必测	人工检查模组外观包括模组底板是否有外观不良问题	无绝缘膜破损，无绝缘膜起翘，无电芯漏液，表面无污渍

2. Pack 下线检测

Pack 级别的下线检测项目除安规性能测试外，更多涉及功能方面的测试，包括但不限于单体电压、单体温度、总电压、总电流、故障报警等。

Pack 下线测试常见的检测项目如表 3-11 所示。

表 3-11　Pack 下线测试常见的检测项目

测试项目	测试目的	测试等级	测试方法	判定标准
高压短路测试	在上电前确保高压端口没有短路故障	必测	测量正/负极分别与壳体（地）之间是否存在短路	≥5 MΩ

测试项目	测试目的	测试等级	测试方法	判定标准
绝缘测试	检测整个高压回路与箱体间是否绝缘异常	必测	测量正/负极分别与壳体（地）之间绝缘阻抗值。500 VDC，5 s	≥5 MΩ
耐压测试	模拟充电时电网对高压回路和箱体间电气间隙和元器件是否满足要求	必测	有输出的情况下，关闭绝缘监测功能，测试总正对壳，总负对壳，测试电压 2121 VDC，5 s （1）耐压机正对 Pack 正，耐压机负对壳； （2）耐压机正对 Pack 负，耐压机负对壳； （3）耐压机负对 Pack 正，耐压机正对壳； （4）耐压机负对 Pack 负，耐压机正对壳	漏电流≤1 mA
通信检测	软件/版本等 BMS 参数是否正常	必测	连接 A-CAN 和调试 C-CAN，看是否有通信	有数据上传
Pack-OCV 检测对比	BMS 检测数值与实测数值做比较，判断测量精度是否在正常范围内	必测	测试输出电压与 BMS 侦测 Vout 的差值 ΔU_1	$-1\ V \leqslant \Delta U_1 \leqslant +1\ V$
单体 OCV 检测	检测所有电芯数据是否正常	必测	通过 BMS 检测所有电芯电压	$V_{\min} \geqslant$ 电芯来料电压（未做任何充放电时）
单体压差检测	检测整个 Pack 系统电压一致性是否满足要求	必测	通过 BMS 检测所有电芯电压值，并比较最大值与最小值的差值	≤10 mV（未做任何充放电时）
温度检测	检测所有温度数据是否正常	必测	通过 BMS 检测所有电芯温度值	温度数据上报正常
温差检测	检测整个 Pack 系统温度一致性是否满足要求	必测	比较 BMS 检测最大值与最小值的差值	≤温度探头精度（未做任何充放电时）
BMS 绝缘检测	检测绝缘检测功能和读取系统绝缘阻值	必测	开启绝缘监测功能，读取系统绝缘阻抗值	≥2.5 MΩ
预充电回路测试	检验预充电模式是否工作正常	选测	闭合预充电回路，通过 CAN 读取预充状态	预充电完成
充电模式测试	模拟充电模式是否工作正常	选测	模拟充电枪、充电机信号	进入充电模式
加热功能测试	检验加热模式是否工作正常	选测	闭合加热继电器，通过 CAN 能够读取到加热电流	进入加热模式
DCR 测试	检测整个高压回路 DCR 是否在范围内	必测	测试 Pack 直流阻抗，确认功率性能和连接状况。室温情况下，3.0C 放电 12 s，计算第 10 s 的 DCR	≤产品特性决定（常温下）

测试项目	测试目的	测试等级	测试方法	判定标准
电流测试	电流精度和电流方向检验	必测	（1）当充放电机器不工作时，检测 BMS 的零点电流是否正确； （2）当充放电机器正常工作时，检测 BMS 的电流与充放电机的电流方向是否一致； （3）检测 BMS 的电流值与实测值差值（50 ADC 5 s，100 ADC 5 s）	（1）零点电流 0； （2）在充放电过程中，对比充放电机的电流与 BMS 的电流，两者相差≤霍尔传感器精度
均衡诊断测试	模拟均衡模式是否工作正常	选测	发送均衡指令，检测均衡状态	均衡功能正常
气密性测试	模拟 IP67 测试 Pack 密封性能	必测	给 Pack 箱件灌入气体，达到一个固定气压值关闭气阀，在规定的时间内通过气压表监控 Pack 箱体气体泄漏量	泄漏量在规定值以内
容量测试	检测 Pack 容量是否满足产品规格要求	抽测	（1）静置：1 min； （2）放电：0.5C 放电，单体保护电压限制； （3）放电：0.2C 放电，单体保护电压限制； （4）静置：30 min； （5）充电：0.5C 充电，单体保护电压限制； （6）充电：0.2C 充电，单体保护电压限制； （7）静置：30 min； （8）重复步骤（2）~（4）； （9）结束（以上参数根据电芯自身和产品性能决定）	≥产品额定容量
SOC 调整	满足客户出货容量要求	必测	充电：0.5C 充电对应容量时间。保证 Pack 出货容量大于等于客户指定容量（如设置 50% SOC）	≥产品出货容量

注：以上数值为建议值，具体根据各产品而定。

任务小测

（1）下线测试具有两大功能：①_____；②_____。

（2）下线测试系统应具备_____、_____、_____、_____等功能测试。

（3）Pack 级别的下线检测项目除安规性能测试外，更多涉及功能方面的测试，包括但不限于_____、_____、_____、_____、故障报警等。

实训项目　动力电池 Pack 装配调试

组员姓名			学时		班级	
组别		组长	联系电话		小组任务成绩	
实训场地			日期		个人任务成绩	
任务描述	小张是某电池制造企业的实习生，工作岗位是电池模组制造工艺员，他的指导师傅老王要求小张能够进行电池模组制造各个工艺的操作					
任务目的	单体电池的筛选、检测，模组的装配，动力电池系统的调试					
任务准备	安全防护：做好个人、工位的安全防护与隔离； 工具设备：数字万用表、兆欧表、绝缘防护用品、绝缘工具套装、常规工具套装、动力电池拆装举升台； 台架车辆：单体电池、电池装调台架、实车动力电池； 辅助资料：汽车维修手册、教材、实训工作页					
资讯	(1) (　　) 因素影响电池容量一致性。 A. 温度和放电倍率 B. 欧姆内阻和电化学反应 C. 荷电状态和端电压 D. 内阻和自放电率 (2) (　　) 是自放电。 A. 电池容量自然损失的现象 B. 电池内部的欧姆内阻 C. 电池工作状态的差异 D. 电池端电压的不一致 (3) 电芯分选的主要目的是 (　　)。 A. 提高电芯的生产效率 B. 降低电池组件的成本 C. 增加电芯的储能能力 D. 保证模组或 Pack 电性能的一致性，延长 Pack 的使用寿命 (4) 下列 (　　) 方法属于电芯的多参数分选法。 A. 单参数分选法 B. 动态特性曲线分选法 C. 电化学阻抗谱分选法 D. 开路电压法 (5) 气密性检测方法中，以下 (　　) 是一种正压测试。 A. 负压测试 B. 流量测试 C. 正压测试 D. 静态测试 (6) 在箱体连接件的安装中，如果配合密封不好，可能导致 (　　) 问题。 A. 电池内部温度升高 B. 电池容量减小 C. 箱体的密封失效 D. 电池内部压力升高					

资讯	（7）在气密性测试中，如果采用正压测试，充气时的压力应该控制在（　　）以下。 A．0.1 MPa B．0.3 MPa C．0.5 MPa D．1.0 MPa
计划与决策	请根据动力电池装调检测任务，确定所需要的仪器，并对小组成员合理分工，制定详细的工作计划。 （1）采用的评价标准：_____。 （2）需要的仪器和工具。 ①仪器：_____。 ②工具：_____。 （3）实训计划：_____。 （4）小组成员任务分工（见表3-12）。 表3-12　小组成员任务分工 | 操作员		记录员	
---	---	---	---
安全员		展示员		
实施	1. 单体电池筛选 （1）检查单体电池是否出现鼓包、漏液（见图3-51）。  <div align="center">图3-51　检查单体电池是否出现鼓包、漏液</div> （2）根据现场提供的仪器仪表进行单体电池分拣检测（见图3-52）。现场分为3个电池放置盒，分别为：电池待检放置区、不合格电池放置区、合格电池放置区。从电池待检放置区根据测量结果选出内阻一致、静置电压一致的单体电池放置在合格电池放置区，不合格的放置在不合格电池放置区。内阻测试仪需设置比较参数：内阻 $1.1 \times (1 \pm 0.1)$ mΩ、电压 $3.2 \times (1 \pm 0.1)$ V。 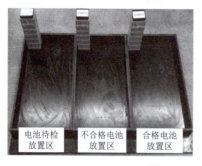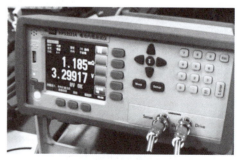 <div align="center">图3-52　单体电池分拣检测</div>

（3）使用电池内阻测试仪进行内阻测试（见图3-53）。

图 3-53　使用电池内阻测试仪进行内阻测试

2. 电池模组成组

将选出合格24节单体电池，分别组装成4个电池模组（见图3-54），单体电池间采用串联电路板方式连接，模组组装完成后根据装配图分别安装在台架内部。单体电池连接时请注意防止电池正负极短路。

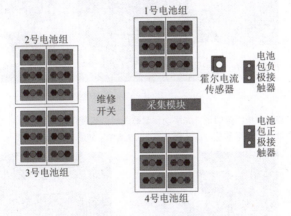

图 3-54　电池模组

（1）检查电池模组固定装置稳定性并清洁（见图3-55）。

图 3-55　检查电池模组固定装置稳定性并清洁

（2）将电池按照极性放入模组中，红点侧为正极柱，正负极按照收尾相连原则进行安装，如图 3-56 所示。

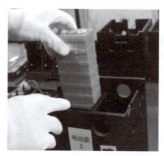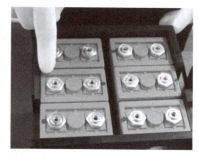

图 3-56　将电池放入模组并安装

（3）检查电路板有无破损并清洁。

（4）安装防护板时，注意防护板与电池盒对应的序号，并注意检查防护板极性与电池极性对应，如图 3-57 所示。

图 3-57　防护板安装及检查

（5）安装防护板固定螺丝，先手动预紧螺丝，然后使用工具紧固。

（6）测量电池模组的总电压，测量值为 19.6 V，如图 3-58 所示。

图 3-58　测量电池模组总电压

（7）使用绝缘测试仪进行电池模组绝缘测试，测试值为 55 MΩ，如图 3-59 所示。

图 3-59　电池模组绝缘测试

实施

3. 电池 Pack 内线束和传感器安装

根据如图 3-60 所示的装配图，完成电池 Pack 内线束和传感器的安装。

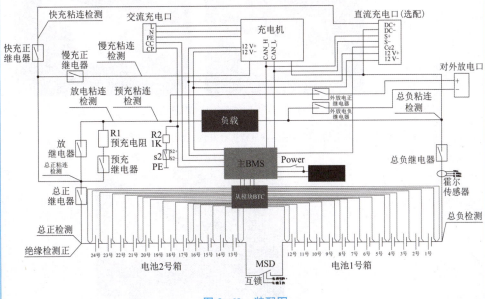

图 3-60　装配图

（1）使用万用表检查接触器是否烧结，外观是否破损，如图 3-61 所示。

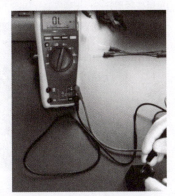

图 3-61　检查接触器

（2）确定电池管理系统与技术平台属于断电状态下，清洁电池箱体放置区，如图 3-62 所示。

图 3-62　清洁电池箱体放置区

实施

（3）安装并检查电池信息采集器固定板是否牢固，针脚是否损伤，如图 3-63 所示。

图 3-63　检查电池信息采集器固定板及针脚

（4）选择符合要求的正极接触器并进行正确安装，如图 3-64 所示。

图 3-64　安装正极接触器

（5）选择符合要求的负极接触器并进行正确安装，如图 3-65 所示。

图 3-65　安装负极接触器

（6）选择符合要求的电流传感器并进行正确安装，如图 3-66 所示。

图 3-66　安装电流传感器

（7）正确放置电池模组，如图 3-67 所示。

图 3-67　放置电池模组

（8）完成各模组高压线束连接、电池包与配电箱各高压线束及维修开关底座安装，如图 3-68 所示。

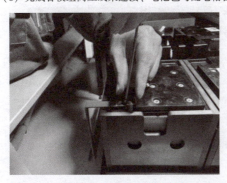 

图 3-68　完成各模组高压线束连接、电池包与配电箱各高压线束及维修开关底座安装

（9）完成主正、主负接触器、霍尔传感器及 BIC 采集模块各高低压线束连接安装，如图 3-69 所示。

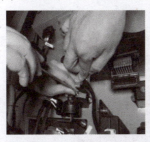  

图 3-69　完成主正、主负接触器、霍尔传感器及 BIC 采集模块各高低压线束连接安装

（10）检查并安装电池信息采集器线束。

注意：在装配过程中，请先把各电池模组的线束连接好。4 个电池模组对应的四组信号线束采用相同接头，极易插错，因此每个电池模组上印有各模块的接口编号，线束插件上也贴有标识，请一定要按标识连接对应的插座，否则会导致 BIC 模块烧毁。

如图 3-70 所示，4 个电池模块每个模块有一个标示贴，装配时请注意两圆圈内的标示要对上。

实施

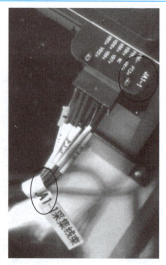

图 3-70　电池模块的标示贴

如图 3-71 所示，电池模组线束连接好后，将 J2, J3 采集线束正确连接到 BIC 的对应插座上。

图 3-71　BIC 从模块的接插件

BIC 从模块有三个接插件，从左到右分别是 J1，J2，J3 插座，J1 是电源与通信口，J2 是第 1，2 电池模组的采集数据口，J3 是第 3，4 电池模组的采集数据口，其中 J2，J3 接口容易误接，请务必注意与线束上的标志保持一致。

4. 配电箱内线束和附件安装

（1）使用万用表检查预充、慢充和放电 3 个接触器是否烧结，对应线圈的内阻，如图 3-72 所示。

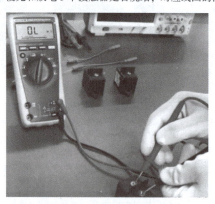

图 3-72　用万用表检查接触器

（2）检查预充电阻内阻大小，如图 3-73 所示。

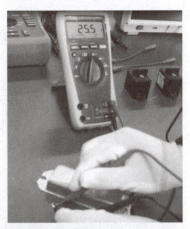

图 3-73　检查预充电阻内阻大小

（3）安装预充接触器，如图 3-74 所示。

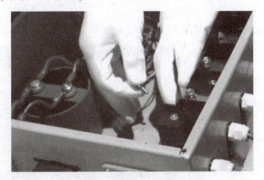

图 3-74　安装预充接触器

（4）安装主接触器，如图 3-75 所示。

图 3-75　安装主接触器

实施

（5）安装预充电阻，如图 3-76 所示。

图 3-76　安装预充电阻

（6）安装充电接触器，如图 3-77 所示。

图 3-77　安装充电接触器

（7）完成预充电路、主电路及充电电路线路连接，如图 3-78 所示。

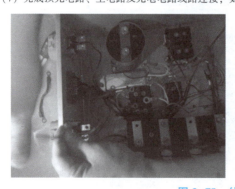

图 3-78　线路连接

（8）复检所有高低压系统，确认无误后安装盖板及维修开关，如图 3-79 所示。

图 3-79　复检、安装盖板及维修开关

5. 电池管理系统参数检查和充放电测试

（1）设备通电，检查电池管理系统是否显示警告信息，并检查各参数是否正确，如图 3-80 所示。

总压过高	I	86.4 V	II	87.1 V	III	87.6 V
总压过低	I	72 V	II	69.6 V	III	67.2 V
单体过高	I	3 600 mV	II	3 630 mV	III	3 650 mV
单体过低	I	3 000 mV	II	2 900 mV	III	2 800 mV
放电高温	I	55 ℃	II	58 ℃	III	60 ℃
放电低温	I	0 ℃	II	-10 ℃	III	-20 ℃
充电高温	I	45 ℃	II	48 ℃	III	50 ℃
充电低温	I	5 ℃	II	3 ℃	III	0 ℃
压差过大	I	300 mV	II	400 mV	III	500 mV
温差过大	I	5 ℃	II	10 ℃	III	15 ℃
放电过流	I	28 A	II	29 A	III	30 A
充电过流	I	28 A	II	29 A	III	30 A
SOC 过低	I	15%	II	5%	III	0.1%
绝缘过低	I	500 Ω/V	II	300 Ω/V	III	100 Ω/V
当前 SOC	50%	电池容量	20 A·h	放电电流	10 A	

图 3-80　检查电池管理系统

（2）用鼠标单击"吸合总正"和"总负继电器"按钮，并使用万用表测量配电箱输入正负极电池总电压，测量值为 78.4 V，如图 3-81 所示。

图 3-81　测量电压

实施

（3）用鼠标单击"吸合预充接触器"按钮，并使用万用表测量配电箱输入与输出端正极电阻值，测量值为 25.4 Ω，如图 3-82 所示。

图 3-82 单击"吸合预充接触器"按钮后，测量电阻值

（4）用鼠标单击"吸合放电接触器"按钮，并使用万用表测量配电箱输入与输出端正极电阻值，测量值为 0.2 Ω，如图 3-83 所示。

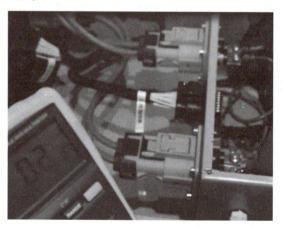

图 3-83 单击"吸合放电接触器"按钮后，测量电阻值

（5）用鼠标单击"吸合慢充接触"按钮，并使用万用表测量配电箱输入端与充电正极端电阻值，测量值为 0.2 Ω，如图 3-84 所示。

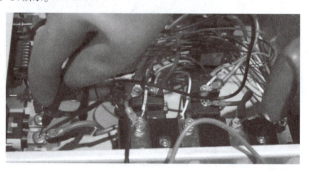

图 3-84 单击"吸合慢充接触"按钮后，测量电阻值

实施

（6）切换充放电界面，单击"对内放电"按钮，观察数据的变化，正常放电，如图 3-85 所示。

图 3-85　单击"对内放电"按钮，观察数据变化

（7）单击"停止放电"按钮，检查充电枪与底座，并插上充电枪，单击"充电"按钮，观察数据变化，数据正常，表示正常充电，如图 3-86 所示。

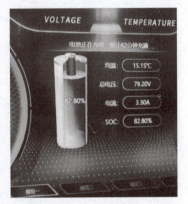

图 3-86　正常充电

实施

检查

（1）根据考核标准，对整个实训过程中出现的问题进行总结。
（2）各小组根据各自的装调结果，相互交流检查

	项目	评分标准	分值	得分
评价	任务导入	明确工作任务，理解任务在工作中的重要程度	5	
	知识要点	单体电池的筛选、模组的装配、线束及传感器的装配、充放电测试	15	
	任务计划	制定模组和附件的装配计划	10	
		制定 BMS 系统的参数检查与充放电测试计划	10	
		能协调小组人员安排任务分工	5	
		能在实施前准备好所需要的工具器材	5	
	任务实施	会单体电池筛选任务	5	
		会电池模组成组任务	5	
		会电池 Pack 内线束和传感器安装任务	5	
		会配电箱内线束和附件安装任务	8	
		会电池管理系统参数检查和充放电测试任务	8	
		清点工具，打扫场地	5	

评价	任务检查	学生任务完成，操作过程规范		10			
	任务评价	学生能对自身表现情况进行客观评价		2			
		学生在任务实施过程中发现自身问题		2			
		自评得分（满分100）					
	组内互评	姓名	评分（满分20分）	姓名	评分（满分20分）	姓名	评分（满分20分）
	小组互评	评价对象	评分	评价对象	评分	评价对象	评分
							评分（满分20分）
	教师评价						评分（满分50分）
		学生本次完成实训任务得分					

项目4 动力电池性能测试

从动力电池测试评价的发展情况来看，动力电池的测试评价已经形成"三纵三横"的较为完善的体系，涵盖单体、模块、系统三个不同层级，涉及电性能、安全性和耐久性等不同方面。

对于单体和模块的测试评价，主要着眼于出厂一致性、温度–倍率特性、功率特性、能量密度、产热特性、安全性以及老化等方面。

对于电池包或系统，则主要侧重于系统功能、一致性、电性能、寿命、安全性等方面的测试评价。其中，系统功能测试主要是验证电池系统的基本功能和采样精度等方面；电性能包括主要影响电动汽车的续驶里程、速度、充电时间和加速爬坡性能等；安全性涵盖电安全、机械安全和环境安全等方面，全方位验证电池系统能否满足安全性设计目标及对成员的保护能力。

任务1 单体电池测评

学习内容

（1）出厂参数测试；

（2）温度和倍率充、放电性能测试；

（3）恒功率特性、脉冲功率特性；

（4）能量效率测试；

（5）荷电保持能力测试；

（6）产热特性测试；

（7）老化特性测试；

（8）安全性测试。

能力要求

（1）能进行出厂参数测试；

（2）能进行温度和倍率充、放电性能测试；

（3）能进行恒功率特性、脉冲功率特性测试；

（4）能进行能量效率测试；

（5）能进行荷电保持能力测试；

（6）能进行产热特性测试；

（7）能进行老化特性测试；

（8）能进行安全性测试。

任务引入

小张是某电池制造企业的实习生，工作内容是电池测试，他的指导师傅老王要求小张能够熟悉单体电池的测试内容，并能进行测试操作。

任务描述

作为测试人员需要对单体电池的测试非常熟悉，结合教材并收集资料，对锂离子单体电池测试内容进行总结，在学习小组或班级进行交流汇报。

电芯选型的基础是对其进行系统全面的测试和评价，从出厂一致性、温度特性、倍率特性、脉冲功率特性、循环寿命特性以及安全性等方面评估是否满足动力电池系统的设计需求。如表4-1所示列举的是在动力电池系统设计与开发中需要针对电芯进行测评的项目，以及各项测试内容的关注点和评价指标。

表4-1　电芯测评项目、内容和评价指标

编号	项目	内容、目的	指标
1	出厂一致性	统计分析出厂质量； 统计分析满电态交流内阻； 统计分析满电态OCV； 统计分析出厂容量、能量	质量平均值、极差、标准差； 交流内阻平均值、极差、标准差； OCV平均值、极差、标准差； 放电容量/能量平均值、极差、标准差； 体积容量/能量密度、质量容量/能量密度
2	温度特性	分析高低温充电特性； 分析高低温放电特性	电压、容量、能量、温度系数、体积能量密度、质量/能量密度
3	倍率特性	分析不同倍率充电特性（含快速充电）； 分析不同倍率放电特性	
4	恒功率特性	分析恒功率放电特性	放电能量
5	脉冲功率特性	分析高低温脉冲功率特性	内阻、功率、可用能量
6	能量效率	分析高低温能量效率； 分析不同倍率的能量效率	能量效率
7	开路电压（OCV）特性	获得SOC-OCV曲线	—
8	产热特性	分析不同温度下的产热特性； 分析不同倍率下的产热特性	产热量、瞬时产热功率、平均产热功率、体积/质量产热功率密度、比容量瞬时产热功率密度
9	热稳定性	进行热边界条件表征	一级、二级、三级热触发温度
10	循环寿命特性	进行循环寿命、日历寿命分析	循环寿命、日历寿命
11	安全性	分析针刺、过充、过放、短路等安全性	冒烟、起火、爆炸

一、出厂参数

电芯的一致性对动力电池系统的选型和配组具有至关重要的影响。动力电池系统内的单体数目越多，则电池出厂一致性好坏对电池系统性能、寿命和安全性的影响也就越明显。电池出厂一致性主要是制造过程中的一致性。电芯的各种参数中，质量、OCV、内阻、容量、能量等是评断电池出厂一致性好坏的主要依据。如表 4-2 所示为测试电芯充/放电能量和容量、满电态 OCV、满电态交流内阻的具体步骤。

表 4-2　出厂参数测试步骤

步骤	内容	备注
1	电池置于恒温箱中，温度设置为 25 ℃ *，静置 2 h	保证电池温度与环境温度达到一致，且内部温度一致
2	以 I_1 ** 恒流放电至电池终止电压，静置 2 h	—
3	以 I_1 恒流充电至电池充电截止电压，后转为恒压充电，直至电流降至 $0.05I_1$，静置 2 h	—
4	重复步骤 2 和步骤 3 3 次	
5	记录电池在步骤 4 中的充/放电容量和能量	求 3 次的平均值，作为该节电芯的充/放电容量和能量
6	电池置于恒温箱中 2 h，记录电池在满电状态下的 OCV	在电池端电压达到完全稳定（$dV/dt<0.1$ mV/min）后进行测量
7	测量电池在满电状态下的交流内阻	电池仍处于恒温箱中

＊试验的一般条件应在温度为（25±2）℃、相对湿度 15%~90%、大气压力 86~106 kPa 的环境中进行。
＊＊表示 1C 倍率电流。

根据表 4-2 对所有单体电池进行测试，针对获得的各关键参数，利用最大值、最小值、平均值、极差、相对极差（极差/平均值）、标准差、正态分布检验、箱线图等统计学工具进行分析，可以比较电池单体的一致性水平。

动力电池样品的质量是其重要的基本参数，出厂质量一致性的优劣在一定程度上反映了电芯制作工艺的好坏。电芯的质量通常呈正态分布，如图 4-1 所示。

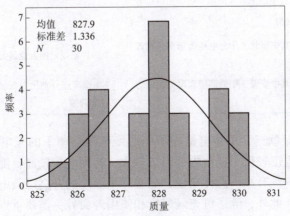

图 4-1　某款电池出厂质量分布直方图

基于以上的统计结果，采用相对极差或评分表就可以利用雷达图对不同样品进行比较，从而为样品选型提供参考。如图 4-2 所示为某两款电池出厂一致性雷达图对比。

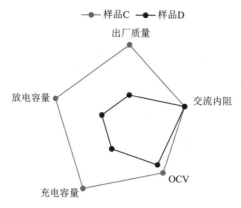

图 4-2　某两款电池出厂一致性雷达图对比

二、温度和倍率充电性能

在电动汽车复杂多变的实际运行中，车载动力电池需要面临在不同温度和不同电流倍率下的充电工况，因此需要分析单体电池在上述不同工况下的充电性能表现。如表 4-3 所示为低温、常温和高温工况下，分别以低、中、高倍率进行充电性能测试的试验规程。

表 4-3　温度、倍率充电性能试验规程

步骤	内容	备注
1	电池置于恒温箱中，温度设置为 25 ℃，静置 6 h	保证电池温度与环境温度达到一致（电池端电压 $dV/dt<0.1\ mV/min$，则认为电池内部达到稳定），且内部温度一致
2	以 I_1 恒流放电至企业规定的电池终止电压，静置 2 h	—
3	恒温箱温度设置为-20 ℃，静置 12 h	
4	以 $0.33I_1$ 恒流充电至电池终止电压，后转为恒压充电，至电流降至 $0.05I_1$	—
5	重复步骤 1~4，其中步骤 4 中充电电流倍率分别改为 1C，2C，XC	X 为厂家规定的电池最大充电倍率
6	重复步骤 1~5，其中步骤 3 中的环境温度分别改为 0 ℃，25 ℃，55 ℃	3 个温度点分别代表低温、常温和高温，可根据特定对象调整

如图 4-3 所示为某款三元单体电池在不同温度电流倍率下的充电特性。可以看出，低温环境下，由于电池温度较低，电池内部阻抗较大，初期电压较高，随着充电的进行，电压下降，在充电后期又继续升高。总体来说，随着环境温度的升高以及电流倍率的减小，电池的充入容量逐渐增加。此外，除了可充入容量和使用寿命外，需要重点关注的是电池在大充电电流倍率下的温升和产热特征，以合理设计电池系统的充电散热功能，防止电池系统提前失效和发生安全事故。

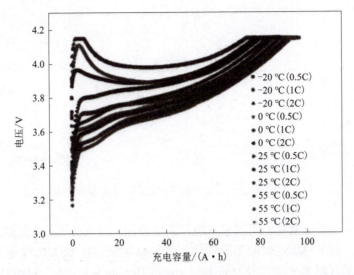

图 4-3　某款三元单体电池在不同温度电流倍率下的充电特性

三、温度和倍率放电性能

续驶里程是电动汽车的主要性能指标，反映到动力电池上便是其可用容量。锂离子电池对温度和电流倍率具有高度的敏感性，通过分析电池在不同工况下的充放电曲线，考察其充放电容量、能量等参数，可以分析电池适宜的工作温度区间以及对温度变化的耐受能力。与充电过程类似，单体电池在不同环境温度和电流倍率工况下的放电特性的测试步骤如表 4-4 所示。

表 4-4　温度、倍率充电性能测试步骤

步骤	内容	备注
1	电池置于恒温箱中，温度设置为 25 ℃，静置 6 h	保证电池温度与环境温度达到一致（电池端电压 $dV/dt<0.1$ mV/min，则认为电池内部达到稳定），且内部温度一致
2	以 I_1 恒流放电至企业规定的电池终止电压	—
3	恒温箱温度设置为 25 ℃，静置 2 h	—
4	以 $0.33I_1$ 恒流充电至电池终止电压，后转为恒压充电，至电流降至 $0.05I_1$	—
5	恒温箱温度设置为 -20 ℃，电池静置 12 h	—
6	以 $0.33I_1$ 恒流放电至电池终止电压	—
7	重复步骤 3~6，其中步骤 6 中放电电流倍率分别改为 1C，2C，XC	X 为厂家规定的电池最大充电倍率
8	重复步骤 3~7，其中步骤 5 中的环境温度分别改为 0 ℃，25 ℃，55℃	3 个温度点分别代表低温、常温和高温，可根据特定对象调整

如图 4-4 所示为基于三款锂离子单体电池放电容量随温度的变化趋势对比图。可以看出，对于不同电池样品，随着温度的上升，放电容量的变化趋势具有较大差异。

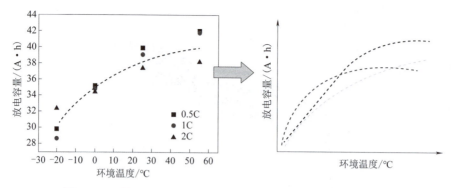

图4-4　三款锂离子单体电池放电容量随温度的变化趋势对比图

为了更综合地考察电池在不同倍率下的充放电特性，可以使用更为复杂的模拟工况，如电池在车辆启动、刹车、加速时的工况循环。比较典型的包括USABC《电动汽车用动力电池测试手册》中根据联邦城市驾驶（Federal Urban Driving Schedule，FUDS）工况简化得到的动态应力测试（Dynamic Stress Test，DST）工况，如图4-5所示。

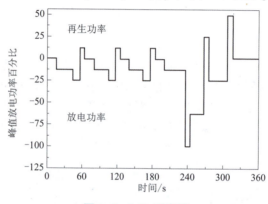

图4-5　DST示意图

四、恒功率特性

锂离子电池的恒功率放电特性是另一个需要重要关注的特征，决定着电池系统稳定输出功率的能力，进而影响电动汽车的整车性能，如表4-5所示为在不同温度和不同功率下进行测试的主要步骤。

表4-5　恒功率特性测试步骤

步骤	内容	备注
1	电池置于恒温箱中，温度设置为25 ℃，静置6 h	—
2	以I_1恒流放电至企业规定的电池终止电压	—
3	恒温箱温度设置为25 ℃，静置6 h	—
4	以$0.33I_1$恒流充电至电池终止电压，后转为恒压充电，至电流降至$0.05I_1$，静置6 h	—
5	恒温箱温度设置为−25 ℃，静置12 h	—

步骤	内容	备注
6	以特定恒功率 P_1 放到截止电压	—
7	重复步骤 3~6，分别改变步骤 6 中恒功率大小为 P_2，P_3，…，P_x	P_x 为企业规定的最大恒功率
8	重复步骤 3~7，其中步骤 7 分别改变恒温箱温度为 0 ℃，25 ℃，55 ℃	进行不同环境温度下的恒功率特性测试

五、脉冲功率特性

脉冲功率特性是电动汽车的主要性能指标，反映到动力电池上便是电池的脉冲功率特性。混合功率脉冲（Hybrid Pulse Power Characteristic，HPPC）测试是在被测试对象可用的电流和电压范围内，使用放电和反馈（充电）脉冲的测试制度来表征其动态功率能力。其主要目标是确定以下参数与放电深度（DOD）的函数关系：①在 10 s 放电脉冲结束时放电功率能力；②在 10 s 反馈脉冲结束时反馈脉冲功率能力。HPPC 测试的一般步骤如表 4-6 所示。某款锂离子单体电池在 0 ℃下进行 HPPC 测试的电流和电压随时间变化曲线如图 4-6 所示。

表 4-6　HPPC 测试的一般步骤

步骤	内容	备注
1	恒温箱温度设置为 25 ℃，静置一定时间	静置时间推荐大于 6 h
2	以 I_1 恒流放电至企业规定的电池终止电压	—
3	恒温箱温度设置为 25 ℃，静置一定时间	静置时间推荐大于 6 h
4	以 $0.33I_1$ 恒流充电至电池终止电压，后转为恒压充电，至电流降至 $0.05I_1$，静置 6 h	—
5	将恒温箱温度设置为目标值，静置一定时间	低温下静置时间推荐大于 6 h
6	按照 HPPC 测试规程进行测试	—
7	重复步骤 1~6，其中改变目标温度分别为 0 ℃，25 ℃，55 ℃	进行不同环境温度下的脉冲功率特性测试

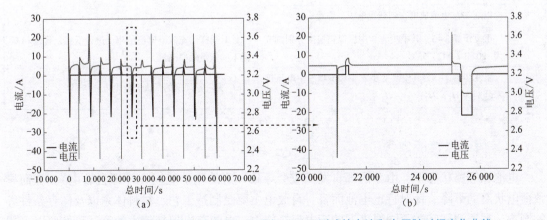

图 4-6　某款锂离子单体电池在 0 ℃下进行 HPPC 测试的电流和电压随时间变化曲线

（a）整体；（b）单体电池 SOC

如图 4-7 所示为某款三元锂离子单体电池在不同环境温度下的脉冲功率特性。可以看出，随着环境温度的下降，电池的脉冲功率特性逐渐变差。

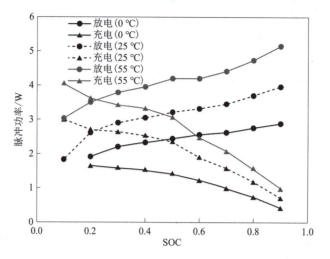

图 4-7　某款三元锂离子单体电池在不同环境温度下的脉冲功率特性

六、能量效率

对单体电池在不同温度工况下进行能量效率测试的一般步骤如表 4-7 所示。某款锂离子电池在特定温度下以一定的电流倍率进行能量效率测试时的电池电压、电流随时间变化的曲线如图 4-8 所示。

表 4-7　能量效率测试的一般步骤

步骤	内容	备注
1	恒温箱温度设置为 25 ℃，静置 6 h	—
2	以 I_1 恒流放电至企业规定的电池终止电压	—
3	恒温箱温度设置为 25 ℃，静置 6 h	静置时间视情况而定，低温下建议静置超过 12 h
4	以 $0.33I_1$ 恒流充电至截止电压，静置 6 h	—
5	以 $0.33I_1$ 电流放电直到截止电压，静置 6 h	—
6	重复步骤 3~5，其中步骤 3 中恒温箱温度分别调节为 -20 ℃、0℃、55℃	针对同样的充放电电流倍率，进行低温、常温和高温下的能量效率测试
7	重复步骤 3~6，其中改变步骤 4 和步骤 5 中电流倍率分别为 $1I_1$，$2I_1$，…，xI_1	xI_1 为厂家规定的最大充放电电流倍率

七、荷电保持能力

电池在开路状态下，由于内部自发反应会导致一定的化学能损失（即自放电），从而导致荷电状态的下降。针对特定电池而言，自放电主要受制造工艺、材料体系以及储存条件等的影响，需要测试其在不同温度下的荷电保持能力。电池荷电保持能力的测试可按照以下规程进行：

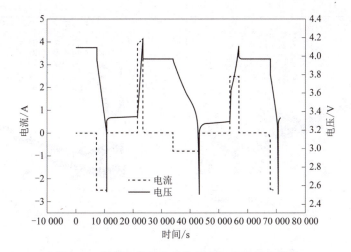

图 4-8　某款锂离子电池在特定温度下以一定的
电流倍率进行能量效率测试时的电池电压、电流随时间变化的曲线

（1）室温下，以 1C 倍率将电池放电至企业规定的终止电压；

（2）搁置特定时间（低温下建议不低于 12 h，常温及以上建议不低于 6 h）；

（3）以 1C 倍率将电池充电至截止电压，之后在恒压模式下直至电流下降至 0.05C 停止；

（4）在特定温度下，储存特定长时间（例如 30 d），并每隔 2 d 记录电池开路电压及内阻；

（5）在特定温度下，以 1C 倍率将电池放至企业规定的终止电压，记荷电保持容量 C_1；

（6）在特定温度下，以 1C 倍率将电池充电至截止电压，之后在恒压模式下直至电流下降至 0.05C 停止；

（7）在室温下搁置特定时间（建议不低于 6 h）；

（8）室温下，电芯以 1C 放电至厂家规定的截止电压停止，记荷电保持容量 C_2。

八、产热特性

由于锂离子电池的性能、循环寿命和安全性等和温度的相关性极大，热管理系统的重要性不言而喻。而热管理系统设计的第一步就是精确了解电池的产热特性。针对电池热特性进行测试的目的和意义主要在于：

①获得不同锂离子电池样品在特定工况下的产热量后，借助体积产热量或容量/能量产热量的概念，比较不同样品的产热水平；

②针对特定样品，分析其产热行为与工作温度、电流倍率、SOC 之间的关系，得到综合的产热特性 MAP 图，从而为电池热管理系统的开发提供重要的输入和依据。

如图 4-9 所示为某款磷酸铁锂单体电池进行测试得到的产热功率 MAP 图，从图 4-9（a）可以明显看出，在特定的电流倍率下，同一款电池在不同 SOC 和温度时存在所谓的产热边界。对于单体电池的热设计而言，其目标之一便是将产热边界条件尽量向下移，以减小电池热管理系统的热负荷。

在测试电池产热特性之前，需要精确获知电池比热容。采用量热法获取电池比热容的原理是：将电池置于绝热环境中，通过外部热源（通常为加热片）对电池进行加热，在已知

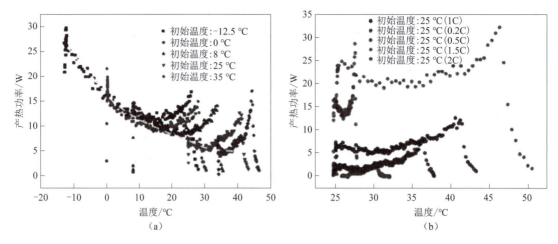

图 4-9 某款磷酸铁锂单体电池进行测试得到的产热功率 MAP 图
（a）1C 放电、不同初始温度；（b）相同初始温度、不同电流倍率

外部热源提供的热量 Q（恒加热功率与时间的乘积）以及对应的电池温升 ΔT 后，即可通过式（4-1）计算电池比热容。

$$Q = mC_p\Delta T \qquad (4\text{-}1)$$

式中，Q 为电池产热量，单位 kJ；m 为电池质量，单位 kg；C_p 为电池比热容，单位 kJ/(kg·K)；ΔT 为电池的温升，单位 K。

绝热环境可以由加速绝热量热仪（Accelerating Rate Calorimeter，ARC）实现，试验中测试样件表面布置有温度传感器，ARC 通过保持腔壁温度与电池温度瞬时一致，从而为被测样品提供控制精确的绝热环境。

在产热测试中，采用充放电仪对电池进行特定工况下的充放电，借助与比热容测试相同的设备，就可以通过公式（4-1）和公式（4-2）分别测量电池的产热量和瞬时产热功率。

$$q = mC_p\mathrm{d}T/\mathrm{d}t \qquad (4\text{-}2)$$

九、老化特性

电池寿命包括循环寿命和日历寿命 2 部分，而循环寿命测试又可分为 2 部分，即循环测试和特性测试。循环测试以模拟电池的实际使用状态为主，包括常规循环和工况循环；特性测试则以获取动力电池寿命的表征参数为主，包括内阻、容量和峰值功率等，以量化电池性能与循环次数之间的关系。电池老化受影响因素较多，包括工作温度、电流倍率、SOC 范围等。

（1）内阻测试。内阻测试以 HPPC 方法为主，通过对电池加载特定时长的脉冲电流，获取电压激励来测算电池直流内阻。

（2）容量测试。容量测试中以 0.33C 将电池充电至 100% SOC，然后以 0.33C 放电至放电终止电压，计算放电过程中电池放出的电量。

（3）峰值功率。峰值功率测试以 USABC 方法为主，即对电池加载特定时长的脉冲电流。

从试验验证的角度而言，通常采用标准循环寿命测试的方法，可参考表 4-8 中所示测试步骤。如图 4-10 所示为某厂家的两款锂离子电池在 25 ℃环境下进行 1C 循环充放电时容量百分比随循环次数的变化，两款电池都呈线性衰减特性，但样品 B 是样品 A 的 4.5 倍。

表 4-8　电芯老化特性测试步骤

步骤	工作模式	温度
1	以特定倍率（如 1C）放电至企业规定的放电终止电压	特定温度
2	搁置 30 min	特定温度
3	以特定倍率（如 0.33C）充电至企业规定的充电终止电压后，转为恒压模式放电，直至电流下降为 0.05C 停止	特定温度
4	静置 2 h	25 ℃
5	常温下以 1C 倍率放电至企业规定的放电终止电压，记录放电容量	25 ℃
6	重复步骤 2~5 若干次（例如 500 次），计量室温放电容量和放电能量	—
7	改变循环老化温度，得到电池循环寿命预测模型	—

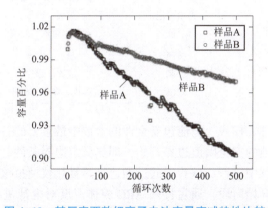

图 4-10　某厂家两款锂离子电池容量衰减特性比较

十、安全性测试

根据各国针对动力电池能量密度设置的目标，在未来 5~10 年，电池能量密度需要提升至 300~350（W·h）/kg 的水平。作为一个同时包含氧化剂（正极材料）和还原剂（负极材料和电解液）的密封体，电池的高比能化必然会带来潜在的电化学不稳定性，进而导致其潜在热失控危险系数的增加。

相比笔记本电脑、手机，以及固定用途（如储能、备用电源）等应用场景，电动汽车用锂离子电池的使用环境更加复杂多变和苛刻。例如，电池需要暴露在极宽的温度范围内工作、持久的振动，以及高倍率的充放电等。大倍率的充放电会导致极高的温度，如果热管理系统不能及时为电池散热，高温会引起电池内部各种分解副反应的发生，如 SEI 膜分解、负极与电解液反应、电解液分解等，并最终导致热失控。电池一旦进入热失控阶段，电池的温升将不再需要外部热源的支持，会有在短时间内发生起火、爆炸的危险。此外，与电子产品用电池不同的是，电动汽车用动力电池的容错率更低。以 18650 型电池为例，其发生内部自发失效（或称现场失效）的概率可以控制在 $0.25×10^{-7}~10^{-7}$ 之间，这对于消费类电子产品的电池而言是相对可靠的，但是在电动汽车上使用时，即便是如此低的自发失效概率也是无法容忍的，因为电池包内的单体电池数量通常有数以百计甚至数以千计，以特斯拉 Model S 85D 的电池包为例，其内部的 18650 电芯数量就接近 8 000 个。因此对于动力电池而言，提升其安全性就变得尤为关键。

电池的安全性测试包括电安全性、环境安全性和机械安全性测试 3 部分，例如针刺、挤压、过充、外部短路、加热、温度循环、海水浸泡等，其分类如表 4-9 所示。部分内容的测试规程可参考 GB 38031—2020《电动汽车用动力蓄电池安全要求》。

表 4-9　电芯安全性测试方法分类及方法

编号	分类	项目	评价指标	验证方法
1	电安全性	过充电	起火、爆炸	6.2.3/6.3.3
2		过放电	起火、爆炸、漏液	6.2.2/6.3.2
3		外部短路	起火、爆炸	6.2.4/6.3.4
4		加热	起火、爆炸	6.2.6/6.3.6
5	环境安全性	温度循环	起火、爆炸、漏液	6.2.10/6.3.10
6		海水浸泡	起火、爆炸	6.2.9/6.3.9
7		低气压	起火、爆炸、漏液	6.2.11/6.3.11
8	机械安全性	挤压	起火、爆炸	6.2.7/6.3.7
9		针刺	起火、爆炸	6.2.8/6.3.8
10		跌落	起火、爆炸、漏液	6.2.5/6.3.5

热稳定性是决定电芯、模块、电池包安全性的参数中最重要的一个。而提升单体电池的安全性，需要从探究电池的安全阈值边界开始，即热稳定边界条件。测试单体电池的热稳定性同样在加速绝热量热仪中进行。试验中通过加速绝热量热仪模拟该过程：将电池置于加速绝热量热仪中，在试验开始阶段，通过提高 ARC 腔体温度对电池进行加热，等电池开始自放热后，ARC 腔体温度保持与电池壳体温度一致，当电池壳体温度达到 300 ℃后（此时锂离子电池通常已经进入绝热热失控状态），ARC 开启冷却模式。如图 4-11 所示，锂离子电池典型的绝热热失控过程主要包括开始自产热、加速温升（自产热扩展）、热失控触发及热失控反应 3 个典型阶段。

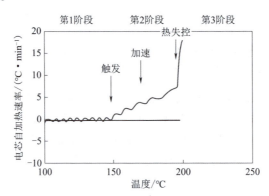

图 4-11　锂离子电池绝热热失控反应的典型过程

与上述阶段对应的典型温度分别包括自放热温度、热失控触发温度、剧烈热失控温度和最高温度。当电池达到自放热温度后，内部反应速率在开始阶段很低，随着一系列的加速阶段后逐渐提高（该孵化过程的时间通常从数小时到十几小时不等，时间长短取决于电池自身材料体系、SOC 和老化状态等因素）。一旦达到触发温度，失效将会很快发生。

任务小测

（1）电池出厂一致性好坏对电池_____、_____和_____有影响。

（2）随着环境温度的升高以及电流倍率的减小，电池的充入容量逐渐_____。

（3）电池寿命包括_____和_____2 部分，而循环寿命测试又可分为 2 部分，即_____和_____。

（4）电池的安全性测试包括_____、_____ 和_____测试 3 部分，如_____、_____、_____、_____、_____、_____、_____等。

任务2 动力电池系统开发性验证

学习内容

（1）系统功能测试；

（2）系统壳体防护功能；

（3）电性能；

（4）可靠性、安全性；

（5）热管理系统开发性试验验证方法；

（6）电磁兼容（Electro Magnetic Compatibility，EMC）开发性试验验证方法。

能力要求

（1）掌握系统功能测试方法；

（2）掌握系统壳体防护功能测试方法；

（3）掌握电性能测试方法；

（4）掌握可靠性、安全性测试方法；

（5）掌握热管理系统开发性试验验证方法；

（6）掌握 EMC 开发性试验验证方法。

任务引入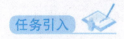

小张是某电池制造企业的实习生，工作内容是电池测试，他的指导师傅老王要求小张能够熟悉电池系统开发验证测试方法，并能进行测试操作。

作为电池测试人员需要对电池系统开发验证测试非常熟悉，结合教材和收集资料，对电池系统开发验证测试内容进行总结，在学习小组或班级进行交流汇报。

电池系统的开发过程中的验证测试，应该力求简单、高效、准确，在尽量控制开发成本的基础上完成系统的研发验证测试，确保系统能够满足设计功能，实现设计目标。

对于电池系统的开发性验证测试，应该关注的方面包括：系统功能、系统壳体防护功能、电性能、可靠性、安全性等。

系统功能测试主要是验证电池系统的基本功能和采样精度等方面；系统的壳体防护功能主要针对电池系统的外壳，验证壳体对电池系统的保护功能；电性能指验证电池系统的基本电性能是否能够满足设计目标；可靠性方面涵盖机械可靠性、环境可靠性和保护可靠性等方面，全方位验证电池系统能否满足可靠性设计目标；安全性测试是验证电池系统在极端滥用的情况下的安全性及对成员的保护能力。

一、系统功能

系统功能测试以验证电池系统的基本功能和采样精度为主要内容。电池系统能够对系统电压、最小监控单元的电压、系统工作电流、系统温度、系统的绝缘电阻、系统的荷电状态（SOC）等重要参数进行测量，并满足系统设计的目标精度。

1. 电压采集功能及精度

对系统电压和最小监控单元的电压的采集功能是系统的重要指标，其精度直接关系系统运行的稳定性和可靠性。

电压采集主要靠电压传感器实现，为验证系统电压采集功能，建议在不同的温度环境和不同的 SOC 下分别进行。如表 4-10 所示为电压采集功能验证表，分别在高温、常温、低温环境下测试电池系统在不同 SOC 下的采集功能和精度。

表 4-10　电压采集功能验证表

SOC	高温（50 ℃）	常温	低温（-20 ℃）
高 SOC（90%）			
中 SOC（50%）			
低 SOC（10%）			

2. 工作电流采集功能及精度

电流采集功能及精度测试在于验证电池系统充放电电流采集功能和采集精度。

电流采集功能和精度主要依靠电流传感器保证。为验证系统的电流采集功能和精度，建议在不同温度下对电池系统进行全电流范围的采集和对比。

温度环境为高温、常温和低温。

对于 0~10 A 的小电流范围，以 0.5 A 为步长，验证电流采集功能和精度，如图 4-12 所示。

对于 10 A~I_{max} 的电流范围，以 5 A 为步长，验证电流采集功能和精度，如图 4-13 所示。

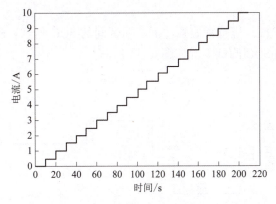

图 4-12　小电流范围电流采集功能和精度验证

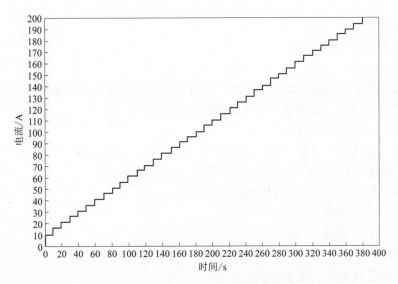

图 4-13　大电流范围电流采集功能和精度验证

3．温度采集功能及精度

温度采集功能及精度测试在于验证电池系统在不同温度条件下的温度采集功能和精度。

温度采集主要靠温度传感器实现，为验证系统的温度采集功能和精度，建议对电池系统进行全温度范围的验证。

温度范围 $T_{min} \sim T_{max}$，以 5 ℃ 为步长，验证在不同温度条件下的温度采集功能和精度。

4．绝缘电阻采集功能及精度

绝缘电阻采集功能验证电池系统绝缘电阻的采集功能和精度。

5．荷电状态（SOC）估算功能及精度

SOC 估算功能及精度是验证电池系统在不同的温度条件下的对荷电状态的估算精度。

具体试验方法可以参照 QC/T 897—2011《电动汽车用电池管理系统技术条件》进行。建议在不同温度下分别进行，涵盖低温、常温和高温环境。

1）常温放电容量测试

参照 QC/T 897—2011，对电池系统的常温放电容量进行测试，并记录放电量 Q_0。

2）常温 SOC 测试

参照 QC/T 897—2011，进行常温条件下不同区间的 SOC 测试：SOC>80%，30%<SOC<80%，SOC<30%。常温 SOC 测试工况如图 4-14 所示。

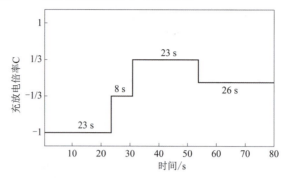

图 4-14 常温 SOC 测试工况

3）高温和低温下 SOC 测试

（1）SOC≥80%。

①在室温环境下按照企业规定的充电方法将电池组系统充电至满电状态；

②静置大于 30 min，且电池组系统检测的最高温度点小于 30 ℃；

③以（$1Q_0$）A 放电 10 min；

④在低温（或高温）环境下静置 24 h（16 h）或达到温度均衡；

⑤采用如图 4-14 所示的充放电工况，进行 10 个循环测试；

⑥在室温环境下静置 8 h 或者达到温度均衡；

⑦以（$Q_0/3$）A 充电 20 min；

⑧以（$Q_0/6$）A 充电 10 min；

⑨静置 10 min；

⑩记录电池管理系统上报 SOC 值；

⑪按照步骤标准将电池组系统充电至满电状态，记录充电量 Q_{01}；

⑫SOC 真值按（Q_0-Q_{01}）/Q_0 计；

（2）30%<SOC<80%。

①在室温环境下按照企业规定的充电方法将电池组系统充电至满电状态；

②静置大于 30 min，且电池组系统检测的最高温度点小于 30 ℃；

③以（$1Q_0$）A 放电 15 min；

④在低温（或高温）环境下静置 24 h（16 h）或达到温度均衡；

⑤采用如图 4-14 所示的充放电工况，进行 10 个循环测试；

⑥在室温环境下静置 8 h 或者达到温度均衡；

⑦记录电池管理系统上报 SOC 值；

⑧按照步骤标准将电池组系统放电，记录放电电量 Q_1；

⑨SOC 真值按 Q_1/Q_0 计；

（3）SOC≤30%。

①在室温环境下以可用容量测试时所采用的充电规范将电池组系统充电至满电状态；

②静置大于 30 min，且电池组系统检测的最高温度点小于 30 ℃；

③以（$1Q_0$）A 放电 40 min；

④在低温（或高温）环境下静置 24 h（16 h）或达到温度均衡；

⑤采用如图 4-14 所示的充放电工况，进行 10 个循环测试；

⑥在室温环境下静置 8 h 或者达到温度均衡；

⑦记录电池管理系统上报 SOC 值；

⑧按照步骤标准将电池组系统放电，记录放电电量 Q_1；

⑨SOC 真值按 Q_1/Q_0 计。

二、系统壳体防护功能

系统壳体防护功能主要是验证动力电池系统壳体的保护功能以及壳体的耐腐蚀功能，主要包括防尘、防水、碎石冲击、阻燃、耐腐蚀等内容。

1. 防尘

壳体防尘功能测试主要参照 GB 4208—2017《外壳防护等级（IP 代码）》完成。标准中规定了防尘等级分为 IP0X～IP6X 七个等级，IP0X 要求最低，为无防护；IP6X 为最高等级，要求无灰尘进入。如表 4-11 所示为防止固体进入的防护等级。

通常情况下，电动汽车用的动力电池系统均要求"IP6X 尘密"级别，即试验过程中无灰尘进入。试验在防尘箱内进行，如图 4-15 所示，试验持续时间为 8 h。试验后，壳内无明显的灰尘沉积，即认为试验合格。

表 4-11 防止固体进入的防护等级

特征数字	简要说明	含义
0	无防护	—
1	防止直径不小于 50 mm 的固体异物	直径 50 mm 球形物体试具不得完全进入壳内
2	防止直径不小于 12.5 mm 的固体异物	直径 12.5 mm 的球形物体试具不得完全进入壳内
3	防止直径不小于 2.5 mm 的固体异物	直径 2.5 mm 的物体试具不得完全进入壳内
4	防止直径不小于 1.0 mm 的固体异物	直径 1.0 mm 的物体试具不得完全进入壳内
5	防尘	不能完全防止尘埃进入，但进入的灰尘量不得影响设备的正常运行，不得影响安全
6	尘密	无灰尘进入

图 4-15 动力电池系统 IP6X 防尘试验示例

2. 防水

壳体防水功能测试主要参照 GB 4208—2017《外壳防护等级（IP 代码）》完成。

标准中规定了防水等级分为 IPX0~IPX8 9 个等级，IPX0 要求最低，为无防护；IPX8 为最高等级，要求防持续潜水影响。如表 4-12 所示为防止水进入的防护等级。

表 4-12　防止水进入的防护等级

特征数字	简要说明	含义
0	无防护	—
1	防止垂直方向滴水	垂直方向滴水应无有害影响
2	防止当壳体在 15°范围内倾斜时垂直方向滴水	当外壳的各垂直面在 15 ℃范围内倾斜时，垂直滴水应无有害影响
3	防淋水	各垂直面在 60°范围内淋水，无有害影响
4	防溅水	向外壳各方向溅水无有害影响
5	防喷水	向外壳各方向喷水无有害影响
6	防强烈喷水	向外壳各个方向强烈喷水无有害影响
7	防短时间浸水影响	浸入规定压力的水中经规定的时间后外壳进水量不致达到有害程度
8	防持续潜水影响	按生产厂和用户双方同意的条件（应比特征数字 7 时严酷） 持续潜水后外壳进水量不致达到有害程度

通常情况下，电动汽车用动力电池系统均要求满足"IPX7 防短时间浸水影响"等级。动力电池系统 IPX7 防水试验示例如图 4-16 所示，具体试验方法为：

（1）对于高度小于 850 mm 的样品，要求其外壳的最低点低于水面 1 000 mm；

（2）对于高度等于或大于 850 mm 的要求，要求其外壳的最高点低于水面 150 mm；

（3）试验持续时间 30 min。

图 4-16　动力电池系统 IPX7 防水试验示例

3. 碎石冲击

针对壳体表面涂层的碎石冲击试验，SAE J400 规定了砂石（砂砾）冲击试验，在 JASO M104 中也有相关的规定。

试验中，砂砾通过喷气喷向试料，如图4-17所示。试验中采用的砂砾大小为9~15 mm的花岗岩，撞击到倾斜角为20°的试验样品上。通常情况下，试验中喷气的空气压力为(0.2±0.02)MPa，喷射压力为(20.4±0.03)MPa，砂砾量约为850g，试验次数为3次或者5次。

图4-17　动力电池系统碎石冲击试验示例

4. 阻燃特性试验

对于动力电池系统的阻燃特性试验，主要是验证动力电池系统使用的绝缘材料以及线束、线缆等材料的阻燃特性，具体试验方法和要求参照《新能源客车技术条件》，如下所述。

（1）B级电压部件所用绝缘材料的阻燃性能应符合GB/T 2408—2021规定的水平燃烧HB级，垂直燃烧V-0级。B级电压电缆防护用波纹管及热收缩双壁管的温度等级应不低于125℃，热收缩双壁管的性能应符合QC/T 29106—2014中附录B的要求，波纹管的性能应符合QC/T 29106—2014中附录D的要求。

（2）可充电储能系统内应使用阻燃材料，阻燃材料的阻燃等级应达到GB/T 2408—2021规定的水平燃烧HB级，垂直燃烧V-0级。

5. 耐腐蚀

动力电池系统壳体材料的耐腐蚀试验主要参照ISO 16750-5：2023进行。

腐蚀试验的目的主要是验证壳体材料的耐腐蚀能力，研究其使用寿命，并选择有效的防腐措施，提高壳体的防腐能力。

耐腐蚀试验主要分为三大类：试验室试验、现场试验和实物试验。

试验室试验是有目的地将小型试验在人工配制的受控制的环境介质条件下进行腐蚀试验。

现场试验是将专门制备的样件置于现场的实际环境进行腐蚀试验。

实物试验是将材料制成实物部件、设备或者装置，在现场的实际应用下进行腐蚀试验。

通常情况下，以试验室试验方式为主要试验手段。一般采用3~12个平行试验，通常采用5个，试验尺寸要求为：

（1）矩形：50 mm×25 mm×(2~3)mm；

（2）圆盘形：ϕ(30~40)mm×(2~3)mm；

（3）圆柱形：ϕ10 mm×20 mm。

对于电动汽车用动力电池系统壳体，应根据实际情况选择合适的腐蚀液，诸如汽油、机油、电池电解液等。

三、电性能

电性能测试以测试动力电池系统的基本电性能为主，验证其是否符合动力电池系统的设计目标，是否满足车辆实际需求。

电性能测试包括容量和能量测试、功率和内阻测试、能量效率测试、启动测试、自放电测试、充电接受能力测试、寿命测试等内容。

对动力电池系统进行测试时，通常会设计温度均衡过程。一般情况下，常温设定为（25±2）℃。在低温下，建议静置至少24 h，或者样品温度达到均衡状态。在高温下，建议至少静置16 h，或者样品温度达到均衡状态。

在对电池系统进行充放电操作时，根据整车实际使用工况，由系统集成方制定充放电机制。

标准充电：根据制造商规定的充电机制充电至充电截止条件，静置至少30 min；

标准放电：根据制造商规定的放电机制放电至放电截止条件，静置至少30 min；

标准循环：在室温条件下，包括标准充电和标准放电过程。

1. 容量和能量测试

容量和能量测试的主要目的在于测定电池系统在不同条件下的可用容量和能量。一般情况下，对测试结果影响较大的是环境温度，同时放电机制也会有一定的影响。因此本部分内容将着重从环境温度出发，验证电池系统在不同条件下的可用容量和能量，以及在不同的放电机制下电池系统的性能指标。

对于环境条件，以低温、常温、高温3种不同条件为主，常温为25 ℃，低温和高温根据整车实际使用情况确定。对于放电机制，采用恒流放电和恒功率放电2种不同条件。

通常情况下，在相同的温度下，放电率越大，系统的放电容量越小。如图4-18所示为相同温度下不同倍率放电容量曲线。

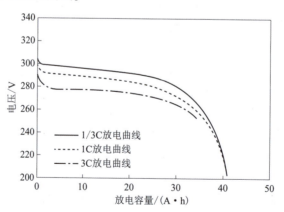

图4-18 相同温度下不同倍率放电容量曲线

在不同的温度下进行试验时，需要充分研究电池系统的使用状态。通过试验，模拟车辆实际使用中可能发生的情况。例如在低温下进行测试，主要是验证电池系统在低温环境下搁置一段时间后系统的低温性能。对于液冷系统，车辆在发动后，车辆的冷却液会开始循环，对系统内部的热环境产生影响。因此，对于特殊情况应该根据车辆的实际状态确定冷却系统的运行状态，确保试验结果能够反映车辆实际使用的状态。

在不同的温度下进行试验时，通常情况下，环境温度越低，系统的放电容量越少。如图 4-19 所示是不同温度下电池系统 1C 放电容量曲线。

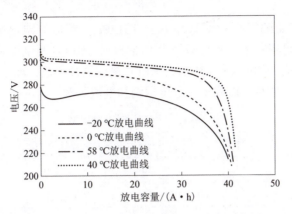

图 4-19　不同温度下电池系统 1C 放电容量曲线

2. 功率和内阻测试

电池系统的功率和内阻测试主要是测定电池系统在不同温度下电池系统的可用功率和直流内阻情况。主要测试标准包括 ISO 12405 系列标准和 FreedomCAR 电池测试手册。

ISO12405 规定功率和内阻测试分别在高温、低温和常温环境下进行，动力电池系统 SOC 可选择为 90% 或制造商规定的最高允许状态，50%，20% 或制造商规定的最低允许状态。测试工况参数如表 4-13 所示，测试工况示意图如图 4-20 所示。

表 4-13　测试工况参数

时间增加量/s	累计时间/s	电流/A
0	0	0
18	18	I'_{max} (SOC, T, t)
102	120	$0.751I'_{max}$ (SOC, T, t)
40	160	0
20	180	$-0.75I'_{max}$ (SOC, T, t)
40	220	0

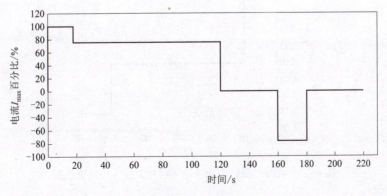

图 4-20　测试工况示意图

详细测试步骤可参阅 ISO 12405 系列标准，需要注意的是，在高低温环境下进行功率和内阻测试时，需要在常温状态下进行 SOC 调节，然后在目标环境温度下进行温度均衡，最后进行相应测试。

FreedomCAR 中规定的混合功率脉冲测试（HPPC）可以测定电池系统 10%SOC～90% SOC 下的直流内阻和可用功率，SOC 间隔为 10% SOC。HPPC 测试也是行业中使用最为广泛的内阻和功率测试方法。如表 4-14 所示为 HPPC 测试脉冲参数，如图 4-21 和图 4-22 分别是 HPPC 测试中脉冲功率特性曲线——电压示例和电流示例。

表 4-14　HPPC 测试脉冲参数

持续时间	累积时间	电流倍率
10	10	1.00
40	50	0
10	60	−0.75

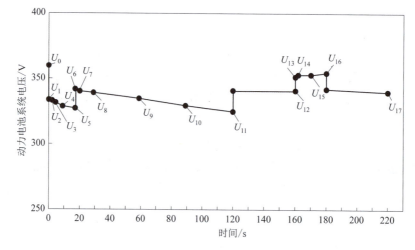

图 4-21　HPPC 测试中脉冲功率特性曲线——电压示例

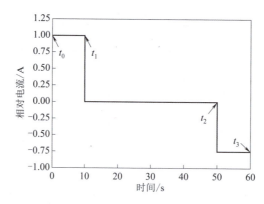

图 4-22　HPPC 测试中脉冲功率特性曲线——电流示例

HPPC 测试中的 SOC 间隔为 10%，整个测试过程中电流变化示意如图 4-23 所示。在测定功率和内阻的同时，可以得到 HPPC 测试直流内阻测试结果曲线和 HPPC 测试可用功率测试结果曲线，分别如图 4-24 和图 4-25 所示。

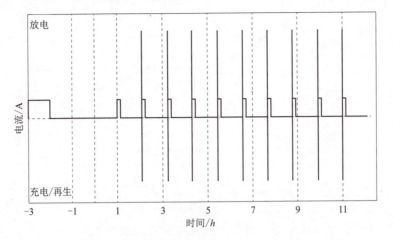

图 4-23   HPPC 测试过程中电流变化示意图

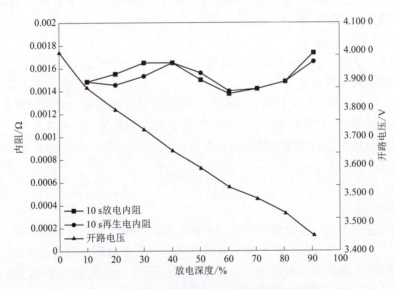

图 4-24   HPPC 测试直流内阻测试结果曲线

3. 能量效率测试

针对不同的应用类型，能量效率测试方法各不相同。对于高功率应用，能量效率测试偏重于验证系统对高倍率回馈能量的回收和利用；对于高能量应用，偏重于验证不同充电机制下的充电性能。

1）高功率应用

对于高功率应用类型，能量效率主要用于验证在不同环境温度下动力电池系统在不同 SOC 状态时回收和利用高倍率回馈能量的能力。环境温度分为低温、常温和高温，电池系统的 SOC 状态主要根据整车实际使用状态确定，推荐使用 65%，50%，35%等。

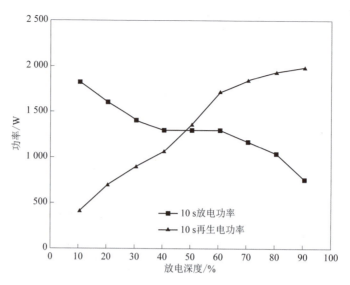

图 4-25　HPPC 测试可用功率测试结果曲线

能量效率的测试过程由电量相互中和的放电脉冲和充电脉冲及静置过程组成。

（1）20C 或 I_{max}（取两者之间较大值）恒流放电，持续 12 s；

（2）静置 40 s；

（3）15C 或 0.75I_{max}（取两者之间较大值）恒流充电，持续 16s；

能量效率按下述步骤计算：

对步骤（1）和步骤（3）中的电流和电压的乘积对时间积分，分别计算出蓄电池系统放电脉冲输出的能量 E_o 和充电脉冲过程输入的能量 E_i，单位为 W·h。

按下式计算高功率动力电池系统能量效率（%）。

$$\eta = \left| \frac{E_o}{E_i} \right| \times 100\% \tag{4-3}$$

2）高能量应用

对于高能量应用类型，能量效率主要用于验证不同环境温度下充电的性能。在常温、高温和低温条件下，以制造商规定的充电机制进行充电，直至达到充电截止条件，然后在常温条件下，以相同的放电机制进行放电，验证不同条件下的充电可用容量和能量。如表 4-15 所示为针对某款样品进行能量效率测试结果。如图 4-26 所示为能量效率测试中不同温度下充电能量曲线。

表 4-15　针对某款样品进行能量效率测试结果

序号	试验温度/℃	试验电流/A	充电能量/(W·h)	放电能量/(W·h)	能量效率/%
1	25	1C	12.16	11.52	94.78
2	0	1C	11.94	11.15	93.34
3	-20	1C	11.49	10.34	89.95

4. 启动测试

动力电池系统的启动能力主要是验证在低温和低 SOC 下的启动功率输出能力。启动能

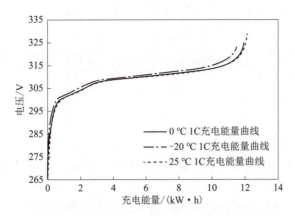

图 4-26　能量效率测试中不同温度下充电能量曲线

力测试以恒压放电的方式进行，并将制造商规定的最大脉冲放电电流作为电流上限，采集放电脉冲末端的电压 U 和电流 I，根据以下公式计算动力电池系统的低温启动功率。

第 i 次恒压放电平均功率：

$$P'_i = \frac{\sum U \times I}{n} \tag{4-4}$$

低温启动功率：

$$P' = \frac{P'_1 + P'_2 + P'_3}{3} \tag{4-5}$$

5. 自放电性能

自放电性能在于验证动力电池系统在长期搁置状态下的荷电保持能力以及荷电恢复能力，同时自放电性能测试中最小监控单元的电压差可以作为系统内部是否有内短路隐患的依据。在搁置过程中，断开动力电池系统的高压连接、低压连接，关闭冷却系统及其他必要的连接装置。系统的 SOC 可依据具体情况确定。试验温度为 45 ℃，试验周期为 168 h 和 720 h。具体测试流程如下：

（1）在常温环境下，以设定的放电机制将电池系统放电至规定的放电截止条件；

（2）静置不小于 30 min；

（3）以设定的充电机制将电池系统充电至满电态；

（4）静置不小于 30 min；

（5）调整 SOC 至目标值；

（6）将电池系统置于 45 ℃ 环境中 168 h 或 720 h；

（7）在常温环境中静置不少于 8 h；

（8）在常温环境下，以设定的放电机制将电池系统放电至规定的放电截止条件；

（9）静置不小于 30 min；

（10）以设定的充电机制将电池系统充电至满电态；

（11）静置不小于 30 min；

（12）在常温环境下，以设定的放电机制将电池系统放电至规定的放电截止条件；将测试结果记录在表4-16中。

表4-16　自放电性能测试结果记录

序号	试验周期/h	SOC 值	搁置前电压差	搁置后电压差	剩余容量	恢复容量	备注
1	168						
2	720						

6. 充电接受能力

充电接受能力测试为验证动力电池系统在不同状态下的可充电能力，主要分为2种充电制式，慢充和快充。

慢充是指系统设计目标中设定的以较低倍率进行充电的制式。

快充是指系统设计目标中设定的以较高倍率进行充电的制式。

1）慢充电接受能力测试

分别在低温、常温、高温环境下进行测试。

在指定温度下进行慢充电接受能力测试时，重点在于考核充电的容量和能量，以及充电时间。具体测试流程如下：

（1）常温条件下，以相同的放电机制将电池系统放电至规定的放电截止条件；

（2）在目标温度下静置；

（3）在目标温度环境下，以设定的充电方式对电池系统进行充电，直至达到充电截止条件，记录充电容量、充电能量和充电时间 t；

（4）在常温环境下静置至温度均衡；

（5）在常温环境下，以相同的放电机制将电池系统放电至规定的放电截止条件，记录放电容量和放电能量。

测试完成后，将相应的测试结果记录在表4-17中。

表4-17　慢充电接受能力测试试验结果记录

序号	环境	充电时间	充电容量	充电能量	放电容量	放电能量	备注
1	低温						
2	常温						
3	高温						

根据表4-17中记录的试验结果，可以对充电效率进行分析。

2）快充电接受能力测试

高倍率快速充电通常情况下是在系统运行一段时间后，在 SOC 偏低状态下进行的大倍率快速充电行为。以设计的目标倍率，在低温、常温和高温环境下分别进行测试。

在指定温度下进行快充电接受能力的测试时，重点在于考核系统接受大倍率充电的能力。具体测试流程如下：

（1）常温条件下，以相同的放电机制将电池系统放电至规定的放电截止条件；

（2）在目标温度下静置；

（3）在目标温度环境下，以设定的充电方式对电池系统进行充电，直至达到充电截止条件，记录充电容量、充电能量、充电时间 t、充电结束时系统内部温差；

（4）在常温环境下静置至温度均衡；

（5）在常温环境下，以相同的放电机制将电池系统放电至规定的放电截止条件，记录放电容量和放电能量。

测试完成后，将相应的测试结果记录在表4-18中。

表4-18　快充电接受能力测试试验结果记录

序号	环境	充电时间	充电容量	充电能量	系统温差	放电容量	放电能量	备注
1	低温							
2	常温							
3	高温							

7. 寿命测试

对于动力电池系统的寿命测试，建议以 GB/T 31484—2015《电动汽车用动力蓄电池循环寿命要求及试验方法》中的工况寿命测试方法为基础，增加容量和能量、功率和内阻等测试。

工况寿命测试可以在一定程度上体现在快速充放电模拟工况下动力电池系统的寿命变化趋势。

容量和能量、功率和内阻测试可以对动力电池系统的基本性能进行参数标定，并将容量、能量、内阻、功率等参数作为电池系统寿命变化的表征参数。

在对动力电池系统的寿命参数进行分析时，质量比能量和比功率可以作为重要参数予以考虑。

以纯电动乘用车工况为例，具体测试流程如下：

（1）常温容量和能量测试；

（2）常温功率和内阻测试；

（3）电池系统参照表4-19进行工况循环100次；

（4）重复步骤（1）～（3），直至系统性能衰减至设定值。

表4-19　纯电动乘用车用蓄电池工况循环寿命测试步骤

步骤	试验内容
1	按照企业规定的方法充电
2	搁置 30 min
3	运行"主放电工况"直到-20% SOC 或者企业规定的最低 SOC，或企业规定的放电终止条件
4	搁置 30 min
5	重复步骤 1~4 共 x 小时（x 约为 20）
6	搁置 2 h
7	重复步骤 1~7 共 6 次
8	按照 GB/T 31484—2015 中规定的方法测试容量和能量
9	重复步骤 1~9，直至总放电能量与电池初始能量的比值达 500
10	按照 GB/T 31484—2015 中规定的方法测试容量和能量

注：如果步骤8中测试的放电容量低于初始容量的90%，允许维护一次（不更换电池），然后再重复步骤8，如仍不满足条件，则提前终止试验。

主放电工况参数表如表 4-20 所示。

表 4-20　主放电工况参数表

时间增量/s	累计时间/s	电流/A	ASOC/%
5	5	3C	-0.417
3	8	-1C	-0.333
6	14	-1/3C	-0.278
40	54	1/3C	-0.648
30	84	1/2C	-1.065
10	94	1C	-1.343

主放电工况示意图如图 4-27 所示。

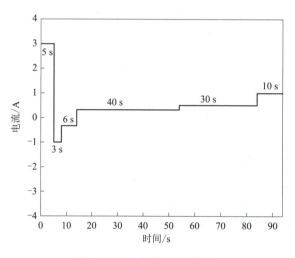

图 4-27　主放电工况示意图

四、可靠性

可靠性测试主要是验证动力电池系统在不同的使用条件下可靠运行的能力，包括机械可靠性、环境可靠性、保护可靠性等内容。

1. 机械可靠性测试

机械可靠性测试主要是通过模拟不同的运行条件，验证动力电池系统在振动、机械冲击、模拟碰撞等条件下的可靠性。

1）振动

振动试验主要采用两种振动方式：扫频振动和随机振动。扫频振动是指用一个连续变化但不间断的频率进行振动的测试方法。随机振动是指未来任一给定时刻的瞬时值不能预先确定的机械振动。

通常情况下，扫频振动主要用于：

（1）产品振动频响的检查（即最初共振检查），确定共振点及工作的稳定性，找出产品共振频率，以便进行耐振处理；

（2）耐扫频处理，当产品在使用频率范围内无共振点时，或有数个不明显的谐振点，必须进行耐扫频处理，扫描处理方式在低频段采用定位移幅值，高频段采用定加速度幅值的对数连续扫描，其交越频率一般在 55~72 Hz，扫频速率一般按每分钟一个倍频进行；

（3）共振检查，以产品振动频响检查相同的方法检查产品经耐振处理后，各共振点有无改变，以确定产品通过耐振处理后的可靠程度。

典型的用于电动汽车电池系统的扫频振动方法可以参照 ECE R100，简要描述如下：

在（20±10）℃环境下，采用正弦波形对电池系统进行 Z 轴向 7~50 Hz 对数扫频振动，持续时间 3 h。

试验后，对电池系统进行一个标准充放电循环。

要求无电解液泄漏，无破裂，不起火，不爆炸，电池系统绝缘电阻不低于 100 Ω/V。

但是在电动汽车使用过程中，电池系统经受的是随机振动，因此在考核电池系统振动疲劳耐久性时，应该侧重研究随机振动条件下系统的可靠性。国内外测试标准或规范中对随机振动有较多描述，如 ISO12405-3，SAE J2380，GB/T 31467.3—2015 等。

随机振动通常采用 X，Y，Z 3 个轴向分别施振的方式进行。由于电池系统在每个方向上的振动强度各有差别，因此不同方向的振动图谱各有差别，如图 4-28 所示为蓄电池包或系统的振动测试功率谱密度曲线。

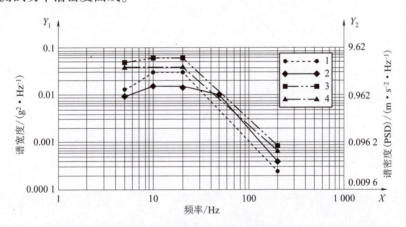

1：水平纵向 PSD X；2：水平横向 PSD Y；3：水平横向 PSD Y；4：纵向 PSD Z

图 4-28　蓄电池包或系统的振动测试功率谱密度曲线

与此同时，由于电池系统配套车型的不同，系统在车上的安装位置也会有所区别。单个标准已经无法覆盖所有车型的振动强度。所以目前大部分车企和科研机构正在对多个车型的实际振动路谱进行采集，通过分析研究不同车型的振动强度，制定更加符合实际工况的振动曲线。

2）机械冲击和模拟碰撞

机械冲击和模拟碰撞试验都是考核电池系统在经受惯性载荷影响的情况下的可靠性。机械冲击侧重于垂直方向，模拟车辆过不平路面或其他情况下车辆受到冲击时电池系统受到的 Z 向冲击载荷。模拟碰撞是验证车辆以一定的车速发生碰撞时在水平方向上受到的惯性载荷。

在国内外测试规范和标准中均有机械冲击的测试方法，各方法对比如表 4-21 所示。

表 4-21　国内外标准中机械冲击测试方法对比

序号	标准	加速度值/(m·s⁻²)	脉冲时间/ms	方向	备注
1	ISO 6469-1：2019	50g	6	Z	
2	GB 38031—2020	25g	15	Z	
3	UL 2580	25g	15	X、Y、Z	

机械冲击试验，主要是验证在 Z 轴方向上电池系统的可靠性。在对样品施加一定的冲击载荷后，观察试验现象。一般情况下，要求试验后动力电池系统安装可靠，无松动或脱落，无漏液，无着火，无爆炸等。

在验证试验中遇到最多的问题是试验后样品连接处断裂等现象。

针对动力电池系统的模拟碰撞试验，国内外的测试规范和标准的方法比较一致，均沿用了 ECE R100 中的规定。加速度脉冲示意图如图 4-29 所示。模拟碰撞试验脉冲参数表如表 4-22 所示。

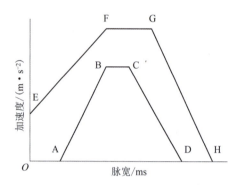

图 4-29　加速度脉冲示意图

表 4-22　模拟碰撞试验脉冲参数表

序号	脉宽/ms	≤3.5g		3.5g~7.5g		≥7.5g	
		x 方向加速度/(m·s⁻²)	y 方向加速度/(m·s⁻²)	x 方向加速度/(m·s⁻²)	y 方向加速度/(m·s⁻²)	x 方向加速度/(m·s⁻²)	y 方向加速度/(m·s⁻²)
A	20	0g	0g	0g	0g	0g	0g
B	50	20g	8g	10g	5g	6.6g	5g
C	65	20g	8g	10g	5g	6.6g	5g
D	100	0g	0g	0g	0g	0g	0g
E	0	10g	4.5g	5g	2.5g	4g	2.5g
F	50	28g	15g	17g	10g	12g	10g
G	80	28g	15g	17g	10g	12g	10g
H	120	0g	0g	0g	0g	0g	0g
重力加速度 g≈9.80 m/s²。							

2. 环境可靠性测试

环境可靠性测试是通过模拟不同的环境条件，验证电池系统在高温、低温、高温高湿、温度骤变、盐雾等环境下的可靠性。

1）耐高温

该试验主要是验证电池系统在开路状态下的耐高温性能。

试验参照 IEC 60068-2-2 中的 B 部分进行，试验温度为 85 ℃，试验持续时间为 48 h。试验后，电池系统恢复至常温状态，要求功能正常。

2）耐低温

该试验主要是验证电池系统在开路状态下的耐低温性能。

试验参照 IEC60068-2-1 中的 A 部分进行，试验温度为 -40 ℃，试验持续时间为 24 h。试验后，电池系统恢复至常温状态，要求功能正常。

3）温湿循环

参考 GB/T 2423.4—2008 执行试验，温湿度循环如图 4-30 所示。其中最高温度是 80 ℃，循环次数是 5 次。在室温下观察 2 h。

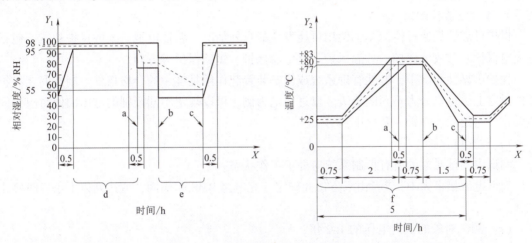

a—升温结束；b—降温开始；c—推荐温湿度值；d—冷凝；e—干燥；f—一个循环周期

图 4-30　温湿度循环

4）快速温变

测试对象置于 -42~87 ℃ 的交变温度环境中，两种极端温度的转换时间在 30 min 内。测试对象在每个极端温度环境中保持 24 h，循环 5 次。在室温下观察 2 h。

5）温度冲击

测试对象置于 -42~87 ℃ 的交变温度环境中，两种极端温度的转换时间在 1 min 内。测试对象在每个极端温度环境中保持 24 h，循环 5 次。在室温下观察 2 h。

6）盐雾

盐雾试验主要是考核电池系统的抗盐雾腐蚀能力，也可以用于评定保护性涂层的质量以及均匀性。盐雾试验主要分为两种模式：连续喷雾和间歇喷雾。盐雾测试仓如图 4-31 所示。

图 4-31　盐雾测试仓

（1）连续喷雾。

参照 GB/T 2423.17—2008 进行，温度应维持在（35±2）℃。盐溶液采用氯化钠（化学纯、分析纯）和蒸馏水或去离子水配置，其质量分数为（5±0.1）%。（20±2）℃下测量 pH 为 6.5~7.2。试验周期可选 16 h，24 h，48 h，96 h，168 h，336 h，672 h。

（2）间歇喷雾。

参照 GB/T 2423.18—2021 严酷等级（5）进行 4 个试验循环。盐溶液采用氯化钠（化学纯、分析纯）和蒸馏水或去离子水配置，其质量分数为（5±0.1）%。（20±2）℃下测量 pH 值为 6.5~7.2。

将测试对象放入盐雾箱，在 15~35 ℃下喷盐雾 2 h。喷雾结束后，将测试对象转移到湿热箱中储存 20~22 h，温度为（40±2）℃，相对湿度为（93±3）%，组成一个循环。将这一循环再重复 3 次，然后在试验标准大气条件（温度为 23 ℃±2 ℃，相对湿度为 45%~55%）下储存 3 天，组成 1 个周期。重复进行 4 个周期测试。

3. 保护可靠性测试

保护可靠性是通过模拟车辆使用可能发生的意外情况，验证电池系统的保护功能，包括过充电保护、过放电保护、过温保护、过电流保护、短路保护等方面。

保护可靠性测试中，电池管理系统或保护装置起作用是唯一的合格条件。制造商在保护条件设定上，可以分为不同的等级。以过充电为例，可以规定不同级别的电压阈值对应不同的动作——提示、报警、开继电器等。

1）过充电保护

测试中测试对象的所有控制系统应处于工作状态。

充电电流倍率为 1C 或者由双方协商确定，充电至 BMS 起作用，或达到以下条件时停止试验：

（1）测试对象的最高电压的 1.2 倍；

（2）SOC=130%；

（3）超过厂家规定的最高温度 5 ℃；

（4）出现其他意外情况。

2）过放电保护

测试中测试对象的所有控制系统应处于工作状态。

标准放电至放电截止条件，继续以 1C（不超过 400 A）放电，直至 BMS 起作用，或达到以下条件时停止试验：

（1）总电压低于额定电压的 25%；

（2）过放电时间超过 30 min；

（3）超过厂家规定的最高温度 5 ℃；

（4）出现其他意外情况。

3）过温保护

测试中测试对象的所有控制系统处于工作状态。

测试温度为测试对象最高工作温度，以测试对象允许的最大持续充放电电流进行充放电试验，直至 BMS 起作用，或达到以下条件时停止试验：

（1）超过最高工作温度 10 ℃；

（2）在 1 h 内最高温度变化值小于 4 ℃；

（3）出现其他意外情况。

4）过电流保护

测试中测试对象的所有控制系统处于工作状态。

室温下，逐步增大电池的充/放电电流，当电池电流达到充/放电流保护限值时，BMS起作用，或达到以下条件时停止测试：

（1）超过最大电流限值 10%；

（2）温度达到最高温度限值；

（3）出现其他意外情况。

5）短路保护

测试中测试对象的所有控制系统应处于工作状态。

将测试对象的接线端短路 10 min。

短路电阻不大于 20 mΩ，由双方共同商定，观察 2 h。

五、安全性

安全性测试的目的在于验证动力电池系统在滥用情况下的安全性，最重要的目的在于验证动力电池系统保护自身的能力以及在发生危险情况下对乘员的保护能力。

安全性测试主要包括跌落、挤压、火烧、水浸、热蔓延等测试。

1. 跌落

1）1 m 跌落

测试对象以实际维修或者安装过程中最可能跌落的方向，若无法确定最可能跌落的方向，则沿 Z 轴方向，从 1 m 的高度处自由跌落到水泥地面上，观察 2 h。

2）10 m 高空跌落

测试对象以最可能跌落的方向，若无法确定最可能跌落的方向，则沿 Z 轴方向，从 10 m 的高度处自由跌落到水泥地面上，观察 2 h。

2. 挤压

按下列条件进行加压：

（1）挤压板形式：半径 75 mm 的半圆柱体，半圆柱体的长度大于测试对象的高度，但不超过 1 m。

（2）挤压方向：x 和 y 方向（汽车行驶方向为 x 轴，另一垂直于行驶方向的水平方向为 y 轴）。

（3）挤压程度：挤压力达到 100 kN 或挤压变形量达到挤压方向的整体尺寸的 30% 时停止挤压。

（4）保持 10 min。

（5）观察 1 h。

3. 水浸

室温下，测试对象以实车装配状态与整车线束相连，然后以实车装配方向置于 3.5% NaCl 溶液（质量百分比，模拟常温下的海水成分）中 2 h。水深要足以淹没测试对象。观察 2 h。

对于满足 IPX7 的样品，要求振动试验完成后进行海水浸泡试验。

4. 火烧

1）短时耐火烧试验

测试中，盛放汽油的平盘尺寸超过测试对象水平尺寸20 cm，不超过50 cm。平盘高度不高于汽油表面8 cm。汽油液面与测试对象的距离设定为50 cm，或者为车辆空载状态下测试对象底面的离地高度，或者由双方商定。平盘底层注入水。

在离被测设备至少3 m远的地方点燃汽油，经过60 s的预热后，将油盘置于被测设备下方。如果油盘尺寸太大，无法移动，可以采用移动被测样品和支架的方式。

测试对象直接暴露在火焰下70 s。

将盖板盖在油盘上。测试对象在该状态下测试60 s，或经双方协商同意，继续直接暴露在火焰中60 s。

将油盘移走，观察2 h。

2）长时间耐火烧试验

测试中，盛放汽油的平盘尺寸超过测试对象水平尺寸20 cm，不超过50 cm。平盘高度不高于汽油表面8 cm。汽油液面与测试对象的距离设定为50 cm，或者为车辆空载状态下测试对象底面的离地高度，或者由双方商定。平盘底层注入水。

在离被测设备至少3 m远的地方点燃汽油，经过60 s的预热后，将油盘置于被测设备下方。如果油盘尺寸太大，无法移动，可以采用移动被测样品和支架的方式。

测试对象直接暴露在火焰下20 min。火烧试验过程详见图4-32。

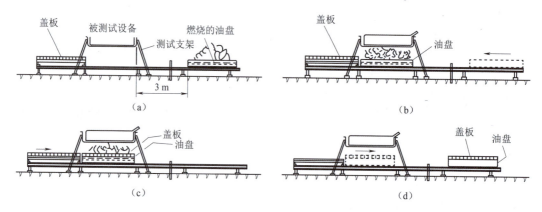

图4-32　短时耐火烧试验过程

（a）阶段A：预热；（b）阶段B：直接与火焰接触；
（c）阶段C：间接与火焰接触；（d）阶段D：实验结束

5. 热蔓延

热蔓延测试主要验证动力电池系统发生热失控时，确保车内乘客的人身安全。

测试对象为整车或完整的车载可充电储能系统或包括蓄电池及电气连接的车载可充电储能系统子系统。如果选择储能系统子系统作为测试对象，则需证明子系统的试验结果能够合理地反映完整的车载可充电储能系统在同等条件下的安全性能。如果储能系统的电子管理单元（BMS或其他装置）没有集成在封装蓄电池的壳体内，则必须保证电子管理单元能够正常运行并发送报警信号。

试验应在以下条件进行：

（1）除另有规定外，试验应在温度为（25±5）℃，相对湿度为15%~90%，大气压力为86~106 kPa的环境中进行。本部分内容所提到的室温，是指（25±2）℃；

（2）试验开始前，测试对象的SOC应调至大于电池厂商规定的正常SOC工作范围的90%或者95%；

（3）试验开始前，所有的试验装置都必须正常运行。若选择过充作为热失控触发方法，需关闭过充保护功能；

（4）试验应尽可能少地对测试样品进行改动，制造商需提交所做改动的清单；

（5）试验应在室内环境或者无风条件下进行。

考虑到试验的可行性和可重复性，以下三种不同的方法可作为动力电池系统热失控扩展试验的候选方法，可从中选择一种方法。加热是其中一种触发方法，另外两个可选方法分别是针刺和过充，两者均只需对动力电池系统做很小的改动。针刺触发要求提前在动力电池系统的外壳上钻孔，过充触发要求在触发对象上连接额外的导线以实现过充。

热失控触发对象：

选择可通过其中一种方法实现热失控触发的单体电池作为热失控触发对象，热失控触发对象在热失控时产生的热量应非常容易传递至相邻单体电池。例如，选择电池包内最靠近中心位置的单体电池，或者被其他单体电池包围且很难产生热辐射的单体电池。

针刺触发热失控：

试验应在如下条件下开展：

刺针材料：钢；

刺针直径：3 mm及8 mm；

针尖形状：圆锥形，角度为20°~60°；

针刺速度：10~100 mm/s；

针刺位置及方向：选择可能触发单体电池发生热失控的位置和方向（例如，垂直于极片的方向）。如果能够发生热失控，也可以直接从单体电池的防爆阀刺入，被针刺穿孔的单体电池称为触发对象。

过充触发热失控：

以最小1/3C、最大不超过电池厂商规定正常工作范围的最大电流对触发对象进行恒流充电，直至其发生热失控或者触发对象达到200% SOC，动力电池系统中的其他单体电池不能被过充。

加热触发热失控：

使用平面状或者棒状加热装置，并且其表面应覆盖陶瓷，金属或绝缘层。对于尺寸与单体电池相同的块状加热装置，可用该加热装置代替其中一个单体电池；对于尺寸比单体电池小的块状加热装置，则可将其安装在模块中，并与触发对象的表面直接接触；对于薄膜加热装置，则应将其始终附着在触发对象的表面；在任何可能的情况下，加热装置的加热面积都不应大于单体电池的表面积；将加热装置的加热面与单体电池表面直接接触，加热装置的位置应与温度传感器的位置相对应；安装完成后，立即启动加热装置，以加热装置的最大功率对触发对象进行加热；加热装置的功率要求如表4-23所示，但不做强制性要求；当发生热失控或者监测点温度达到300℃时，停止触发。

表 4-23　加热装置的功率要求

测试对象能量 $E/(W \cdot h)$	加热装置最大功率/W
$E < 100$	30~300
$100 \leqslant E < 400$	300~1 000
$400 \leqslant E < 800$	300~2 000
$E \geqslant 800$	>600

以下是判定是否发生热失控的条件：

（1）测试对象产生电压降；

（2）监测点温度达到电池厂商规定的最高工作温度；

（3）监测点的温升速率 $dT/dt \geqslant 1 \ ℃/s$

当（1）和（3）或者（2）和（3）发生时，判定发生热失控。

如果测试已经停止，且过程中未发生热失控，测试中止。

电压及温度的监测：

监测触发对象的电压和温度以判定是否发生热失控，监测电压时，应不改动原始的电路。监测温度定义测试过程中触发对象的最高表面温度。温度数据的采样间隔应小于 1 s，准确度要求为±2 ℃，温度传感器尖端的直径应小于 1 mm。

针刺触发时，温度传感器的位置应尽可能接近针刺点，如图 4-33 所示。

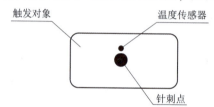

图 4-33　针刺触发时温度传感器的布置位置示意图

过充触发时，温度传感器应布置在单体电池表面与正负极柱等距且离正负极柱最近的位置，如图 4-34 所示。

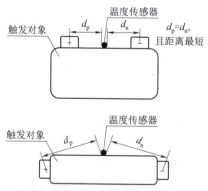

图 4-34　过充触发时温度传感器的布置位置示意图

加热触发时，温度传感器布置在远离热传导的一侧，即安装在加热装置的对侧。如果很难直接安装温度传感器，则将其布置在能够探测到触发对象连续温升的位置，如图 4-35 所示。

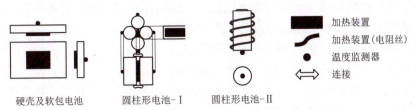

	加热装置
	加热装置（电阻丝）
	温度监测器
	连接

硬壳及软包电池　　　圆柱形电池-Ⅰ　　　圆柱形电池-Ⅱ

图 4-35　加热触发时温度传感器的布置位置示意图

六、热管理系统开发性试验验证方法

通常情况下，锂离子电池放电工作温度为-20~55 ℃，充电温度为 0~45 ℃，如果超出此范围工作，电池寿命会大大降低，甚至会诱发安全问题的出现。整车厂一般将动力电池系统的使用温度控制在 0 ℃以上，在此温度之下会启动加热功能，而在 35 ℃以上会考虑开启制冷功能，以便电池在最"舒适"的温度下工作。

目前实际采用的热管理系统方式有很多种，例如按照能量的来源可分为主动式和被动式，其中，在热管理系统内部能够在低温下提供热源或在高温下提供冷源的方式为主动式，而只能利用周围环境进行加热或冷却的方式称为被动式。按照冷却介质的不同可以分为空气冷却、液体冷却、相变材料冷却、空调制冷、热管冷却以及以上方式的组合等。但是目前并没有针对动力电池系统热管理性能的评价及评价方法。基于实际测试经验，本部分内容提出的动力电池系统热管理性能的测试方法，将从热管理性能和能耗等最重要的方面进行综合测评，从而达到对动力电池系统温度适应性客观、科学评价的目的。以下测试方法和步骤，仅作为了解和参考热管理系统测评基本思路和内容之用，不作为标准内容和针对特定样品进行具体测试评价的依据。

1. 动力电池系统预处理

将动力电池系统按照厂家规定的标准充放电方法进行预处理，测量动力电池系统的放电性能。

2. 动力电池系统热管理性能测试

（1）动力电池系统低温工作性能：

①将动力电池系统充满电后，置于低温环境（例如-20 ℃）中 24 h；

②温度箱保持该温度，启动动力电池系统，并让热管理系统介入，监测动力电池系统最低温度达到 5 ℃时的状态；

③记录动力电池系统（热管理系统）的工作参数及状态；

④计算动力电池系统（热管理系统）的能耗。

（2）动力电池系统高温工作性能：

①将动力电池系统充满电后，置于高温环境（例如 50 ℃）中 24 h；

②温度箱保持在该温度下，启动动力电池系统（热管理系统），监测动力电池系统最高温度达到 30 ℃时的状态；

③记录动力电池系统（热管理系统）的工作参数及状态；

④计算动力电池系统（热管理系统）的能耗。

（3）热管理系统温度均匀性性能：

①将动力电池系统充满电后，置于特定环境（例如 40 ℃）中 24 h；

②温度箱保持在该温度下，对动力电池进行工况循环测试，同时启动热管理系统；

③记录动力电池系统（热管理系统）的工作时间；

④计算动力电池系统（热管理系统）的能耗；

⑤将动力电池系统充满电后，置于特定低温环境（例如 0 ℃）中 24 h；

⑥温度箱保持在该温度下，对动力电池进行工况循环测试，同时启动热管理系统；

⑦记录动力电池系统（热管理系统）的工作时间；

⑧计算动力电池系统（热管理系统）的能耗。

3. 动力电池系统热管理性能评分

根据以上测试结果，对动力电池系统热管理性能进行评分，并形成性能综合评价结果。评分表的一种设计方案如表 4-24 所示，将各部分分数加和即得到总分。该分数用于评价动力电池系统热管理性能的优劣，同时各个部分的得分情况也可以反映动力电池系统在各个单方面能力的强弱。

表 4-24　动力电池系统热管理性能综合评分表

测试项目	参量	参数	得分
动力电池系统低温工作性能	加热时间	$t \leq X_{h1}$ min	Y_{h1}
		X_{h2} min $< t \leq X_{h3}$ min	Y_{h2}
		X_{h3} min $< t \leq X_{h4}$ min	Y_{h3}
		…	…
		$t \geq X_{hn}$ min	Y_{hn}
	能耗	$w \leq n_{h1}\%$	Y_{hw1}
		$n_{h2}\% < w \leq n_{h3}\%$	Y_{hw2}
		$n_{h4}\% < w \leq n_{h5}\%$	Y_{hw3}
		…	…
		$w \geq n_{hn}\%$	Y_{hwn}
动力电池系统高温工作性能	散热时间	$t \leq X_{s1}$ min	Y_{s1}
		X_{s2} min $< t \leq X_{s3}$ min	Y_{s2}
		X_{s3} min $< t \leq X_{s4}$ min	Y_{s3}
		…	…
		$t \geq X_{sn}$ min	Y_{sn}
	能耗	$w \leq n_{s1}\%$	Y_{sw1}
		$n_{s2}\% < w \leq n_{s3}\%$	Y_{sw2}
		$n_{s4}\% < w \leq n_{s5}\%$	Y_{sw3}
		…	…
		$w \geq n_{sn}\%$	Y_{swn}
热管理系统温度均匀性性能	最大温度差	$\Delta T \leq X_{c1}$ ℃	Y_{c1}
		X_{c2} ℃ $< \Delta T \leq X_{c3}$ ℃	Y_{c2}
		X_{c4} ℃ $< \Delta T \leq X_{c5}$ ℃	Y_{c3}
		…	…
		$\Delta T \geq X_{cn}$ ℃	Y_{cn}

七、EMC 开发性试验验证方法

动力电池系统的电磁兼容测试方法与其他汽车零部件测试相比，有以下所述特点。

1. 金属接地平板尺寸要求更大

接地平板在汽车零部件测试过程中用于模拟汽车车架接地系统，通常置于标准高度桌子上，参考 GB/T 18655—2018 规定，接地平板采用至少 0.5 mm 厚的铜板或镀锌钢板。这对于汽车零部件试验是通用的，电池系统测试可沿用该试验条件。

关于接地平板的大小，GB/T 18655—2018 规定：用于传导发射测量的接地平板最小宽度应该为 1 000 mm，最小长度应该为 2 000 mm，或者比整个设备的各边大 200 mm。由于电池包尺寸通常为 1.5 m×1 m 左右，所以电池包试验应该选用尺寸较大的接地平板。

2. 人工电源网络

通常试验室只具备低压 12 V/24 V 的人工电源网络，而电池包电压大都在 300 V 以上，在充电过程中，电池包需要更大的电压，所以测试需要配备更大的人工电源网络，确保其可以提供 1 000 V 的直流电压及 500 A 电流。电池包测试中，人工电源网络与低压布置应一致，直接安装在接地平板上，其外壳应与接地平板连接。

3. 负载模拟器的位置

GB/T 18655—2018 中规定，在不影响测试的情况下，可将负载模拟器直接固定在接地平板上，如果负载模拟器外壳为金属，则外壳应与接地板直接连接。负载模拟器也可以放置在靠近接地板处或安装在暗室外面。

电池包在放电过程中，负载需能够吸收比较大的放电功率，通常采用电子负载，这会影响测试结果。所以，电池包测试时，负载模拟器应该放于暗室外面，并与人工网络相连。

4. 电源

12 V/24 V 的汽车零部件可使用汽车电瓶进行测试，且不影响测试结果，而电池包充电需要高电压、大电流电源，比如开关电源，因此充电电源需要放置在暗室外，并通过滤波器和人工网络与电池包连接。电池包的低压电源可以沿用传统的方式，采用汽车电瓶进行测试。如图 4-36 所示为电池系统辐射发射测试示例。

图 4-36　电池系统辐射发射测试示例

5. 线束

通常，汽车零部件测试时，测试线束平行于接地板边缘部分的长度应为（1 500±75）mm，距离桌子边缘为 100 mm。电池包的低压线束布置可参考上述线束要求。而电池包的高压动力线束根据 CISPR 25：2021 最新版标准的规定，应将高压线束与低压线束平行布置，距离低压线束约 100 mm。线束的类型采用整车上实际使用的线束型式。

如图 4-37~图 4-39 展示了动力电池系统进行电磁兼容测试的几个主要布置图。

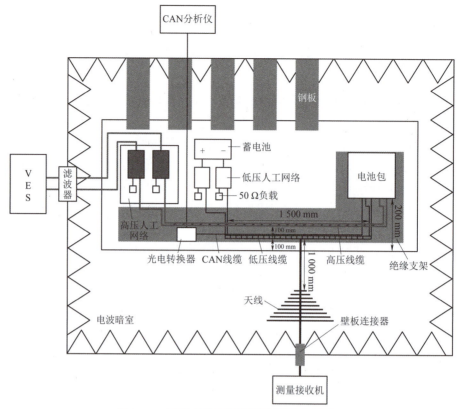

图 4-37　动力电池系统辐射发射测试布置图

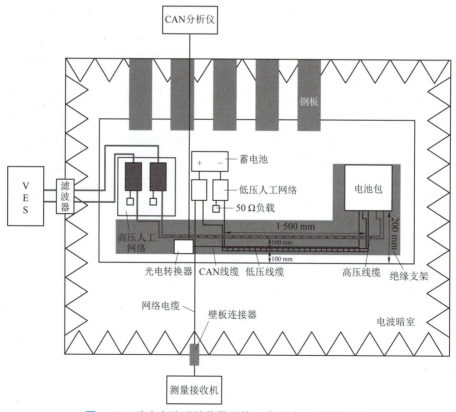

图 4-38　动力电池系统传导干扰（电压法）测试布置图

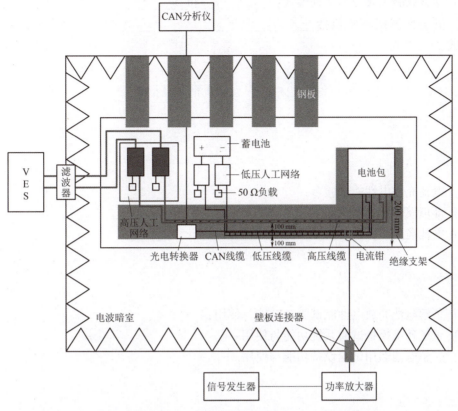

图4-39 动力电池系统抗扰（大电流注入法）测试布置图

如图4-37所示为动力电池系统辐射发射测试布置图，考察其正常工作时对外以空间形式传播的干扰；如图4-38所示为动力电池系统传导干扰（电压法）测试布置图；动力电池系统抗扰（大电流注入法）测试布置图如图4-39所示，根据电池系统在施加骚扰过程中的电压电流波动、BMS采集数据变化等现象判定其功能状态类别。

任务小测

（1）电池系统的开发性验证测试，应该关注的方面包括：_____、_____、_____、_____、_____等方面。

（2）系统功能测试主要是验证电池系统的_____和_____等方面。

（3）可靠性方面涵盖_____、_____和_____等方面。

（4）系统壳体防护功能主要是验证动力电池系统壳体的保护功能以及壳体的耐腐蚀功能，主要包括_____、_____、_____、_____、耐腐蚀等内容。

（5）电动汽车用动力电池系统均要求满足"_____"等级。

（6）电性能测试包括_____、_____、_____、_____、充电接受能力测试、寿命测试等内容。

（7）振动试验主要采用2种振动方式：_____和_____。

（8）盐雾试验主要分为2种模式：_____和_____。

（9）安全性测试主要包括_____、_____、_____、_____、热蔓延等测试。

任务3 典型的测试设备

学习内容

（1）电池充放电性能试验台；
（2）环境模拟试验系统；
（3）电池滥用试验设备。

能力要求

（1）了解电池充放电性能试验台功能与使用；
（2）了解环境模拟试验系统功能与使用；
（3）了解电池滥用试验设备功能与使用。

任务引入

小张是某电池制造企业的实习生，工作内容是电池测试，他的指导师傅老王要求小张能够了解电池测试常用的设备，并能进行测试操作。

任务描述

作为电池测试人员需要能够熟练地使用电池测试设备，结合教材并收集资料，对电池测试设备的功能和使用操作进行总结，在学习小组或班级进行交流汇报。

动力电池的测试设备主要包括电池充放电性能试验台（充放电设备、温度测量设备、内阻检测设备）、环境模拟试验系统（温度、湿度、振动、温度冲击）、电池安全性检验设备（挤压试验机、针刺试验机、冲击试验机、跌落试验机）。

一、电池充放电性能试验台

1. 充放电检测设备

电池充放电性能检测是最基本的性能检测，一般由充放电单元和控制程序单元组成，可以通过计算机远程控制动力电池恒压、恒流或设定功率曲线进行充放电。通过电压、电流、温度传感器可进行相应的参数测量以及实现动力电池容量、能量、电池一致性等评价参数。一般试验设备按照功率和电压等级分类，以满足不同电压等级和功率等级的动力电池及电池组性能测试需要。例如，通用的单体电池测试设备，一般选择工作电压范围 0~5 V，工作电流范围 0~100 A，可满足多数车辆用动力电池基本性能测试的基本要求。对于大功率电池组的基本性能测试，电压范围需要根据电池组的电压范围进行选择，常用的通用测试设备要求的电压范围为 0~500 V，功率上限在 150~200 kW 之间。

2. 内阻检测设备

电池内阻作为二次测量参数，测试方法包括直流放电法、交流电桥法、交流阻抗法、短路电流法和脉冲电流法等。直流放电法比较简单，并且在工程实践中比较常用，该方法是对电流进行瞬间大电流（一般为几十安培到上百安培）放电，测量电池上的瞬间电压降，通过欧姆定律计算出电池的内阻。交流法通过对电池注入一个低频交流电流信号，测出电池两端的低频电压和流过的低频电流以及两者的相位

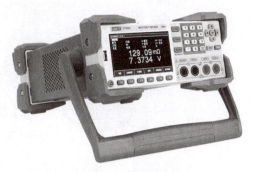

图 4-40　内阻测试仪

差，从而计算出电池的内阻。现在设备厂家研制生产的电池内阻测试设备多是采用交流法为基础进行的测试。如图 4-40 所示为内阻测试仪。

3. 温度测量设备

电池在充放电过程中的温度升高是重要的参数之一，但一般的测试只能测量电池壳体的典型位置参数，一般在充放电的设备上带有相应的温度采集系统，具有进行充放电过程温度数据同步的功能。除此之外，专业的温度测试设备还包括非接触式测温仪以及热成像仪。热成像仪可以采集电池一个或多个表面温度的变化历程，并可以提取典型的测量点的温度变化数据，是进行电池温度场分析的专业测量设备。热成像仪和非接触式测温仪分别如图 4-41 和图 4-42 所示。

图 4-41　热成像仪

图 4-42　非接触式测温仪

二、环境模拟试验系统

动力电池常用的应用环境有温度、湿度以及在车辆上应用时随道路情况变化而出现的振动环境，因此环境试验方面主要考虑这 3 个方面对电池的影响，可采用独立的温度试验箱、湿度调节试验箱、振动试验台来进行单一因素影响的动力电池环境模拟试验。但在实际动力电池应用工况下，这 3 种因素对环境的影响不是单一的，而是 3 种的耦合，因此，在环境模拟方面有温、湿度综合试验箱以及温度、湿度和振动综合试验台。为考核电池对温度变化的通用性，还需要设计温度冲击试验箱进行快速变温情况下电池的适应性试验。如图 4-43 和

图 4-44 所示分别为电池综合试验台和温度冲击试验箱。

图 4-43　电池综合试验台　　　　　图 4-44　温度冲击试验箱

三、电池滥用试验设备

电池滥用试验设备是模拟电池在车辆碰撞、正负极短路、限压限流等失效条件下，是否会出现着火、爆炸等危险状况的试验设备。针刺试验机、冲击试验机、跌落试验机、挤压试验机等可以模拟车辆发生碰撞事故时，电池可能出现的损伤形式；短路试验机、被动燃烧试验平台等可以模拟电池被极端滥用情况下，可能出现的损伤形式；采用充放电试验平台可以进行电池过充或过放等滥用测试。如图 4-45 所示为电池滥用试验设备。

（a）　　　　　　　　　　　　（b）

（c）

图 4-45　电池滥用试验设备
（a）电池短路试验机；（b）电池冲击试验机；（c）电池被动燃烧试验平台

（1）电池内阻作为二次测量参数，测试方法包括_____、_____、交流阻抗法、_____和脉冲电流法等。

（2）专业的温度测试设备还包括_____和_____。

（3）_____设备是模拟电池在车辆碰撞、正负极短路、限压限流等失效条件下，是否会出现着火、爆炸等危险状况的试验设备。

（4）_____、_____、_____、挤压试验机等可以模拟车辆发生碰撞事故时，电池可能出现的损伤形式。

（5）短路试验机、被动燃烧试验平台等可以模拟_____情况下可能出现的损伤形式。

（6）采用充放电试验平台可以进行电池_____等滥用测试。

实训项目　动力电池充放电测试

组员姓名				学时		班级	
组别		组长		联系电话		小组任务成绩	
实训场地				日期		个人任务成绩	
任务描述	小张是某电池制造企业的实习生，工作内容是电池测试，他的指导师傅老王要求小张能够熟悉电池的测试内容，并能进行测试操作						
任务目的	电池充放电的测试						
任务准备	安全防护：做好个人安全防护与工位隔离； 工具设备：充放电仪、数字万用表、兆欧表、绝缘防护用品、绝缘工具套装、常规工具套装； 台架车辆：不同类型单体电池； 辅助资料：设备使用手册、教材、实训工作页						
资讯	(1) 在实际运行中，电动汽车动力电池需要面临的主要充电工况是（　　）。 A. 不同电压倍率下的充电 B. 不同温度和不同电流倍率下的充电 C. 不同充电设备的工况 D. 不同电组合下的充电 (2) 低温环境下电池内部阻抗较大的影响是（　　）。 A. 初期电压较低 B. 初期电压较高 C. 充入容量减小 D. 使用寿命增加 (3) 在电池充放电性能检测中，一般的试验设备分类是根据（　　）来划分的。 A. 容量和能量 B. 电压和电流 C. 温度和电流 D. 功率和电压等级						

资讯	（4）电池在不同温度和电流倍率下的充电特性受到（　　）主要因素的影响。 A. 电池材料 B. 环境湿度 C. 电池重量 D. 充电设备品牌 （5）在低温环境下，电池充电初期电压较高的原因是（　　）。 A. 电池内部阻抗较小 B. 电池内部阻抗较大 C. 电池容量增加 D. 电池的温度升高
计划与决策	请根据动力电池充放电测试任务，确定所需要的测试仪器，并对小组成员合理分工，制定详细的工作计划。 （1）采用的评价标准：_____。 （2）需要的检测仪器和工具。 ①仪器：_____。 ②工具：_____。 （3）实训计划：_____。 （4）小组成员任务分工（见表4-25）。 表4-25　小组成员任务分工 | 操作员		记录员	
---	---	---	---
安全员		展示员		
实施	1. 准备工作 确保实训场地通风良好。 戴好个人防护装备，包括安全眼镜和手套。 2. 连接测试设备 将单体电池正确连接到电池充放电测试设备，确保连接正确无误。 3. 检查设备参数 检查设备的电流、电压、温度等参数设置是否符合实训要求。 4. 启动测试设备 启动测试设备，监测电池的充电过程。记录初始电压、电流和温度。 5. 进行充电测试 根据实训要求，进行指定时间的充电。定期记录电池的电压、电流和温度变化。 6. 充电完成 充电完成后，断开电源，保存数据。 7. 进行放电测试 将充满电的电池连接到放电测试设备，进行指定时间的放电。记录电压、电流和温度变化。 8. 放电完成 放电完成后，断开电源，保存数据。 9. 数据分析 将收集到的数据输入计算机，使用相关软件进行数据分析。分析充放电曲线和性能参数。

实施	打印充放电曲线并粘帖在下方： 结果分析：				
检查	（1）根据考核标准，对整个实训过程中出现的问题进行总结。 （2）各小组根据各自的测试结果，相互讨论交流				

	项目	评分标准	分值	得分
	任务导入	明确工作任务，理解任务在工作中的重要程度	5	
	知识要点	单体电池或模组充放电测试	15	
	任务计划	制定动力单体电池充放电测试计划	10	
		制定动力电池模组充放电测试计划	10	
		能协调小组人员安排任务分工	5	
		能在实施前准备好所需要的工具器材	5	
	任务实施	能进行充放电仪的基本操作	5	
		会进行充放电测试线路的连接	5	
评价		会进行电池充放电测试参数设置	5	
		会进行动力单体电池充放电测试	8	
		会进行电池模组充放电测试	8	
		清点工具，打扫场地	5	
	任务检查	学生任务完成，操作过程规范	10	
	任务评价	学生能对自身表现情况进行客观评价	2	
		学生在任务实施过程中发现自身问题	2	

自评得分（满分100）						

	姓名	评分（满分20分）	姓名	评分（满分20分）	姓名	评分（满分20分）
组内互评						

	评价对象	评分	评价对象	评分	评价对象	评分	评分（满分20分）
小组互评							

教师评价	评分（满分50分）

学生本次完成实训任务得分	

项目 5　动力电池充电技术

随着电动汽车的快速发展，充电基础设施成了新型城市的基础设施，充电基础设施包括为电动汽车提供电能补给的各类充换电设施。充电桩市场在中国从初步发展到新基建的确立，该产业在逐步走向成熟。在"双碳"的促进之下，配套业务也正处于高速发展的时期。据中国充电联盟发布数据显示，截至 2023 年 7 月，联盟内成员单位总计上报公共充电桩 221.1 万台，其中直流充电桩 93.8 万台、交流充电桩 127.3 万台。从 2022 年 8 月到 2023 年 7 月，月均新增公共充电桩约 5.3 万台。天眼查数据显示，截至 7 月底，全国有充电桩相关企业近 31.4 万家。其中，今年 1—7 月份新增充电桩相关企业 6.3 万家，同比增加 48.4%。智能、快速的充电方式成为电动汽车充电技术发展的趋势。

任务 1　交流充电

学习内容

（1）交流充电的结构原理；
（2）交流充电系统的充电方法及流程；
（3）交流充电系统的通信。

能力要求

（1）了解交流充电系统的基本结构；
（2）掌握交流充电系统的原理；
（3）掌握交流充电系统的充电方法及流程；
（4）掌握交流充电系统的通信。

任务引入

小李前段时间买了一辆纯电动汽车作为日常的交通工具，一次开车到亲戚家时，小李用车上的便捷式充电枪在亲戚家门口给车充电，但是充不进电，请你帮小李解答不能充电的原因。

任务描述

客户在给电动汽车充电时，要明确选择的是交流充电方式，还是直流快充方式，一般家庭采用的是交流充电。请你根据目前交流充电系统的特性，说明交流充电的结构和功能，并进一步学习交流充电系统的流程和通信。

一、交流充电系统的结构

通常，电动汽车充电可分为直流充电和交流充电，交流充电是纯电动汽车补充电能最常见的方法。交流充电指交流充电桩将外部的交流市电通过车载充电机转化成高压直流电并充入动力蓄电池。因为充电电流较小，充电时间比直流充电长，往往又被称为慢充充电。为了方便个人用户对电动汽车充电，乘用车都配置交流充电接口，方便用户使用家中的市电为电动汽车充电，部分乘用车既有交流充电接口，又有直流充电接口。

车辆交流充电系统外部设备由充电设备（交流充电桩）和充电枪组成，车上设备由车载充电机高压配电箱、动力蓄电池和 VCU 等部件组成，如图 5-1 所示。通过车载充电机将 220 V 交流电转换为车辆充电所需的高压直流电，通过高压配电设备连接车辆动力蓄电池正负极母线输入动力蓄电池。充电过程中车载充电机、VCU、BMS 等部件通信通过 CAN 总线完成。本部分内容以北汽新能源 EV200 车型为例介绍交流充电原理。

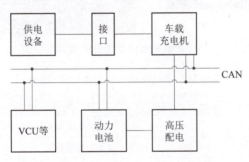

图 5-1 交流充电系统的结构

充电系统由直流充电系统和交流充电系统组成，交流充电系统由交流充电接口、交流充电线束、车载充电机、高压配电盒和动力蓄电池组成。交流充电系统实物布置图如图 5-2 所示。北汽新能源 EV200 车型交流充电接口位于车身左后侧传统燃油车辆燃油加注口位置，直流充电接口位于车头格栅中网位置，车载充电机位于车辆前舱，动力蓄电池组位于车辆底部。所有高电压电力传输线束都用橙色高压线束，通信及控制线束用传统低压线束。

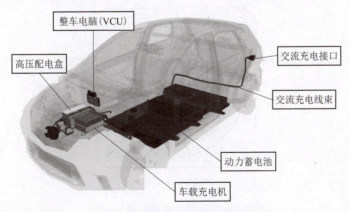

图 5-2 交流充电系统实物布置图

二、交流充电系统部件

1. 交流充电接口及线束

车载充电机交流充电接口及线束如图5-3所示，车载充电机接口各针脚功能如表5-1所示。

电动汽车慢速充电系统结构及工作过程

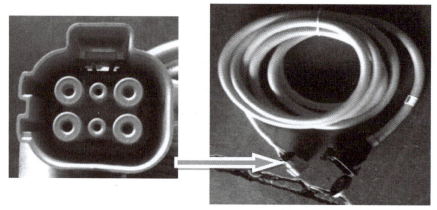

图5-3　车载充电机交流充电接口及线束

表5-1　车载充电机接口各针脚功能

针脚号	功　　能
1	L（交流电源）
2	N（交流电源）
3	PE［车身地（搭铁）］
4	空
5	CC（充电连接确认）
6	CP（控制确认）

2. 交流充电接口

交流充电接口及针脚如图5-4所示。

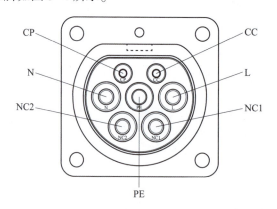

图5-4　交流充电接口及针脚

充电接口各针脚功能如表 5-2 所示。

表 5-2　充电接口各针脚功能

针脚号	功　能
CP	控制确认线
CC	充电连接确认线
N	交流电源
L	交流电源
PE	车身地（搭铁）

其中，接口 N/L 对应线束 1/2 号脚，是外部输入的交流电零线与相线。PE 为接地线，车身接地通过 PE 线与外部电源的接地相连。CP 为充电控制确认线，充电桩通过 CP 信号确认充电枪与车辆的连接状况并通过 CP 线接收来自车辆的充电请求信号。CC 线为充电连接确认线，车辆通过监测 CC 线的 RC 电阻值来确定充电枪提供的充电电流限值大小。

3. 车载充电机线束端子

1）直流输出端子

与动力蓄电池连接的直流输出端子如图 5-5 所示。A 脚为动力蓄电池电源负极输出/输入端子，B 脚为动力蓄电池电源正极输出/输入端子。

2）交流输入端子

与交流充电口连接的交流输入端子如图 5-6 所示。1 脚与交流充电口的 L 端（交流相线）相连接；2 脚与交流充电口的 N 端（交流零线）相连接；3 脚与交流充电口的 PE 端（地线）相连接；4 脚为空脚；5 脚与交流充电口的 CC 端（充电连接确认线）相连接；6 脚与交流充电口的 CP 端（控制确认线）相连接。

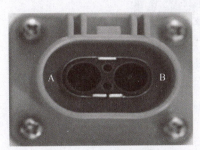

图 5-5　直流输出端子

图 5-6　交流输入端子

4. 高压配电盒到动力蓄电池组线束

高压配电盒到动力蓄电池组线束如图 5-7 所示。其中左侧插件接高压盒端，右侧插件接动力蓄电池端，中间采用高压线束连接。

高压配电盒端插件 A 脚为电源负极；B 脚为电源正极；C，D 脚为互锁线短接端子。

动力蓄电池端插件 1 脚为电源负极；2 脚为电源正极；中间为互锁端子。

5. 高压线束总成

高压线束总成即高压附件线束，如图 5-8 所示。主要指高压盒连接到 DC/DC 变换器的线束、车载充电机线束、空调压缩机线束、空调 PTC 加热器之间的线束。

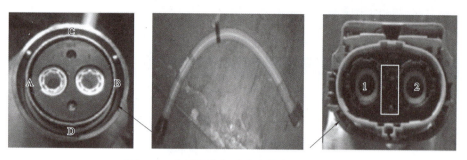

图 5-7　高压配电盒到动力蓄电池组线束

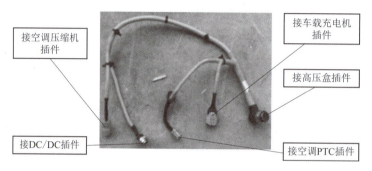

图 5-8　高压线束总成

高压线束总成接高压盒插件共有 11 个针脚，如图 5-9 所示。

图 5-9　高压线束总成接高压盒端子

高压线束总成接高压配电盒各端子功能如表 5-3 所示。

表 5-3　高压线束总成接高压配电盒各端子功能

端子号	功　能
A	DC/DC 电源正极
B	PTC 电源正极
C	压缩机电源正极
D	PTC-A 组负极
E	车载充电机电源正极
F	车载充电机电源负极

端子号	功　能
G	DC/DC 电源负极
H	压缩机电源负极
J	PTC-B 组负极
L	互锁信号线
K	空引

高压线束总成接车载充电机端子如图 5-10 所示。A 脚为电源负极；B 脚为电源正极；中间两个针脚为互锁端子。

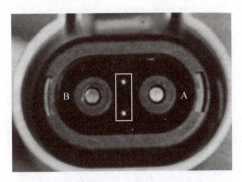

图 5-10　高压线束总成接车载充电机端子

6. 交流充电枪

交流充电枪有多种形式，如图 5-11 所示为北汽新能源 EV200 随车充电枪，由交流插头、控制盒、电缆和充电枪组成，依据不同充电线的种类规定了不同的充电电流，根据车载充电机检测充电枪内的 CC 线的 RC 电阻值不同来区分。

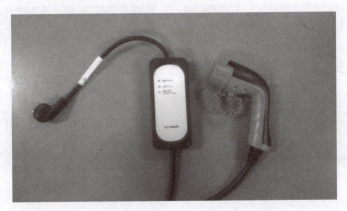

图 5-11　北汽新能源 EV200 随车充电枪

三、交流充电系统充电控制流程

交流充电系统充电流程如图 5-12 所示。

在充电过程中，高压系统由 VCU、BMS 的低压电路检测和控制，除高压部件外，BMS、VCU、信号采集器、DC/DC 变换器等部件也会被唤醒并参与充电过程的监测和控制。

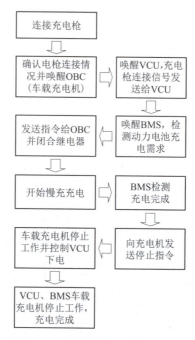

图 5-12　交流充电系统充电流程

四、充电状态与故障灯

（1）在充电的过程中，可以通过车辆仪表观察整车充电状态和参数，并通过故障灯判断其是否正常进行。充电状态显示如图 5-13 和图 5-14 所示。

1—充电故障指示灯；2，5—动力电池加热指示灯；
3—电量指示；4—续航里程

图 5-13　充电状态显示（一）

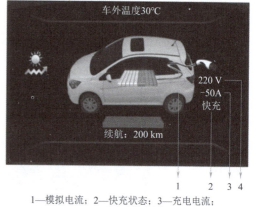

1—模拟电流；2—快充状态；3—充电电流；
4—动力电池电压

图 5-14　充电状态显示（二）

（2）仪表主要故障灯有：

：充电指示灯，当电量低于 30% 时点亮，当电量低于 10% 时仪表显示"请及时充电!",用于提示电量不足。

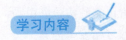：充电枪连接指示灯,当充电枪与充电接口正确连接时在仪表显示。

任务小测

(1) 电动汽车充电可分为＿＿＿＿＿＿＿＿＿＿和＿＿＿＿＿＿＿＿＿＿＿2种。

(2) 交流充电系统由＿＿＿＿＿、＿＿＿＿＿、＿＿＿＿＿、＿＿＿＿和＿＿＿＿＿
组成。

(3) 交流充电接口中 CP 的针脚功能是＿＿＿＿＿＿、CC 的针脚功能是＿＿＿＿＿。

(4) 高压线束有＿＿＿＿＿、＿＿＿＿＿、＿＿＿＿＿、＿＿＿＿＿、＿＿＿＿＿。

(5) 交流充电系统的输入电源为(　　)。

A. 220 V 交流电　　　　 B. 直流电　　　　 C. 交直流均可　　　　 D. 380 V 交流电

(6) 在慢充系统中,动力电池电芯温度在什么范围时才能充电(　　)。

A. 0~55 ℃　　　　　 B. 5~55 ℃　　　　 C. −5~55 ℃　　　　 D. 0~75 ℃

(7) 在如图 5-15 所示的交流充电接口及针脚上标出交流充电接口的各针脚名称,并说明各针脚功能。

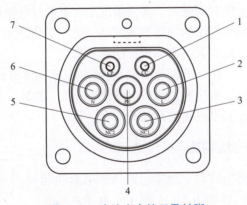

图 5-15　交流充电接口及针脚

(8) 试说明交流充电系统的充电控制流程。

任务2 直流充电

学习内容

(1) 直流充电系统的结构;

(2) 直流充电系统的电路原理;

（3）直流充电系统的控制电路。

能力要求

（1）掌握直流充电系统的结构和电路原理；
（2）掌握车辆直流充电系统的控制电路。

**电动汽车快速充电
系统结构及工作工程**

任务引入

司机小张开车路上来到一个充电站进行电动汽车充电，使用了直流充电桩，当将充电枪插入充电口后，车辆仪表并没有显示充电连接，对此小张感到困惑，请你帮忙分析原因。

任务描述

直流快充已经成为很多电动汽车充电的首选，请你就目前市场常见直流充电系统的结构和功能，在课堂中进行交流汇报。

由于纯电动汽车交流充电时间较长，紧急情况下会影响日常使用，为了满足人们对电动汽车充电的期望，近年来陆续推出的快速直流充电，能实现快速充电，因此直流充电系统倍受人们的欢迎，直流充电系统成为纯电动汽车的常见配置。

直流充电系统要满足 0.5 h 充到 80% 的电量，1 h 完成基本充满的指标，所以直流充电过程中需要高电压、大电流，直接对动力蓄电池快速充电。为此，直流充电系统比交流充电系统设计更为可靠，能保证充电过程的高效和安全。

一、直流充电系统的结构图

直流充电系统由直流充电接口、线束、高压配电盒和动力蓄电池组组成，其结构原理如图 5-16 所示。电动汽车直流充电系统的结构相对交流充电系统更为简单，整个车载系统没有变压和其他控制设备，外部电源直接将充电所需的高压直流电通过充电接口与配电设备送入动力蓄电池，通信与互测由充电桩与动力蓄电池控制单元共同完成。本部分内容以北汽新能源 EV200 车型为例，介绍直流充电系统原理。

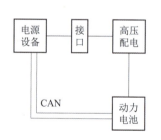

图 5-16　直流充电系统结构原理图

二、直流充电系统的结构与电路原理

1. 直流充电接口电路与线束定义

直流充电接口是直流充电枪与车身连接的输电接口，直接关系到充电质量，因为充电电流大，所以充电枪与车身的连接阻值必须很小，连接必须可靠，同时要防止突然拔枪断电拉弧，充电过程中开车、过充电、接口温度过高等，所以直流充电时会考虑多项安全因素。

1）直流充电接口电路图
直流充电接口是车身与直流充电枪连接的部位，不同于交流充电接口，直流充电接口电路基本反映出直流充电电路与直流充电枪结合的针脚和功能，如图 5-17 所示为直流充电接口电路图，反映出了直流充电枪各针脚与车身各电路的连接。

2）直流充电接口针脚

直流充电接口有 9 个针脚，如图 5-18 所示。直流充电接口各针脚功能如表 5-4 所示。

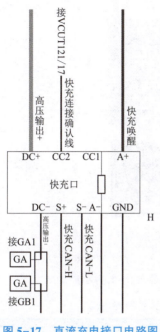

图 5-17　直流充电接口电路图

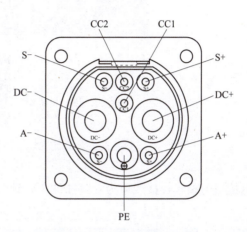

图 5-18　直流充电接口针脚

表 5-4　直流充电接口各针脚功能

端子号	功　能
DC-	直流电源负
DC+	直流电源正
PE	车身地（搭铁）
A-	低压辅助电源负极
A+	低压辅助电源正极
CC1	充电连接确认
CC2	充电连接确认
S+	充电通信 CAN-H
S-	充电通信 CAN-L

充电接口中，DC+，DC-通过高压配电箱后与高压蓄电池高压正、负极母线相连，CC1 为充电桩的充电连接确认信号，CC2 连接 VCU（T121/17）为直流充电接口连接确认信号，A+，A-为 12 V 低压辅助电源，S+，S-为直流充电 CAN 信号线。

3）直流充电接口与整车连接线束

直流充电接口与整车连接线束如图 5-19 所示。

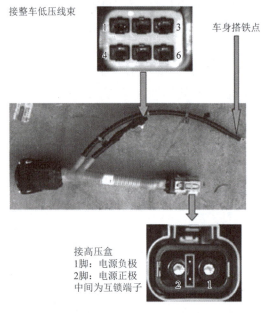

接整车低压线束

车身搭铁点

接高压盒
1脚：电源负极
2脚：电源正极
中间为互锁端子

图 5-19　直流充电接口与整车连接线束

充电接口与整车连接线束为 6 脚插件，各针脚功能如表 5-5 所示。

表 5-5　直流充电接口与整车连接线束各针脚功能

端子号	功　　能
1	A－（低压辅助电源负极）
2	A＋（低压辅助电源正极）
3	CC2（充电连接器确认）
4	S＋（充电通信 CAN-H）
5	S－（充电通信 CAN-L）
6	空

2. 直流充电系统充电过程

1）直流充电枪的连接过程

直流充电桩通过直流充电枪与直流充电接口（车上侧）的信号连接，如图 5-20 所示。直流充电枪插入车辆直流充电接口后，直流充电桩通过直流充电接口的 CC1 信号判断充电枪与车辆是否连接，而车端则根据 CC2 信号进行判断，只有当车端和桩端都判定充电枪已接，才能判断为充电连接确认无误。

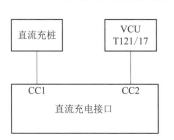

图 5-20　直流充电桩与
直流充电接口连接模块图

2）直流充电唤醒信号

直流充电唤醒是为了配合直流充电完成，车辆其他相关系统从原来的休眠状态转入充电状态。相应的直流充电唤醒信号控制图如图 5-21 所示。直流充电枪与车身直流充电接口连接后，直流充电桩低压电源继电器 K3，K4 闭合，12 V 低压辅助电源输入车身 VCU、数据采集终端 RMS 和仪表，唤醒各部件并通电工作，为车与充电桩的握手对话作准备。VCU 输出 BMS 唤醒信号，BMS 进入充电准备状态；VCU 输出直流充电使能信号，DC/DC 变换器进入工作状态，保障充电中所需要的辅助电能；VCU 输出直流充电唤醒信号，保障充电桩和车握手时的数据通信，也保障充电过程中充电桩和车数据通信。

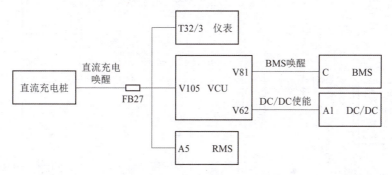

图 5-21　直流充电唤醒信号控制图

3）直流充电 CAN 电路

直流充电 CAN 电路由 RMS 数据采集终端、BMS、直流充电桩和诊断接口组成，如图 5-22 所示，在直流充电时完成 3 个部件的数据传输，RMS 数据采集终端只提供检测数据。

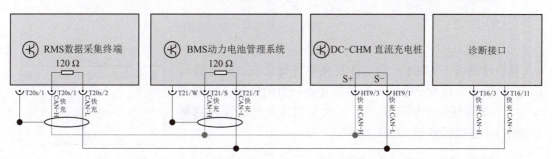

图 5-22　直流充电 CAN 电路的组成

直流充电的整个过程，充电桩与车辆不断交换信息，包括充电枪刚连接时握手过程的数据交换等，进入充电状态时车辆端仍然需要向桩端传输允许充电电流、电池温度、SOC、充电中止等信息，桩端向车辆端传输输出的最大电流、电压、充电终止等信息，大量的信息通过直流充电 CAN 线传输，直流充电 CAN 保障充电过程大量数据通信的需求。

三、直流充电连接原理图

车与直流充电桩连接原理图如图 5-23 所示，S 是充电枪常闭开关，由充电枪顶端按钮控制 S 的通断，平常是处于常接通的状态，按下按钮则 S 断开。通过如图 5-16 所示的直流充电系统结构原理图可以发现直流充电系统充电并没有通过车载充电设备，动力蓄电池（电池包）正负极通过 K5，K6 直接与输入电源正负极相连，而充电机利用 CC1 与 PE 接地之间的电阻值来确认充电枪是否正确连接，车辆则通过 CC2 信号来完成。在直流充电系统中，所有的充电需求与信号传输都是通过 S+，S-的 CAN 总线来完成。此外，充电桩还提供了 A+，A-的 12 V 辅助蓄电池供电压来保证车辆低压控制单元的运行。

非车载充电机
车辆接口
电动汽车
车辆插头
车辆插座
电子锁
K_1
K_2
①DC+
②DC−
③PE
设备地
S
④S+
车身地
非车载充电机控制装置
R_2
R_3
R_4
⑤S−
U_1
R_1
⑥CC1
检测点1
K_5
K_6
电池包
车辆控制装置
U_2
R_5
⑦CC2
检测点2
K3
⑧A+
K4
⑨A−

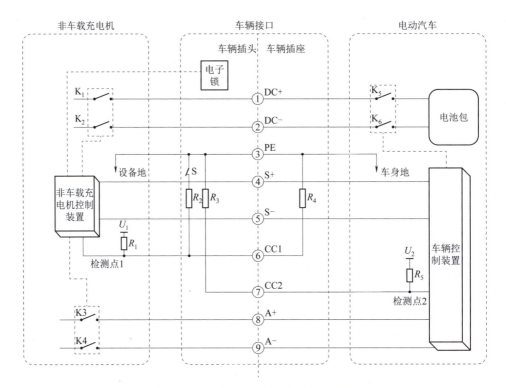

图 5-23　车与直流充电桩连接原理图

其中检测点 1（CC1）的电压是充电桩确认点，充电桩采集该点电压作为判断充电桩与车连接正确与否的依据，检测点 2（CC2）的电压是车辆确认点，车辆采集该点电压作为判断充电桩与车连接正确与否的依据。

四、直流充电系统连接流程

直流充电系统连接流程如图 5-24 所示。检测 CC1 和 CC2 测量电压的变化，完成充电桩和车身的连接确认。

在直流充电的过程中，唤醒电源由直流充电桩直接提供，12 V 唤醒信号唤醒 VCU、仪表和数据采集器，VCU 唤醒 BMS 与 DC/DC 变换器转入直流充电状态。

五、直流充电桩与车身通信

直流充电枪插入充电接口后，在完成连接确认后，直流充电枪与车通过 CAN 总线进行握手通信。直流充电枪主要是完成 BMS、车辆辨识、动力蓄电池充电参数和充电需求等信息的采集，车辆主要是完成充电机辨识、充电机最大输出能力等信息的采集。满足双方协议后，直流充电桩开始输送电量，车上动力蓄电池接受充电。在充电过程中，直流充电枪和直流充电桩互相交换信息，保障充电安全，包括动力蓄电池 SOC 值、电

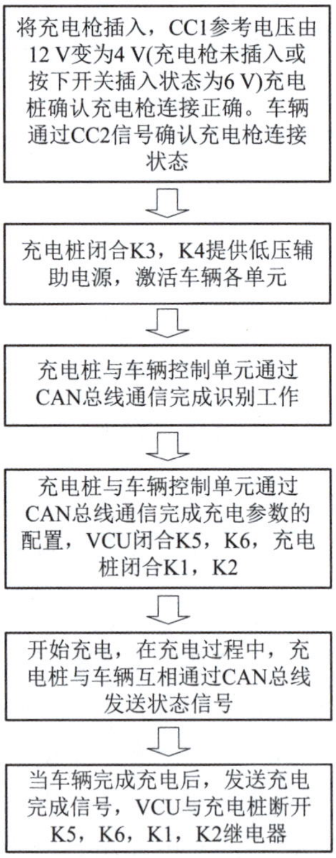

将充电枪插入，CC1参考电压由12 V变为4 V(充电枪未插入或按下开关插入状态为6 V)充电桩确认充电枪连接正确。车辆通过CC2信号确认充电枪连接状态
充电桩闭合K3，K4提供低压辅助电源，激活车辆各单元
充电桩与车辆控制单元通过CAN总线通信完成识别工作
充电桩与车辆控制单元通过CAN总线通信完成充电参数的配置，VCU闭合K5，K6，充电桩闭合K1，K2
开始充电，在充电过程中，充电桩与车辆互相通过CAN总线发送状态信号
当车辆完成充电后，发送充电完成信号，VCU与充电桩断开K5，K6，K1，K2继电器

图 5-24　直流充电系统连接流程

池温度、充电电压、充电电流、绝缘状况和连接状态等参数。重要参数出现问题时，直流充电桩和直流充电枪都可以终止充电并向对方发出信息，保护动力蓄电池和整车不受损坏，保障充电过程快速和安全。

任务小测

（1）直流充电系统由＿＿＿＿＿＿、＿＿＿＿＿＿、＿＿＿＿＿＿和＿＿＿＿＿＿组成。

（2）直流充电 CAN 系统中，进入充电状态时，车辆需要向桩端传输＿＿＿＿＿＿、＿＿＿＿＿＿、SOC、＿＿＿＿＿＿等信息。

（3）直流充电系统的输入电源为（　　　）。

A. 220 V 交流电　　　　B. 直流电　　　　C. 交直流均可　　　　D. 380 V 交流电

（4）在快充系统中，动力电池电芯温度在什么范围时才能充电（　　　）。

A. 0~-55 ℃　　　　B. 5~-55 ℃　　　　C. -5~-55 ℃　　　　D. 0~-75 ℃

（5）在如图 5-25 所示的直流充电接口的各针脚中，标出各针脚名称，并说明各针脚功能。

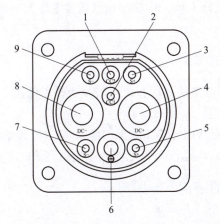

图 5-25　直流充电接口的各针脚

任务 3　DC/DC

学习内容

（1）直流斩波电路原理；

（2）DC/DC 变换器的结构；

（3）DC/DC 变换器的技术参数；

（4）DC/DC 变换器的电路原理；

（5）DC/DC 变换器的常见故障。

（1）了解直流斩波电路原理；

（2）熟知 DC/DC 变换器的结构及技术参数；

（3）掌握 DC/DC 变换器的电路原理；

（4）掌握 DC/DC 变换器的常见故障。

任务引入

一位客户小李购买了一辆比亚迪秦 EV 汽车，使用两年后，汽车行驶过程中，低压蓄电池充电指示灯点亮。小李把车送到 4S 店，希望对汽车的这方面问题进行维护检修。

任务描述

如果你是 4S 店的一名维修人员，你能根据低压蓄电池充电指示灯点亮进行维护检修吗？主要检查都包含哪些方面呢？

一、DC/DC 变换器的作用

DC/DC 变换器将动力蓄电池的高压直流电转换为整车低压 12 V 直流电，给整车低压用电系统供电及辅助蓄电池充电。

电动汽车整车控制中包括 VCU、BMS、MCU、车身电气等系统，均采用 12 V 低压供电，如果辅助电源电压过低会导致电动汽车不工作或不能点亮 READY 灯，导致无法起动车辆。

二、DC/DC 变换器的结构及电路原理

1. 外部结构

DC/DC 变换器工作中会产生大量的热量，外壳一般带有散热片，外部连接端子与高压控制盒的高压输入电缆相连接，产生的低压直流电通过外部的低压输出正极端子、低压输出负极端子与低压电路相连接，DC/DC 变换器工作时通过低压控制端与仪表、VCU 等系统进行通信和信息交换，保证 DC/DC 变换器与整车协调工作。DC/DC 变换器外部结构如图 5-26 所示。

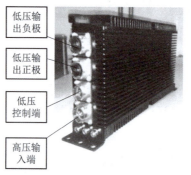

图 5-26　DC/DC 变换器外部结构

DC/DC 变换器及插接件也要进行防水、防尘，符合 IP67 防护等级要求；外部无灰尘杂物，通风良好，以保证良好的散热。

2. 内部结构

内部结构中主要分为高压输入部分、电路板部分和整流输出部分，如图 5-27 和图 5-28 所示。高压输入部分主要是将从高压控制盒出来的高压直流电引入 DC/DC 变换器内部，电路板部分主要是把高压直流电转换成高压交流电，再把高压交流电降压至低压交流电，整流部分是将交流电进行整流转换成低压直流电。

图 5-27　DC/DC 内部正面结构

图 5-28　DC/DC 内部反面结构

3. 电路工作原理

DC/DC 变换器的工作主要是斩波器的调压作用，斩波器是一种将输入的直流电压以一定的频率通断，从而改变输出电压平均值的变换器，电动汽车上是直流对直流的转换。斩波电路是斩波器的核心组成部分，负责将输入直流电压转换成目标输出直流电压，根据输入输出电压大小、极性，斩波电路主要分为降压斩波电路、升压斩波电路和生降压斩波电路。降压斩波电路是将电压较高的直流电源降低为低压直流电，升压斩波电路是将电压较低的直流电源升至电压较高的直流电源，升降压斩波电路的输出电压既可低于输入电压，也可高于输入电压。

电动汽车的 DC/DC 变换器采用降压斩波电路，其工作原理如图 5-29 所示。斩波电路分为 DC/AC、变压器、整流二极管和滤波电路 4 个部分。DC/AC 部分采用高频电路交替控制 4 个大功率管的导通和截止，将高压直流电转换成高压高频的 PWM 电源，其频率和占空比由高频电路的频率和控制功率管的导通时间决定，该 PWM 电源经过高频变压器的降压，将原来高频高压的电源电压降低，此时是高频低压电源，经过二极管的整流和电容器的滤波，将高频低压电源转换成低压直流电源完成电压的变换，给整车和辅助蓄电池供电。

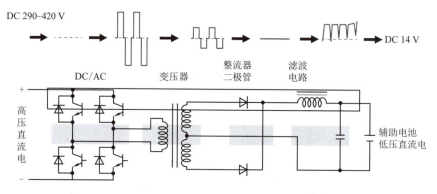

图 5-29　DC/DC 变换器电路（斩波电路）工作原理图

三、电动汽车 DC/DC 变换器的技术参数

北汽新能源 EV200 车型的 DC/DC 变换器正常工作状态下，输入直流高压电为 240~410 V，在充电状况下，低压使能电压为 9~14 V。上电后，正常的负荷下，DC/DC 变换器输出直流低电压为 13.8~14 V，最大输出功率为 800 W，采用风冷的冷却方式，电源转换效率大于88%。在测量 DC/DC 变换器是否正常工作时，一般通过测量输出的低压直流电压就可以判断。

DC/DC 变换器工作状态的判断。

第一步，保证整车线束正常连接的情况下，上电前使用万用表测量辅助蓄电池端电压，并记录。

第二步，整车 ON 挡上电，继续读取万用表数值，查看变化情况，如果数值为 13.8~14 V，判断为 DC/DC 工作。

整车 ON 挡上电或充电唤醒上电，动力蓄电池完成高压系统预充流程，VCU 通过低压控制线发给 DC/DC 变换器使能信号，DC/DC 变换器开始工作。

四、DC/DC 变换器的更换

提醒：DC/DC 变换器属于高压部分，更换需要遵循高压操作要求。

（1）工具设备检查，高压防护工具及拆卸工具的检查；

（2）操作作业前检查车辆防护，个人安全防护，将车钥匙置于 OFF 挡，断开辅助蓄电池；

（3）拆卸低压输出负极线束、低压输出正极线束、低压控制端线束和高压输入端线束；

（4）拆卸 DC/DC 变换器固定螺钉；

（5）更换并安装 DC/DC 变换器；

（6）DC/DC 变换器工作状态检查，上电后测量输出电压是否为 13.8~14 V；

（7）检查安装情况，包括固定螺钉紧固和线束的插接到位。

五、DC/DC 变换器常见故障

车钥匙置于 ON 挡，辅助蓄电池充电警告灯点亮。

（1）故障现象车钥匙置于 ON 挡后，辅助蓄电池充电警告灯点亮，DC/DC 变换器输出电压为 0。

（2）故障判断 DC/DC 变换器输出故障、外部高压电路故障或低压控制电路故障。

（3）排除故障车钥匙置于 ON 挡，测量 DC/DC 变换器输出电压是否偏低或为 0，测量高压输入电压是否为 240~410 V，测量低压输出导线与辅助蓄电池的连接导通是否正常，检查低压控制线束连接是否正常、有无退针和接触不良情况，如果上述情况正常，则为 DC/DC 变换器故障。通过线路的修理恢复或更换 DC/DC 变换器进行故障排除。

任务小测

（1）DC/DC 变换器是将动力电池的_____转换成整车_____给整车_____系统供电及辅助蓄电池充电。

（2）电动汽车整车控制中包括_____、_____、_____、车身电器等系统，均采用 12 V 低压供电。

（3）DC/DC 变换器工作中会产生大量的热量，外壳一般带有_____。

（4）DC/DC 变换器及插接件也要进行防水、防尘，符合_____防护等级要求。

（5）上电后，在正常的负荷下，DC/DC 变换器输出直流电压为_____V。

（6）DC/DC 变换器出现故障后，其故障指示灯为_____点亮。

（7）斩波电路分为_____、_____、_____、_____。

（8）简述 DC/DC 变换器电路工作原理。

任务 4　车载充电机

学习内容

（1）车载充电机的结构及电路原理；

（2）车载充电机的控制电路；

（3）交流充电控制策略；

（4）车载充电机常见故障。

能力要求

（1）掌握车载充电机的作用和工作原理。

（2）掌握纯电动汽车车载充电系统的控制电路。

（3）掌握纯电动汽车交流充电的控制策略。

（4）掌握车载充电机的典型故障及排除方法。

任务引入

小李在给电动汽车充电过程中，插慢充枪之后，仪表盘没有显示充电连接指示灯，接下来小李来到维修店，请你帮助小李完成检修并确定问题。

任务描述

客户在给电动汽车进行慢充交流充电，那么交流充电系统中的重要设备车载充电机是否满足工作条件？请你根据车载充电机的电路原理，分析车载充电系统的控制电路原理。

车载充电机

一、车载充电机的作用

车载充电机也称为交流充电机，固定地安装在车上，是电动汽车的一个重要组成部件。它是一种能为电动汽车的动力蓄电池补充电能的设备，可将市电 220 V 交流电转换为动力蓄电池能接受的直流电，实现动力蓄电池电量的补给。为实现电动汽车动力蓄电池安全、自动地充满电，充电机依据 VCU 和 BMS 提供的数据，自动调节充电电流或电压参数，从而满足动力蓄电池的充电需求，以完成充电任务。车载充电机工作不良或损坏会导致车辆不能充电的故障，或导致动力蓄电池充不满电量的故障。

二、车载充电机的结构及电路原理

1. 车载充电机的外形

比亚迪 e5 车载充电机的外形如图 5-30 所示，一般安装在车辆的前部，与高压分配盒、MCU、DC/DC 变换器等总成安装在机舱内，外形带有散热片和散热风扇，外面有电线连接接口——交流输入端、直流输出端和低压通信控制端。

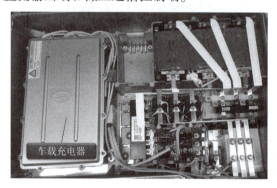

图 5-30 比亚迪 e5 车载充电机的外形

2. 车载充电机的内部组成

车载充电机内部可分为主电路、控制电路、线束及标准件 3 部分。

1）主电路

前端将交流电转换为恒定电压的直流电，主要是全桥电路整流，后端为 DC/DC 变换器，它将前端转出的直流高压电变换为合适的电压及电流供给动力蓄电池。

2）控制电路

控制 MOS 管的开关、与 BMS 之间通信、监测充电机状态、与充电桩握手等。

3）线束及标准件

用于主电路及控制电路的连接，固定元器件及电路板。

充电机工作电压属于高电压，为了防止高压电路产生触电危险，机壳上设计有高压互锁控制电路，并且与车身有可靠的绝缘性能，如果高压互锁电路没有连接或高压绝缘电阻偏低，BMS 将阻断动力蓄电池总正、总负接触器的吸合，不能输出动力蓄电池的电能。

3. 充电机电流转换过程

充电机主电路内部转换过程：

（1）市电交流电整流成稳定的直流电压。

（2）用高频送电路产生高频交流电。

（3）高频交流电压提升到合适的电压。

（4）整流成直流电压。

因采用高频电路转换电压，不采用传统的变压器提升电压，可减小充电机体积和质量、提高转换效率。车载充电机内部有大量的电子元件，充电过程会产生大量的热，所以在外壳上安装了散热片，再安装电子风扇强制散热，充电时仔细观察，能够听到散热风扇工作的声音。

4. AC/DC 电路原理

充电机工作电流的变换就是把市电交流电转换成动力蓄电池充电所需的直流电，即交流电转换成直流电（AC/DC）的过程，如图 5-31 所示。变换的电流波形如图 5-32 所示。

图 5-31 充电机电流变换模块图

图 5-32 变换的电流波形

5. 充电机输出电缆

经过充电机的电压变换，原来 220 V 的交流电转换成动力蓄电池额定高压直流电源，再通过橙色高压电缆，将电流输入给动力蓄电池。

三、典型纯电动汽车车载充电机的认知

车载充电机（以北汽新能源 EV200 车型为例）属于电动汽车交流充电装备，北汽新能源 EV200 车载充电机输入电压为交流 220 V，输出电压为直流约 440 V，提供给动力蓄电池的充电电流约 7 A，根据动力蓄电池容量 30 kW·h 测算，一般在 7~9 h 充满电，充电机功率约为 3.4 kW、电流约为 16 A。

1. 主要技术参数

北汽新能源 EV200 车载充电机主要技术参数如表 5-6 所示。

表 5-6　北汽新能源 EV200 车载充电机主要技术参数

项目		参数
输入参数	输入相数	单相
	输入电压（AC）	（220±44）V
	输入电流	≤16 A（在额定功率下）
	频率	45~65 Hz
	启动冲击电流	≤10 A
	软启动时间	3~5 s
输出参数	输出功率（额定）	3 360 W
	输出电压（额定）（DC）	240~410 V
	输出电流	0~7.5 A
	稳压精度	≤±0.6%
	负载调整率	≤±0.6%
	输出电压纹波（峰值）	<1%
转换效率	效率	≥99%
冷却方式	冷却	散热片、风冷

2. 车载充电机上的指示灯

车载充电机上有 3 个指示灯，用来显示充电状况。

1）各指示灯功能

（1）POWER 灯（交流）：电源指示灯（绿色），当接通交流电后，电源指示灯亮起。

（2）CHARGE 灯（工作）：正常工作指示灯（绿色），当充电机接通动力蓄电池进入充电状态后，充电指示灯亮起。

（3）ERROR 灯（警告）：警告指示灯（红色），当充电机内部有故障时亮起。

2）显示充电状况

（1）充电正常时，POWER 灯和 CHARGE 灯点亮。

（2）当启动 0.5 min 后仍只有 POWER 灯亮时，有可能是动力蓄电池无充电请求或已充满，没有对汽车充电。

（3）当 ERROR 灯点亮时，则说明充电系统出现异常，没有对汽车充电。

（4）当充电灯都不亮时，说明没有对汽车充电，请检查充电桩、充电线束及插接件。

3. 充电机的保护功能

为了保护车载充电机免受过电流、过电压损坏，其自身具有以下保护功能：

（1）交流输入过电压切断保护功能。

（2）输入欠电压告警和切断功能。

（3）输入过电流、欠电流切断保护功能。

（4）直流输出过电流切断保护功能。

（5）输出短路切断保护功能。

（6）输出电极反接保护功能。

在输入电压远远超过额定电压时，会烧毁车载充电机。在长时间大电流充电状况下，车载充电机会积聚大量的热量，如果散热不良会导致车载充电机开启保护功能，即降低充电电流，充电电流过大或温度过高会导致充电机损坏。

车载充电机还具有以下优点：

（1）根据动力蓄电池特性设计充电的曲线，可以延长动力蓄电池的寿命。

（2）使用方便，维护简单，单独对 BMS 进行供电，由 BMS 控制智能充电，无须人工值守。

（3）保护功能齐全，适用范围广，具有多重保护功能。

（4）整机温度保护为 75 ℃，当机内温度高于 75 ℃时，充电机输出电流变小，高于 85 ℃时，充电机停止输出。

四、车载充电机的控制电路

1. 充电电流流向

车载充电机为动力蓄电池充电是多个部件参与工作的过程，从交流充电接口输入市电交流电，再用导线输入车载充电机，经过充电机转换成高压直流电，再用高压电缆输入动力蓄电池。以充电电流流向的方块图表示整个充电过程，如图 5-33 所示。

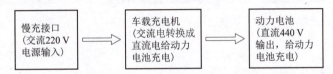

图 5-33　充电电流流向的方块图

2. 充电电路

充电机充电电路如图 5-34 所示。

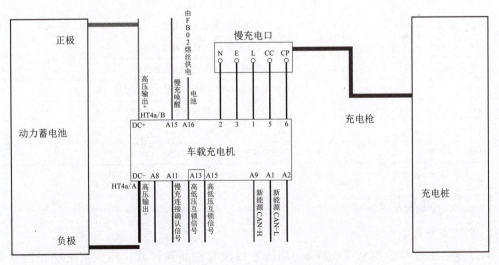

图 5-34　充电机充电电路

3. 各端子功能

1）直流输出端子

与动力蓄电池连接的直流输出端子如图 5-35 所示。A 脚为动力蓄电池电源负极输出/输入端子，B脚为动力蓄电池电源正极输出/输入端子。

2）交流输入端子

与交流充电口连接的交流输入端子如图5-36所示。1脚与交流充电口的L端（交流相线）相连接，2脚与交流充电口的N端（交流零线）相连接，3脚与交流充电口的PE端（地线）相连接，4脚为空脚，5脚与交流充电口的C端（充电连接确认线）相连。

3）车载充电机端子

车载充电机端子共16个针脚，如图5-37所示。

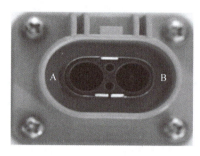  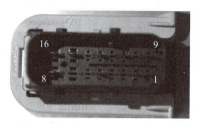

图5-35　直流输出端子　　　图5-36　交流输入端子　　　图5-37　车载充电机端子

车载充电机各端子功能如表5-7所示。

表5-7　车载充电机各端子功能

端子号	功　能
A1	新能源CAN-L（通信数据线）
A2	CAN-N地线
A5	高压互锁信号线输出
A8	充电机地线（低压蓄电池）
A9	新能源CAN-H（通信数据线）
A11	CC线与VCU36脚连接，慢充连接信号线
A13	互锁输入（到空调压缩机低压插件）
A15	慢充唤醒线12 V+
A16	充电机电源（低压蓄电池）12 V+

五、交流充电控制策略

1. 交流充电的条件

动力蓄电池的SOC值低于100%，高压互锁没有检测到打开，高压系统绝缘检测超过500 MΩ，检测动力蓄电池处于正常工作环境（动力蓄电池温度处于0~55 ℃）。充电桩及充电枪性能正常，连接良好。

2. 充电的控制

纯电动汽车充电系统主要是用低压电进行控制，充电枪连接交流充电口后，充电枪的CC脚与PE脚之间有12 V直流电作为充电连接信号线输入充电机，并把该信号传输给

VCU，表示充电枪正确接入车辆交流充电口。充电机在接收到 CC 的信号后，充电机产生 12 V 交流充电唤醒信号传输给 BMS、VCU 和仪表，其实是给这些部件供电，以保证 BMS、VCU 和仪表的正常工作，此时 VCU 将信使信号（又称指令信号）给 DC/DC，DC/DC 变换器被激活并给低压蓄电池充电。

在车钥匙置于 OFF 挡的情况下，车载充电机已经处于正常工作状态，输出高压直流电。BMS、VCU 和仪表虽然已经处于通电状态，但 BMS、VCU 会检测车辆及动力蓄电池是否处于允许充电状态。如果条件允许，BMS 接通动力蓄电池总正、总负接触器，接通充电机输出端子，充电机为动力蓄电池充电，此时车辆已经进入充电状态。充电时 BMS 通过 CAN 通信控制车载充电机工作状态，包括工作模式指令、动力蓄电池允许最大电压、充电允许最大电流和加热状态电流值，保证充电时电压、电流是由 BMS 监控，保护动力蓄电池的充电安全。

动力蓄电池检测充电完成后，BMS 给充电机发送停止充电指令，车载充电机停止工作，关闭 12 V 交流充电唤醒电源，VCU 指令控制 DC/DC 变换器停止工作，BMS 切断动力蓄电池总正、总负接触器，充电结束。

在气温寒冷的地区充电时，需要对动力蓄电池加热。加热状态时，BMS 将闭合负极接触器和加热继电器，通过 PTC 给动力蓄电池包内的电芯加热，此时 PTC 相当于一个电阻负载，充电机对负载直接供电，此时充电机不判断其输出端电压就闭合继电器开始工作。充电状态时，BMS 将闭合总正、总负接触器，车载充电机将先判断其输出端电压值，当检测到电压值满足充电条件后，充电机将闭合其输出端继电器，并开始对动力蓄电池充电。

六、车载充电机常见故障

1. 不能为动力蓄电池充电，警告灯闪亮

1）故障现象

不能为动力蓄电池充电的故障，警告灯闪亮。

2）故障判断

不能为动力蓄电池充电，充电电路有故障。

3）排除故障

测量输入电压是否为 170~260 V，检查充电桩与充电枪的连接是否正常，充电线是否过细，若截面积小于 2.5 mm²，更换充电桩及更换满足条件的电线。

2. 不能为动力蓄电池充电，电源指示灯不亮

1）故障现象

连接充电枪，充电机上指示灯都不亮，仪表上充电指示灯不亮。

2）故障判断

不能为动力蓄电池充电，电源没有正确连接，车载充电机损坏。

3）排除故障

检查充电桩供电是否正常，检查充电枪是否正常，充电机 CC 端是否有 12 V 电压，如果都正常，则判断车载充电机损坏，更换充电机。

3. 不能为动力蓄电池充电，警告灯闪亮，仪表上充电机过热警告灯亮

1）故障现象

不能为动力蓄电池充电故障，警告灯闪亮，充电机过热警告灯亮。

2）故障判断

不能为动力蓄电池充电，充电机有温度过高的故障。

3）排除故障

检查充电机散热风扇是否转动；检查散热风扇是否过脏，外表是否有杂物堵塞散热风道。

任务小测

（1）车载充电机也称为_____，可将_____转换成动力蓄电池能接受的直流电，实现动力蓄电池的补充。

（2）车载充电机依据 VCU 和 BMS 提供的数据，自动调节_____或_____，从而满足动力蓄电池的充电需求，以完成充电任务。

（3）车载充电机内部可分为_____、_____、_____ 3 部分。

（4）车载充电机的控制电路控制 MOS 管的开关、与_____之间通信、监测_____与_____。

（5）车载充电机的机壳上设计有_____控制电路，并且与车身有可靠的_____。

（6）车载充电机内部有大量的电子元件，充电过程会产生大量的热，所以在外壳体上安装了_____，再安装了_____强制散热。

（7）车载充电机外部电线连接口不包含（ ）。

A. 交流输入端　　　　B. 直流输入端　　　　C. 直流输出端　　　　D. 低压通信控制端

（8）车载充电机高压互锁电路没有连接或高压绝缘电阻偏低，BMS 将阻断动力蓄电池（ ）。

A. 总正继电器　　　B. 总负继电器　　　C. 总正和总负继电器　D. 维修开关

（9）充电机交流接换成直流的 AC/DC 过程中，不包括（ ）。

A. 整流成直流电　　　　　　　　　　B. 变换成高频交流电

C. 升压后整流成直流电　　　　　　　D. 分频后转换成高压直流电

（10）车载充电机有 3 个指示灯，不包括（ ）。

A. POWER 灯　　　B. CHARGE 灯　　　C. ERROR 灯　　　D. STATE 灯

（11）动力蓄电池慢充需要满足的条件是（ ）。

A. SOC 值小于 100%　　　　　　　B. 高压互锁没有检测到打开

C. 高压系统绝缘检测超过 500 MΩ　　D. 动力蓄电池温度低于 0 ℃

E. 以上条件全部都要满足

（12）简述车载充电机主要内部电流转换过程。

（13）简述 AC/DC 电路原理，可用模块图说明。

（14）简述车载充电机自身具有哪些保护功能？

任务 5　能量回收

学习内容

（1）制动能量回收系统构成；
（2）制动能量回收系统原理；
（3）制动能量回收路线；
（4）制动能量回收控制策略。

能力要求

（1）掌握制动能量回收系统构成；
（2）掌握制动能量回收系统原理；
（3）了解制动能量回收路线；
（4）了解制动能量回收控制策略。

任务引入

小李在某 4S 店购买新能源电动汽车，销售人员推荐给他一些具备制动能量回收功能的新能源车型，此功能可以增加汽车行驶的续航里程，但小李不确定该功能是否会影响车辆行驶，是否真正意义上的增加里程，而不是增加费用？请你为小李解答问题。

任务描述

新能源汽车的续航里程是车主最为关注的方面，请你用专业知识分析制动能量回收的原理，在学习小组或班级里进行交流汇报。

一、制动能量回收系统构成与原理

新能源汽车对能源的高效利用是发挥其节能优势的关键，这其中的关键部件就是高压电池，电池储存能量的多少是决定汽车在纯电动模式下续驶里程的重要因素。目前电池技术仍是电动汽车发展的瓶颈。

研究表明，在城市行驶工况下，大约有 50% 甚至更多的驱动能量在制动过程中损失掉，郊区工况下也有至少 20% 的驱动能量在制动过程中损失掉。因此，制动能量回收是提高这类汽车能量利用效率的有效措施，对汽车的节能和环保有着不可替代的作用。如果将车辆减速时的动能转化为电能，回收入高压电池，相当于增加了电池的容量。制动能量回收是指在减速或制动过程中，驱动电机工作于发电状态，将车辆的部分动能转化为电能储存于电池中；同时，施加电机回馈转矩于驱动轮，对车辆进行制动，这种制动方式称为再生制动或回馈制动。

制动能量回收技术在电驱动车辆上的应用，可以增加车辆一次充电的续航里程。制动能量回收由电制动系统和液压制动系统共同完成。液压制动系统是制动能量回收系统关键的执行机构，其任务是对制动压力进行控制，保证驾驶员良好的制动踏板感觉，确保整车制动安全性。在现有的技术条件下，制动能量回收对提高电动汽车的续驶里程性能方面具有重要的意义。一般来讲，在高压电池充电效率为100%，电动机效率、制动回馈效率为50%，车辆总消耗能量50%用于获得车辆动能的设定条件下，采用再生制动能量回收，可提高车辆续驶里程约33%。不同车型在制动能量回收过程中的仪表显示如图5-38所示。

图5-38　不同车型在制动能量回收过程中的仪表显示

由于电动机产生的再生制动力矩通常达不到传动燃油车中的制动系统产生的制动性能，所以在电动汽车中，制动能量回收系统包括液压制动和再生制动2个子系统，同时涉及VCU、变速器、差速器和车轮等相关部件，电制动系统包含驱动电机及其控制器、高压电池和BMS。电机控制器用于控制驱动电机工作于发电状态，施加回馈制动力；电池管理系统控制电能回收于电池；液压控制系统包括液压制动执行机构和制动控制器，用于控制摩擦制动力的建立与调节。再生制动原理简图如图5-39所示。

二、能量回收路线

制动能量回收是现代电动汽车与混合动力汽车的重要技术之一，也是它们的重要特点。在一般内燃机汽车中，当车辆减速、制动时，车辆的运动能量通过制动系统而转变为热能，并向大气中释放。而在电动汽车与混合动力车中，这种被浪费掉的运动能量已可通过制动能量回收技术转变为电能并储存于蓄电池中，并进一步转化为驱动能量。例如，当车辆起步或加速，需要增大驱动力时，电动机驱动力成为发动机的辅助动力，使电能获得有效应用。电

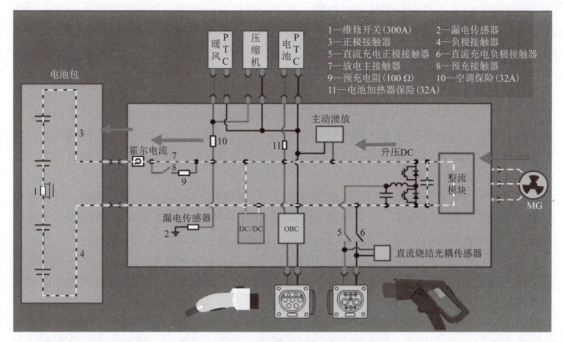

图 5-39 再生制动原理简图

动汽车的能源转换装置仅由电动机/发电机、蓄电池、功率变换模块及动力传递装置等组成，由外部电源对蓄电池充电，能源传递路线主要有由蓄电池到车轮（行驶）和由车轮到蓄电池（能量回收）。车辆在制动或滑行的过程中，车辆的驱动轮相当于起发电机的作用。能量回收主要有以下 3 条路线：

（1）利用制动时产生的热量进行能量回收。

（2）利用车辆减速时的惯性，使得车轮带动驱动电机转动，从而使驱动电机变为发电机，将电能储存至蓄电池组内。

（3）车辆的所有车轮都能利用车辆行走的惯性以及下坡的中立势能通过惯性发电机进行发电。该惯性发电机包括电动汽车的轮毂发电机和轮轴发电机。轮毂发电机即为车轮内装发电机，它的最大特点就是通过车轮的转动带动发电机的转子转动，从而达到发电的目的。轮毂发电机的优点是在传统电动汽车现有的续航里程不变的情况下增加了一个电力补充来源，车辆可以在不影响蓄电池使用寿命的情况下，一边行驶一边充电，从而达到延长续航里程的目的。转轴发电机是通过轮毂转动带动传动轴连接的轮轴发电机的转子转动，从而达到发电的目的。转轴发电机的优点和轮毂发电机一样。轮毂发电机和转轴发电机同时配置在同一辆四轮电动汽车上时，一辆电动汽车就有由多个发电机组成的电源补充供应系统。一般情况下，一辆四轮电动汽车属于集中式驱动电机组成的驱动系统时，可以配备 2~4 个轮毂发电机，同时还可以配备 2 个轮轴发电机；属于轮毂式两轮驱动电机组成的驱动系统时，可以配备 4 个轮轴发电机，同时还可以配备 2 个轮毂发电机；属于轮毂式四轮驱动电机组成的驱动系统时，可以配备 4 个轮轴发电机。惯性发电机在进一步提高能量利用率的基础上，充分提高了车辆整体性的能量回收效率。

同时利用以上 3 条路线最大限度地回收能量，能使汽车的能量回收效率达到最大。

为了使电动汽车具有良好的机械性能、电驱动性能及合理的能量分配等，电动汽车的能源管理系统必须对能量系统的工作进行有效监测和控制，使电动汽车的能量进行最佳流动，以最大限度地利用能量循环转换来提高汽车的经济性能。

三、制动能量回收控制策略

为了在满足制动性能要求下尽量多地回收车辆的动能，应该协调控制液压制动和再生制动2个子系统。这样就有2个基本问题需要解决：一是如何在再生制动和液压制动之间分配所需的总制动力，以尽可能多地回收车辆动能；二是如何在前后轮轴上分配总制动力，以实现稳定的制动状态。

目前基本上有4种不同的制动控制策略：具有最佳制动感觉的串联制动策略、具有最佳能量回收率的串联制动策略、并联制动策略和ABS防抱死制动策略。制动控制策略通过软件实现，与维护和保养无关，故本部分内容不做详细介绍，仅以其中之一做概述。

具有最佳制动感觉的串联制动系统通过控制器控制施加于前后轮上的制动力，从而使制动距离达到最小，且驾驶者的感觉良好。这就要求施加在前后轮的制动力遵循理想的制动力分布曲线。

当系统检测到制动踏板行程小于某值时，将仅有的再生制动施加于前轮，模拟了传统汽车中发动机延迟点火作用。当系统检测到制动踏板行程大于该值时，施加于前后轮的制动力遵循理想的制动力分布曲线，当所需的制动力小于电机所能产生的最大制动力时，只采用电机再生制动；反之，电机将产生其最大的制动转矩，剩余的制动力由机械制动系统补足。

由于电机不同于内燃机的外特性，电动机产生的最大再生制动力与其转速密切相关。在低转速（低于基本转速）的状态下，其最大转矩为常量。在高转速（高于基本转速）状态下，最大转矩随着转速呈双曲线形下降。因此，在制动踏板位置不变时，机械制动转矩将随车速而变化。

任务小测

（1）制动能量回收由＿＿＿＿＿＿和＿＿＿＿＿＿共同完成。

（2）关于电动汽车的制动能量功能，下列说法不正确的是（　　）。

A. 可以节省刹车片　　　　　　　　B. 可以提高刹车效果

C. 可以省电　　　　　　　　　　　D. 可以完全当制动使用

（3）能量回收过程中，当制动或把脚移离油门，动能被发电机收集并存入（　　）。

A. 蓄电池　　　B. 超级电容　　　C. 发动机　　　D. 传感器

（4）试描述制动能量回收线。

任务 6　品牌车型充电系统

学习内容

（1）比亚迪 e5 充电系统结构和充电原理；

（2）吉利 EV300 充电系统结构和充电原理；

（3）广汽传祺充电系统组成和位置。

能力要求

（1）了解比亚迪 e5 充电系统结构和充电原理；

（2）了解吉利 EV300 充电系统结构和充电原理；

（3）了解广汽传祺充电系统组成和位置。

任务引入

小张是某品牌 4S 店销售人员，该品牌电动汽车充电支持交流充电和直流充电。在接待客户王女士时，王女士告诉小张还有 X 品牌的某款车（交直流充电接口有一个）也很喜欢，但是两款车使用了不同车型动力电池充电方式，王女士不知道它们有什么区别，希望小张能帮忙解答。

任务描述

客户在购买汽车时，非常关注充电方式，请你就目前市场上常见车型的充电系统对比它们的差异，并说明 2 种充电方式的作用和结构差异，在学习小组或班级里进行交流汇报。

一、比亚迪 e5 交流充电系统

目前国内绝大部分的纯电动汽车的交流充电都是采用统一标准，比亚迪 e5 的交流充电口也是采用了统一标准的七星孔交流充电口。不同厂家的交流充电控制策略稍微有些不同。

比亚迪 e5 的交流充电过程如下：

通过交流充电桩、壁挂式充电盒以及家用便携式充电枪接入交流充电口；

通过高压电控总成将交流电转为直流高压电给动力电池充电，同时高压电控总成里的车载充电机发送信号唤醒 BMS；

BMS 控制相对应的接触器闭合，让转换好的直流高压电给动力电池充电。

充电系统简图如图 5-40 所示。

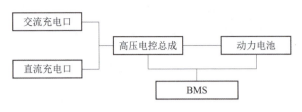

图 5-40　充电系统简图

1. 比亚迪 e5 充电口总成的位置

比亚迪 e5 充电口总成隐藏在车头的中央格栅后面，通过拉动驾驶室右下方的充电口盖拉锁，该格栅弹起后可看到充电口总成，比亚迪 e5 充电口总成的位置如图 5-41 所示。充电口总成分别布置着交流充电口和直流充电口，充电接口有照明灯。纯电动汽车充电口的位置因车而异，根据不同的整车布局、设计理念等，其充电口的位置也不同。

充电口总成—隐藏在中央格栅后面，充电接口有照明灯

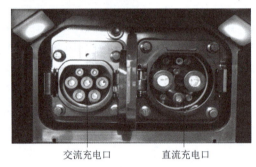

交流充电口　　　直流充电口　　　　　　　充电口盖拉锁

图 5-41　比亚迪 e5 充电口总成的位置

2. 比亚迪 e5 交流充电的分类

交流充电按交流的相数分有单相交流充电和三相交流充电；按交流充电的功率分有 2 kW，3.3 kW，7 kW，40 kW 交流充电；按使用位置分有交流充电桩、壁挂式充电盒、家用便携式充电枪。

1）单相交流充电和三相交流充电

单相交流充电主要是采用单相 220 V 电压作为电源的充电设备，而三相交流充电主要是采用三相 380 V 电压作为电源的充电设备。比亚迪 e5 的交流充电刚开始的时候（即 2016 款和 2017 款），其交流口设置是三相交流充电口，既可以进行单相 220 V 的交流充电也可以进行三相 380 V 的交流充电，到 2018 款和 2019 款，比亚迪 e5 的动力电池改成三元锂蓄电池后，考虑到各方面的因素，它的交流充电口就设置成了单相交流充电口，即交流充电口只允许 220 V 的交流电充电。比亚迪 e5 的单相交流充电和三相交流充电及它们的充电口分别如图 5-42 和图 5-43 所示。

图 5-42　比亚迪 e5 的单相交流充电和三相交流充电

图 5-43　比亚迪 e5 单相交流充电口与三相交流充电口

交流充电口端子定义如图 5-44 所示。

国标统一标准的七星孔交流充电口，三相交流充电口与单相交流充电口的区别主要在于 NC1 和 NC2，单相交流充电口 NC1 和 NC2 是预留的空脚。其中 PE 为地线，CC 是充电连接，CC 由车载充电控制器输出 5 V 或者 12 V 的充电检测电压（2018 款之前的 e5 是 5 V，2019 款的是 12 V）；CP 为控制确认线，CP 由充电设备输出 12 V 的检测电压（国标统一标准）。

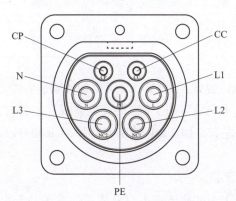

L：A相	PE：地线
NC1：B相/预留	CC：充电连接 （车载充电器输出5 V 或12 V）
NC2：C相/预留	CP：控制确认 （充电设备输出12 V）
N：中性线	

图 5-44　交流充电口端子定义

2）壁挂式充电盒与家用便携式充电枪

壁挂式充电盒与家用便携式充电枪分别如图 5-45 和图 5-46 所示。

图 5-45　壁挂式充电盒

图 5-46　家用便携式充电枪

不同功率的交流充电装置对动力电池充满的时间有所不同，正常情况下功率越大充电越快，因为其输出的充电电流大小不一样。不同功率的交流充电装置允许输出最大电流及枪端 CC 与 PE 之间的电阻如表 5-8 所示。

表 5-8　不同功率的交流充电装置允许输出最大电流及枪端 CC 与 PE 之间的电阻

功率	允许输出最大电流/A	枪端 CC 与 PE 之间的电阻/Ω
2 kW 充电枪	8	1 500
3.3 kW 充电枪	16	680
7 kW 充电盒或充电桩	32	220
40 kW 充电盒	63	100

2017 款的比亚迪 e5 电池总电压为 633.6 V，容量为 75 A·h，其电池的能量为 47.5 kW·h，如果用 40 kW 的充电盒对其充电则 1 h 左右可充满，用 7 kW 的充电盒或充电桩对其充电要 6~7 h 可充满，用 3.3 kW 的充电枪要 15 h 左右，用 2 kW 的充电枪要 24 h 左右。

3. 比亚迪 e5 交流充电原理

交流充电设备与车的对接图如图 5-47 所示。

其交流充电过程中，当交流充电枪插入车上的交流充电口总成后，首先是车端的 CC 检测到枪端的 CC 与 PE 的电阻 R_C，车端的 CC 与枪端的 CC，R_C，PE 形成回路，CC 端的电压（检测点 3）降低，车辆充电控制装置收到此电压，车辆将进行充电，仪表板的充电指示灯点亮，这时车辆充电控制装置通过充电感应信号唤醒 BMS，BMS 工作，控制相对应的接触器闭合（预充接触器、主正负极接触器、交流接触器等），然后枪端的 CP 感知到车端的 R_3

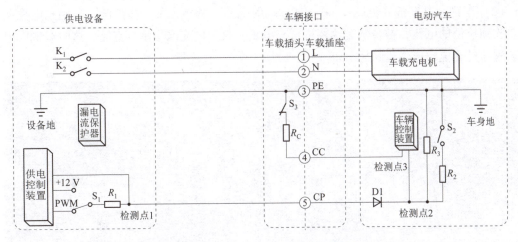

图 5-47　交流充电设备与车的对接图

电阻，检测点 2 的电压降到 9 V，当车端 S_2 闭合，检测点 2 的电压再次降到 6 V 左右，这时充电设备被告知与车的连接状态和车内的控制动作已完成，充电设备端控制相关接触器闭合（K_1，K_2）；最后，充电设备上的交流电经过对接口进入车载充电机，由车载充电机将交流电转换（交流变直流）与升压后给动力电池充电；同时转换成的直流高压电也流入 DC/DC 变换器，DC/DC 变换器给车上辅助蓄电池充电（对大蓄电池充电的同时也对小蓄电池充电）。总的来说，CC 用来告知车辆充电的连接状态和控制车端接触器的闭合信号，而 CP 用来告知充电设备充电就绪和控制充电设备接触器的闭合信号。

（1）充电确认阶段（见图 5-48）：车端的 CC 感知到枪端的 CC 与 PE 的电阻 R_C，车端的 CC 与枪端的 CC，R_C，PE 形成回路，枪端的 CP 与 R_3 形成回路。

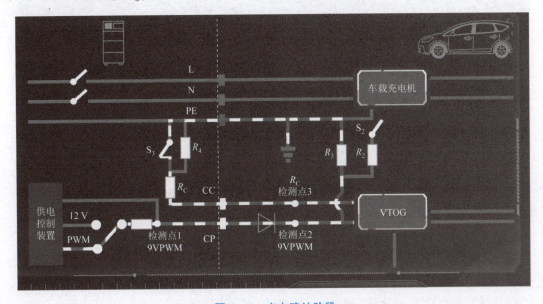

图 5-48　充电确认阶段

（2）车辆充电准备（见图5-49）：CC端的电压（检测点3）被拉低，车辆充电控制装置接收到拉低的电压，被告知车辆要进行充电了，仪表的充电指示灯点亮，这时车辆充电控制装置通过充电感应信号唤醒BMS。

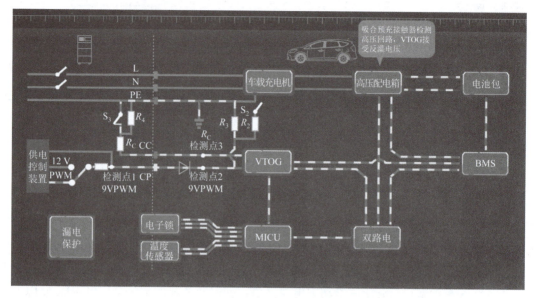

图 5-49　车辆充电准备

（3）车辆准备就绪（见图5-50）：车辆控制装置控制 S_2 闭合。

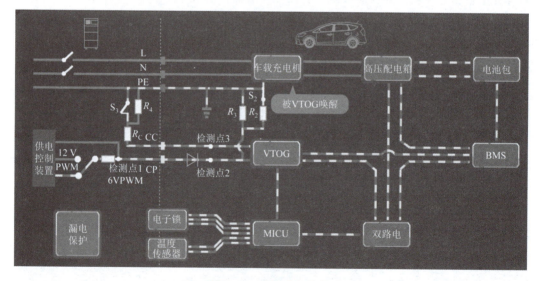

图 5-50　车辆准备就绪

（4）充电设备准备就绪（见图5-51）：充电设备控制相关接触器闭合（K_1，K_2）。
（5）确认充电功率（见图5-52）。

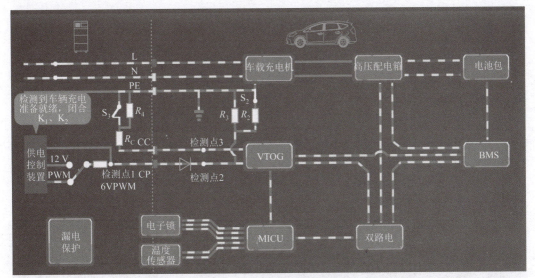

图 5-51　充电设备准备就绪

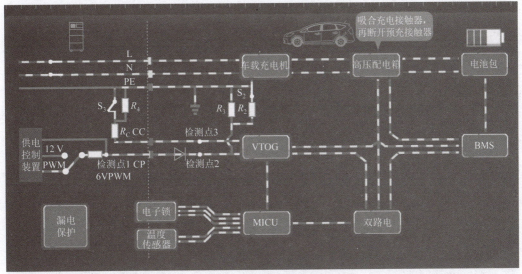

图 5-52　确认充电功率

（6）充电过程（见图 5-53）。

（7）充电结束（见图 5-54）：长按充电枪按钮 1~3 s 拔掉充电枪。

其中充电的控制确认线 CP 输出的是一种占空比（PWM）信号，而且它的占空比因交流充电设备的功率不同而不同。一般情况下，充电设备的功率越大，它的占空比就越大。不同充电设备的占空比如表 5-9 所示。

表 5-9　不同充电设备的占空比

充电设备功率	CP 占空比/%
3.3 kW 充电枪	20~30
7 kW 充电盒或充电桩	35~50
40 kW 充电盒	70~80

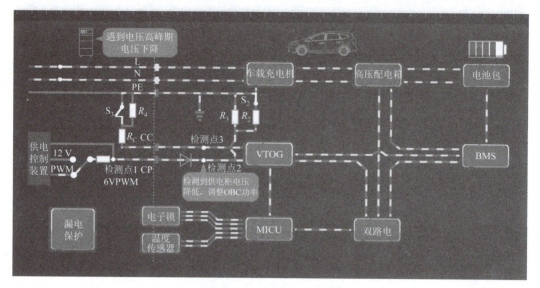

图 5-53　充电过程

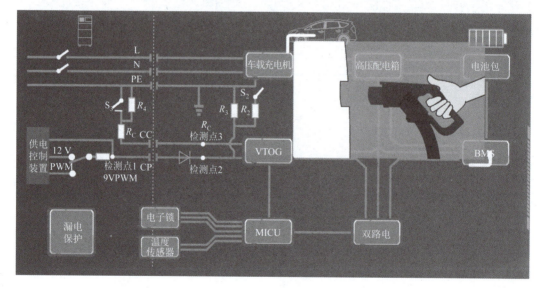

图 5-54　充电结束

整个交流充电时序如图 5-55 所示。

交流充电流程分析：

第一步　预充电（A→B）：仅在电池组电压低于 U_2 时进入预充电过程（电池组电压低于 U_1 时充电机不启动），以 I 进行充电，电压升高到 U_2 时结束预充电过程。

第二步　恒流充电（B→C）：以 I_2 进行恒流充电，电压升高到 U_2 时结束恒流充电过程。

第三步　恒压充电（C→D）：以 U_2 进行恒压涓流充电，电流降低到 I_3 时结束整个充电过程。

充电曲线图如图 5-56 所示。

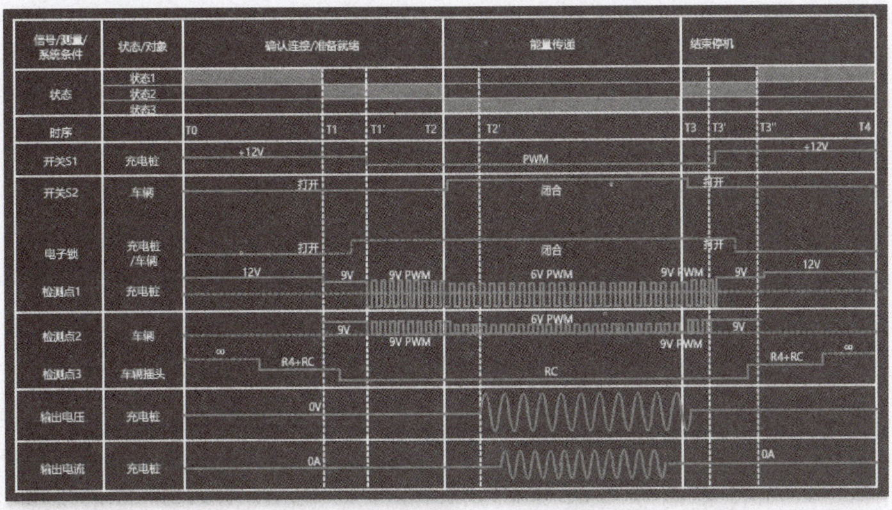

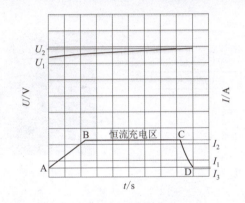

图 5-55　整个交流充电时序

图 5-56　充电曲线图

充电成功后，仪表中的右上角红色充电指示灯点亮，同时仪表显示"连接已成功，正在充电中""当前电量""充电功率""预计充满时间"等。

一般情况下，当充电完成后，相应的接触器自动断开。但是当车辆没充满电，还在充电中，这时车主急需要用车，在拔掉充电枪前要先长按下枪上的按钮 1~3 min，再拔掉充电枪，防止因拔枪过快有电弧击伤。长按枪上的按钮可以改变充电枪里 CC 与 PE 电阻值（按下按钮变成 3.3 kΩ 或无穷大，因枪而异），告知车与设备要停止充电，这时相应的接触器断开，再拔枪就安全了。充电枪按钮如图 5-57 所示。

图 5-57　充电枪按钮

4. 交流充电锁

交流充电锁的功能，一是防止家用类的充电枪被偷，二是防止正在充电时枪被别人乱拔掉。交流充电锁如图 5-58 所示。充电枪把手未按下和按下分别如图 5-59 和图 5-60 所示。

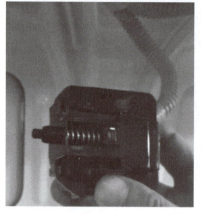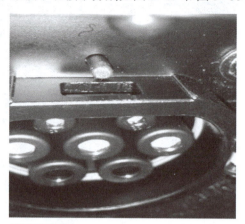

图 5-58　交流充电锁

图 5-59　充电枪把手未按下

充电枪把手未按下

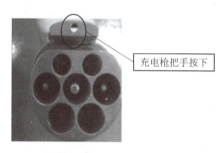

图 5-60　充电枪把手按下

充电枪把手按下

电锁开启条件：

（1）仪表设置；

（2）插上充电枪；

（3）闭锁车门或充电启动。

电锁的应急解锁就是电子功能失效的时候可以通过电锁的应急锁（见图 5-61）拉开锁销，从而拔掉充电枪。

图 5-61　应急锁

二、吉利帝豪 EV450 的充电系统

1. 吉利帝豪 EV450 充电系统的组成及功能

1）充电系统的组成

吉利帝豪 EV450 的充电系统由交流充电口、直流充电口、车载分线盒、电池管理器、电机控制器和动力电池组等组成，如图 5-62 所示。

2）充电系统各部件功能

（1）充电口。

充电时，根据选择的充电类型，连接交流充电插头或者直流充电插头到相应的充电口，连接正确后开始充电，吉利帝豪 EV450 充电口如图 5-63 所示。

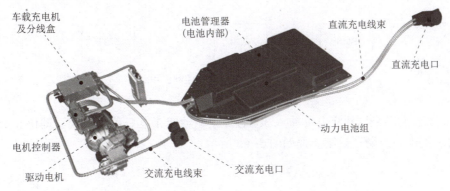

图 5-62 吉利帝豪 EV450 的充电系统

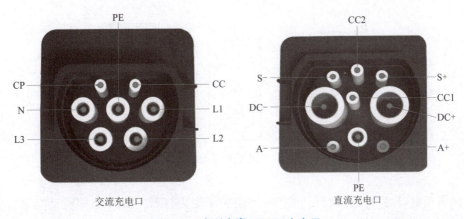

图 5-63 吉利帝豪 EV450 充电口

（2）充电指示灯。

充电指示灯位于车辆充电口上方，用于指示不同的充电状态。任意电源挡位，当 BCM 收到 BMS 的充电状态信息时，驱动充电指示灯工作，充电状态如表 5-10 所示。

表 5-10 充电状态

颜色	状态	说明
白色	常亮 2 min	充电照明
黄色	常亮 2 min	充电加热
绿色	闪烁 2 min	充电过程
蓝色	常亮 2 min	预约充电
绿色	常亮 2 min	充电完成
红色	常亮 2 min	充电故障
蓝色	闪烁 2 min	放电过程

充电指示灯由 BMS 信号提供给 BCM，BCM 控制指示灯状态。充电指示灯控制流程如图 5-64 所示。

3）充电口照明灯

（1）当高压电池处于未充电的状态时，充电口盖打开，BCM 立即驱动充电口照明灯工

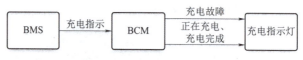

图 5-64　充电指示灯控制流程

作 3 min，工作期间检测到充电枪插入 3 s 后停止驱动或充电口盖关闭则立即停止驱动充电口照明灯，充电口照明灯控制流程如图 5-65 所示。

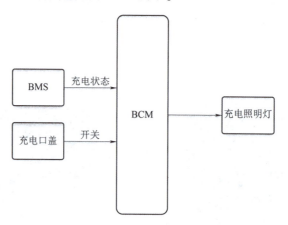

图 5-65　充电口照明灯控制流程

（2）当充电口盖为打开状态，车门状态由关闭变为打开，BCM 立即驱动充电口照明灯工作 3 min，工作期间当高压电池转变为充电状态 3 s 后停止驱动或充电口盖关闭则立即停止驱动充电口照明灯。

（3）OFF 挡时，当充电口盖为打开状态，BCM 接收到无钥匙进入及启动（Passive Entry Passive Start，PEPS）系统发送的解锁信息，则立即驱动充电口照明灯工作 3 min，工作期间如收到车辆上锁信息或充电口盖变为关闭状态则立即驱动充电口照明灯熄灭。

（4）OFF 挡时，当充电口盖为打开状态，BCM 接收到 PEPS 系统发送的遥控寻车信息，则立即驱动充电口照明灯工作 3 min，工作期间如收到车辆上锁信息延迟 3 s 后熄灭或充电口盖变为关闭状态则立即驱动充电口照明灯熄灭。

（5）任意情况下，充电口盖关闭或车速大于 2 km/h，则立即停止驱动充电口照明灯。

4）家用随车充电枪

家用随车充电枪随车配备，用于家用随车交流充电（应急充电）。家用随车充电枪由三脚充电插头、充电枪指示灯、充电插头和充电线缆组成，家用随车充电枪结构如图 5-66 所示。

5）车载充电机

以吉利帝豪 EV450 为例说明，EV450 的车载充电机安装在车辆前舱右侧，如图 5-67 所示。车载充电机集成了车载充电和高压配电系统，车载充电机的结构如图 5-68 所示。

2. 吉利帝豪 EV450 充电系统的工作原理

1）快充（直流高压充电）原理

当直流充电设备接口连接到整车直流充电口，直流充电设备发送充电唤醒信号给 BMS，

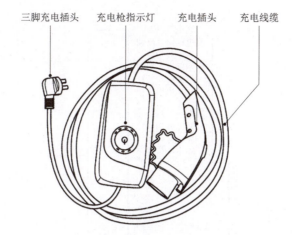

三脚充电插头　充电枪指示灯　充电插头　充电线缆

图 5-66　家用随车充电枪结构

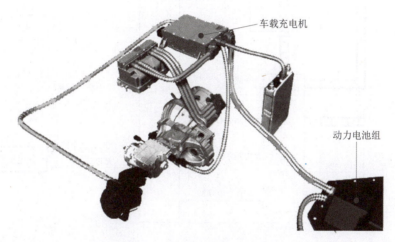

车载充电机

动力电池组

图 5-67　车载充电机的安装位置

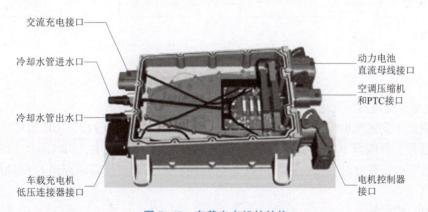

交流充电接口

冷却水管进水口

冷却水管出水口

车载充电机
低压连接器接口

动力电池
直流母线接口

空调压缩机
和PTC接口

电机控制器
接口

图 5-68　车载充电机的结构

BMS 根据动力电池的可充电功率，向直流充电设备发送充电电流指令。同时，BMS 吸合系统高压正极继电器和高压负极继电器，动力电池开始充电。充电时间：48 min 可充电 80%，快充（直流高压充电）原理如图 5-69 所示。

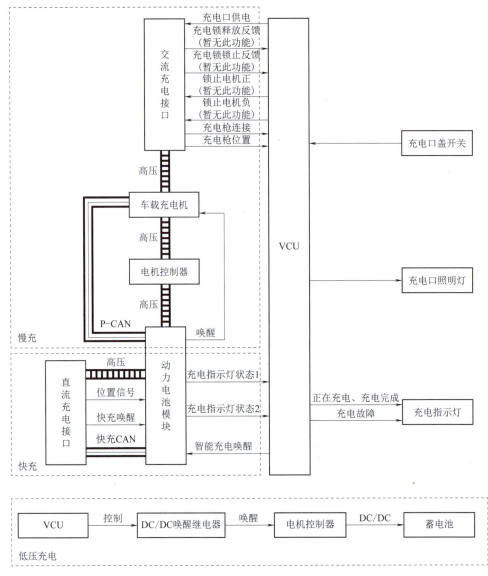

图 5-69 快充（直流高压充电）原理

2）慢充（交流高压充电）原理

当车辆处于交流充电模式下，车载充电机检测交流充电接口的 CC、CP 信号（充电枪插入、导通信号）并唤醒 BMS，BMS 唤醒车载充电机并发送指令充电，同时闭合主继电器，动力电池开始充电。充电时间：预估 13~14 h 可充满，慢充（交流高压充电）原理如图 5-70 所示。

3）充电锁功能

充电枪插入充电接口后，只要驾驶员按下智能钥匙闭锁按钮，充电枪防盗功能将开启；BCM 收到智能钥匙的闭锁信号后通过 CAN 总线将该信号传递到车载充电机，车载充电机将控制充电枪锁止电机锁止充电枪，此时充电枪无法拔出，充电枪锁功能原理框图如图 5-71 所示。

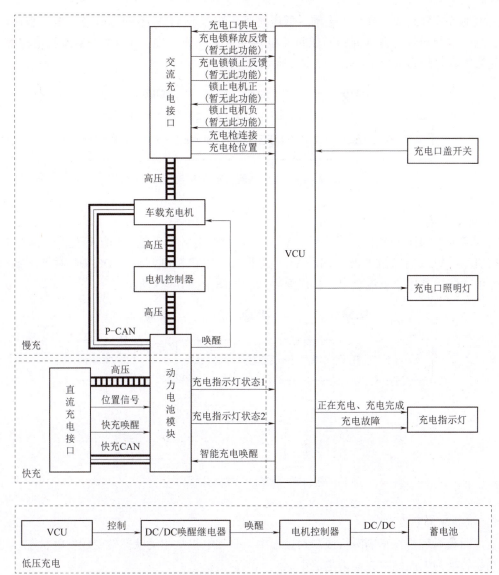

图 5-70 慢充（交流高压充电）原理

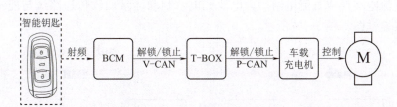

图 5-71 充电枪锁功能原理框图

如要拔出充电枪，需先按下智能钥匙解锁按钮，解锁充电枪。

注意：如果电动解锁失效，可通过机舱左前大灯附近的机械解锁拉索解锁。

4）低压充电

吉利帝豪 EV450 的慢充功能由 12 V 铅酸蓄电池、电机控制器、车载充电机（分线盒）

和动力电池等部件组成。高压上电前，低压电路系统依赖 12 V 铅酸蓄电池供电；当高压上电后，电机控制器将动力电池的高压直流电转换成低压直流电，为 12 V 铅酸蓄电池充电。高压直流电转低压直流电框图如图 5-72 所示。

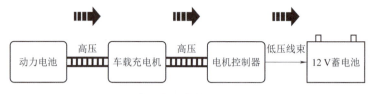

图 5-72　高压直流电转低压直流电框图

5）智能充电

吉利帝豪 EV450 车辆停放过程中，VCU 将持续对电源蓄电池电压进行监控，当电压低于设定值时，VCU 将唤醒 BMS，同时 VCU 也将控制电机控制器通过 DC/DC 对低压蓄电池进行充电，防止低压蓄电池馈电，智能充电功能框图如图 5-73 所示。

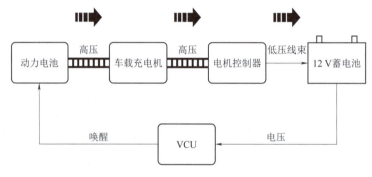

图 5-73　智能充电功能框图

6）制动能量回收

能量回收系统是在车辆滑行或制动过程中，驱动电机从驱动状态转变成发电状态，将车辆的动能转换为电能储存在动力电池中。

制动能量回收过程中，电机消耗车轮旋转的动能发出交流电，再输出给电机控制器，电机控制器将交流电转换成直流电给动力电池充电。制动能量回收传递路线与能量消耗相反，制动能量回收能框图如图 5-74 所示。

图 5-74　制动能量回收能框图

注意：动力电池电量过高、车速较高或者较低和车辆故障，VCU 可能会停止能量回收。此时，减速感觉可能变弱。

三、广汽传祺 GE3 电动汽车充电系统

广汽传祺 GE3 电动汽车充电系统分为交流慢充和直流快充 2 类，其系统组成如图 5-75 所示。

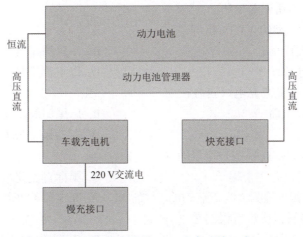

图 5-75　广汽传祺 GE3 充电系统组成

1. 慢充充电系统

慢充充电系统由车载充电机、慢充线束、慢充接口等组成。车载充电机通过普通家庭单相交流电（220 V）或者交流充电桩充电，将其能量转化为高压直流电给动力电池充电。

2. 快充充电系统

快充充电系统由快充接口、动力电池、快充线束组成。快充接口接收来自快速充电桩的高压直流电，在电池控制器的控制下为动力电池充电。

广汽传祺 GE3 充电系统零部件位置如图 5-76 所示。

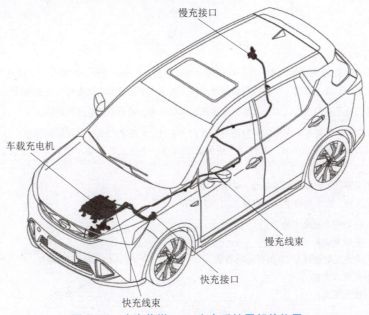

图 5-76　广汽传祺 GE3 充电系统零部件位置

（1）在充电时，BMS 检测到动力蓄电池_____或_____达到了规定限，发出指令关闭高压电路并切断充电电路。

（2）比亚迪纯电车型的 VTOV 指的是（　　）。

A. 车辆对车辆进行充电　　　　　　　　　B. 车对插排放电

C. 车对电网放电　　　　　　　　　　　　D. 以上都不是

（3）全新秦 EV 的交流充电口安装在（　　）。

A. 车头位置 logo 下面　　　　　　　　　B. 后尾门 logo 下面

C. 左前翼子板上　　　　　　　　　　　　D. 右后翼子板上

（4）关于充电口的描述哪些是错误的（　　）？

A. 国标交流充电口有 7 个端子　　　　　　B. 国标直流充电口有 9 个端子

C. 直流充电口有温度检测，但交流充电口不需要　　D. 充电口的簧片断裂后必须更换

（5）关于慢充接头，说法有误的是（　　）。

A. CC 端为充电连接确认　　　　　　　　　B. PE 为保护地线

C. L 为中线　　　　　　　　　　　　　　D. CP 为充电控制引导

（6）关于快充接头，说法有误的是（　　）。

A. DC+为直流电源正极　　　　　　　　　B. DC−为直流电源负极

C. S+为充电确认线　　　　　　　　　　　D. A+为低压辅助电源正极

实训项目　动力电池充电技术

组员姓名			学时		班级	
组别		组长	联系电话		小组任务成绩	
实训场地			日期		个人任务成绩	
任务描述	案例导入： 　　一辆比亚迪 e5 纯电动汽车，进厂报修时的故障现象：充电过程中，时而充电，时而不充电。客户要求服务站给予检修。现在，小张需要在师傅指导下对动力电池充电系统进行检查和测试					
任务目的	交流充电系统的结构认知、直流充电系统的结构认知、动力单体电池参数测试					
任务准备	安全防护：做好车辆安全防护与隔离（车内外三件套、车轮挡块、警示隔离带等） 工具设备：数字万用表、兆欧表、绝缘防护用品、绝缘工具套装、常规工具套装、动力电池拆装举升台 台架车辆：不同类型单体电池、电池模型、BMS 台架 辅助资料：汽车维修手册、教材、实训工作页					
资讯	（1）电动汽车充电可分为_____和_____ 2 种。 （2）交流充电系统由_____、_____、_____、_____和_____组成。 （3）交流充电接口中 CP 的针脚功能是_____、CC 的针脚功能是_____。 （4）高压线束有_____、_____、_____、_____。 （5）快充系统由_____、_____、_____和_____组成。					

资讯	（6）快充 CAN 系统中，进入充电状态时，车辆需要向桩端传输_____、_____、SOC、_____等信息。 （7）车载充电机也称为_____，可将_____转换成动力蓄电池能接受的直流电，实现动力蓄电池的补充。 （8）车载充电机依据 VCU 和 BMS 提供的数据，自动调节_____或_____，从而满足动力蓄电池的充电需求，以完成充电任务。 （9）车载充电机内部可分为_____、_____、_____ 3 部分。 （10）车载充电机的控制电路控制 MOS 管的开关、与_____之间通信、监测_____与_____。 （11）车载充电机的机壳上设计有_____控制电路，并且与车身有可靠的_____。
计划与决策	请根据交流充电系统技术的任务，确定检测的标准方法和所需要的检测仪器，并对小组成员合理分工，制定详细的工作计划。 （1）采用的评价标准：_____。 （2）需要的检测仪器和工具。 ①仪器：_____。 ②工具：_____。 （3）实训计划：_____。 （4）小组成员任务分工如表 5-11 所示。 表 5-11　小组成员任务分工 <table><tr><td>操作员</td><td></td><td>记录员</td><td></td></tr><tr><td>安全员</td><td></td><td>展示员</td><td></td></tr></table>
实施	1. 根据图 5-77 所示的交流充电桩结构组成及功能完成表 5-12。 <div align="center">图 5-77　交流充电桩结构组成及功能</div>

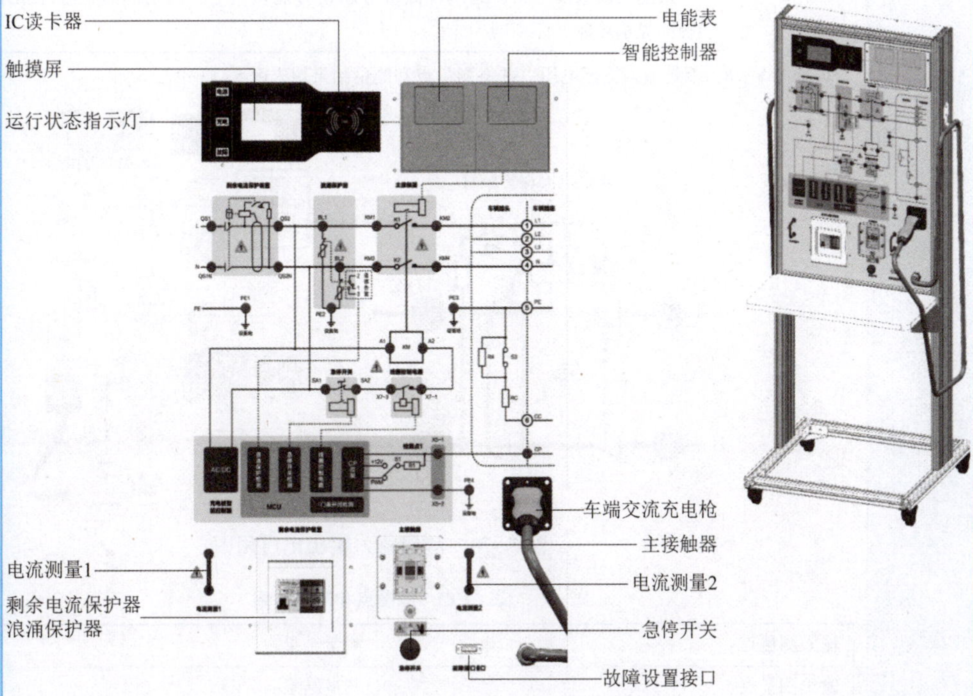

表 5-12　交流充电桩部件名称及基本功能

部件名称	基本功能/作用
	应用射频原理完成读卡功能，支持 IC 卡刷卡认证身份
	显示读卡信息，输入人机操作命令，显示当前充电信息，显示故障信息，显示充电费用
	提示"电源""充电""故障"3 类设备工作状态
	检测剩余电流保护器电源侧电流
	包括空开和漏电保护器，充电桩交流供电开关，输出侧的过载保护、短路保护和漏电保护
	防感应雷、防操作过电压的保护功能
	通过信号反馈到智能控制器，输出控制主接触器切断；当门盖打开时，故障指示灯亮起，触屏提示故障
	采用 2.0 等级的多功能单相表作为充电计量，采集电流和电压计算电能值，使用 RS485 与智能控制器通信
	充电桩控制核心，实现人机交互、充电控制、电能计量、IC 卡付费、票据打印、运行状态监测、充电保护和充电信息存储和上传等功能
	车辆插头，车辆接口中和充电线缆连接且可以移动的部分。对应于 GB/T 11918.1—2014 中的连接器
	通过智能控制器控制交流电通断；通过开盖检测信号反馈故障设置系统，控制台架交流供电切断；当门盖打开时，台架自动被切断，充电桩不上电
	检测车端交流充电枪侧电流
	快速切断输出电源；通过检测信号反馈智能控制器；当切断时，故障指示灯亮起，触屏提示故障

（左侧：实施）

根据图 5-78，测量输入输出电压，并将测量点和测量结果填入表 5-13 中。

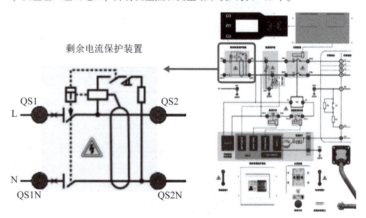

剩余电流保护装置

图 5-78　测量输入输出电压用图

表 5-13　测量点和测量结果

输入测量点：	测量结果：
输出测量点：	测量结果：

使用"Test"钮测试剩余电流保护功能，将测量点和测量结果填入表 5-14 中。

表 5-14　测量点和测量结果

输入测量点：	测量结果：
输出测量点：	测量结果：

根据图 5-79，分别测量浪涌保护器火线、零线对地电压，并将测量点和测量结果填入表 5-15 中。

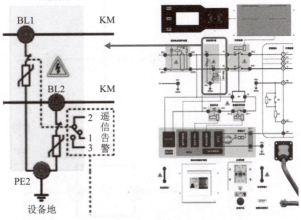

图 5-79　分别测量浪涌保护器火线、零线对地电压用图

表 5-15　测量点和测量结果

火线对地测量点：	测量结果：
零线对地测量点：	测量结果：

根据图 5-80，说明主接触器工作原理。

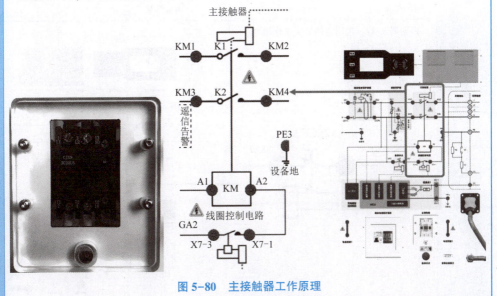

图 5-80　主接触器工作原理

根据图5-81，测量线圈、输入及输出电压，将测量点和测量结果填入表5-16中。

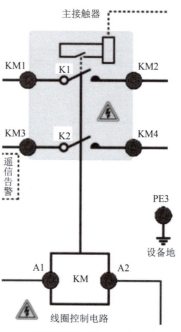

图 5-81　测量线圈、输入及输出电压用图

表 5-16　测量点和测量结果

线圈测量点：	测量结果：
输入测量点：	测量结果：
输出测量点：	测量结果：

根据图5-82，说明急停开关工作原理。

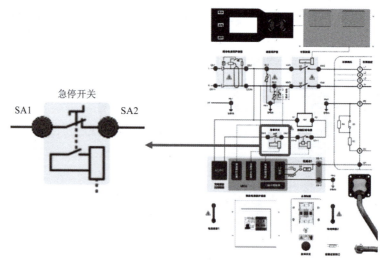

图 5-82　急停开关工作原理

根据图 5-83，测量输入输出电压，将测量点和测量结果填入表 5-17 中。

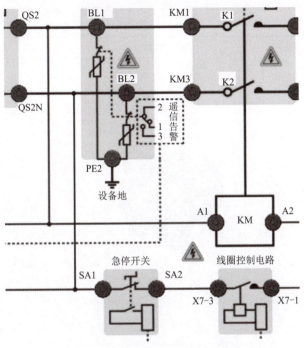

图 5-83　测量输入输出电压用图

表 5-17　测量点和测量结果

输入测量点：	测量结果：
输出测量点：	测量结果：

根据图 5-84，使用电能表测量输入输出电流，将测量点和测量结果填入表 5-18 中。

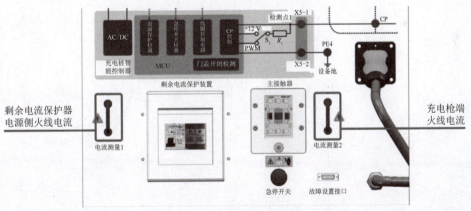

图 5-84　电能表测量输入输出电流用图

表 5-18　测量点和测量结果

输入测量点：	测量结果：
输出测量点：	测量结果：

2. 交流充电桩枪端故障检测与排除

补充车辆插座基本结构及触头的布置方式（见表5-19）。

表5-19　车辆插座基本结构及触头的布置方式

国标	基本结构	触头布置方式
GB/T 20134.1—2015		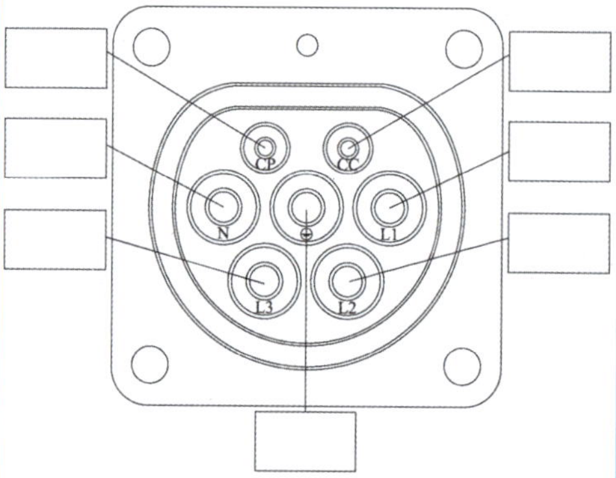

补充车辆插头（充电枪）基本结构及触头的布置方式（见表5-20）。

表5-20　车辆插头（充电枪）基本结构及触头的布置方式

国标	基本结构	触头布置方式
GB/T 20134.1—2015	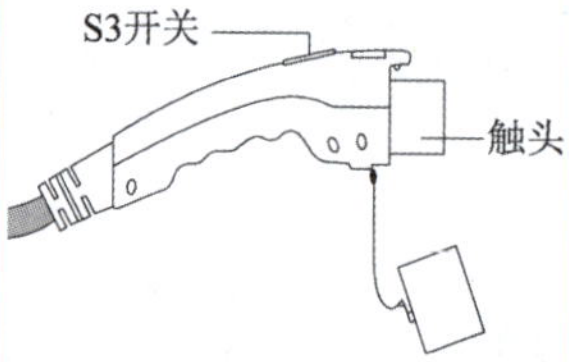	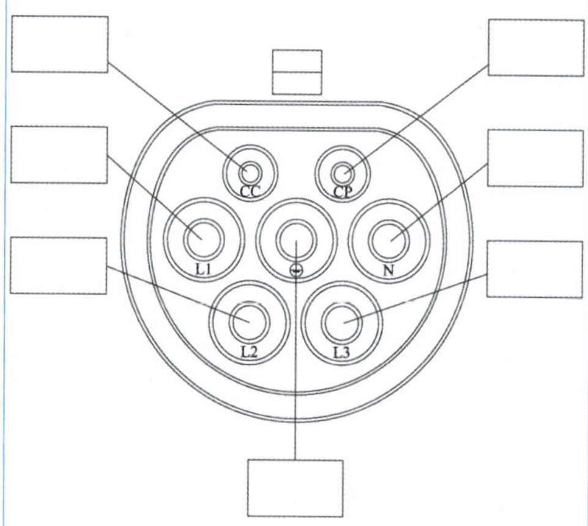

3. 车辆插头（充电枪）故障排除

根据图5-85所示的车辆接口电气连接界面示意图，在不按和按下机械锁止装置时，分别测量 R_c 或 R_4 电阻值，将测量点和测量结果填入表5-21中。

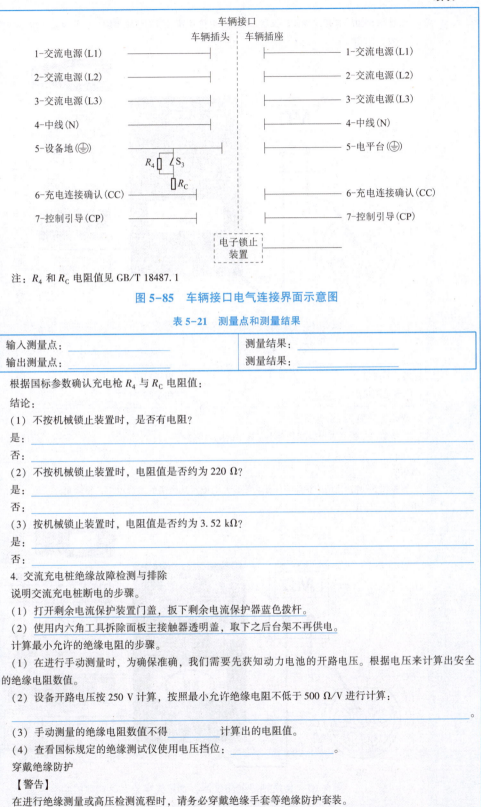

注：R_4 和 R_C 电阻值见 GB/T 18487.1

图 5-85　车辆接口电气连接界面示意图

表 5-21　测量点和测量结果

输入测量点：＿＿＿＿	测量结果：＿＿＿＿
输出测量点：＿＿＿＿	测量结果：＿＿＿＿

实施

根据国标参数确认充电枪 R_4 与 R_C 电阻值：

结论：

（1）不按机械锁止装置时，是否有电阻？

是：＿＿＿＿＿＿＿＿＿＿＿＿＿＿＿＿＿＿＿＿＿

否：＿＿＿＿＿＿＿＿＿＿＿＿＿＿＿＿＿＿＿＿＿

（2）不按机械锁止装置时，电阻值是否约为 220 Ω？

是：＿＿＿＿＿＿＿＿＿＿＿＿＿＿＿＿＿＿＿＿＿

否：＿＿＿＿＿＿＿＿＿＿＿＿＿＿＿＿＿＿＿＿＿

（3）按机械锁止装置时，电阻值是否约为 3.52 kΩ？

是：＿＿＿＿＿＿＿＿＿＿＿＿＿＿＿＿＿＿＿＿＿

否：＿＿＿＿＿＿＿＿＿＿＿＿＿＿＿＿＿＿＿＿＿

4. 交流充电桩绝缘故障检测与排除

说明交流充电桩断电的步骤。

（1）打开剩余电流保护装置门盖，扳下剩余电流保护器蓝色拨杆。

（2）使用内六角工具拆除面板主接触器透明盖，取下之后台架不再供电。

计算最小允许的绝缘电阻的步骤。

（1）在进行手动测量时，为确保准确，我们需要先获知动力电池的开路电压。根据电压来计算出安全的绝缘电阻数值。

（2）设备开路电压按 250 V 计算，按照最小允许绝缘电阻不低于 500 Ω/V 进行计算：

＿＿＿＿＿＿＿＿＿＿＿＿＿＿＿＿＿＿＿＿＿＿＿＿＿＿＿＿＿＿＿＿＿＿＿＿＿＿。

（3）手动测量的绝缘电阻数值不得＿＿＿＿＿＿计算出的电阻值。

（4）查看国标规定的绝缘测试仪使用电压挡位：＿＿＿＿＿＿＿＿＿＿。

穿戴绝缘防护

【警告】

在进行绝缘测量或高压检测流程时，请务必穿戴绝缘手套等绝缘防护套装。

根据图 5-86，使用绝缘监测仪器，测量充电枪及其线束的绝缘电阻，将测量点、电压挡位及测量结果填入表 5-22 中。

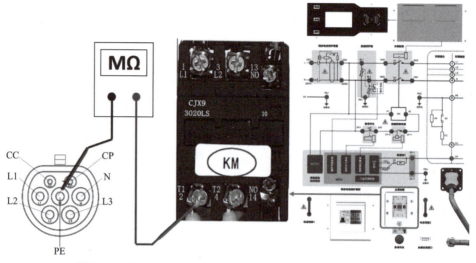

图 5-86 使用绝缘监测仪器，测量充电枪及其线束的绝缘电阻

表 5-22 测量点、电压挡位及测量结果

黑表笔测量点：＿＿＿＿＿＿＿＿＿	电压挡位：＿＿＿＿＿＿＿＿＿
红表笔测量点：＿＿＿＿＿＿＿＿＿	测量结果：＿＿＿＿＿＿＿＿＿

结论：

绝缘监测仪器是否报警或是否小于算出的电阻值？

是：＿＿＿＿＿＿＿＿＿＿＿＿＿＿＿＿＿＿＿

否：＿＿＿＿＿＿＿＿＿＿＿＿＿＿＿＿＿＿＿

根据图 5-87，使用绝缘监测仪器，测量充电枪及其线束的绝缘电阻，将测量点、电压挡位及测量结果填入表 5-23 中。

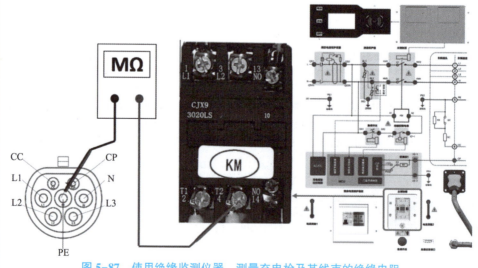

图 5-87 使用绝缘监测仪器，测量充电枪及其线束的绝缘电阻

表 5-23　测量点、电压挡位及测量结果

黑表笔测量点：＿＿＿＿＿＿＿	电压挡位：＿＿＿＿＿＿＿
红表笔测量点：＿＿＿＿＿＿＿	测量结果：＿＿＿＿＿＿＿

结论：

绝缘监测仪器是否报警或是否小于算出的电阻值？

是：＿＿＿＿＿＿＿＿＿＿＿＿＿＿＿＿＿＿＿＿＿＿＿＿＿＿＿＿＿＿＿＿＿＿＿

否：＿＿＿＿＿＿＿＿＿＿＿＿＿＿＿＿＿＿＿＿＿＿＿＿＿＿＿＿＿＿＿＿＿＿＿

根据图 5-88，使用绝缘监测仪器，测量车端插座的绝缘电阻，将测量点、电压挡位及测量结果填入表 5-24 中。

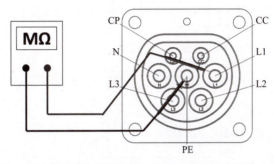

图 5-88　使用绝缘监测仪器，测量车端插座的绝缘电阻

表 5-24　测量点、电压挡位及测量结果

黑表笔测量点：＿＿＿＿＿＿＿	电压挡位：＿＿＿＿＿＿＿
红表笔测量点：＿＿＿＿＿＿＿	测量结果：＿＿＿＿＿＿＿

结论：

绝缘监测仪器是否报警或是否小于算出的电阻值？

是：＿＿＿＿＿＿＿＿＿＿＿＿＿＿＿＿＿＿＿＿＿＿＿＿＿＿＿＿＿＿＿＿＿＿＿

否：＿＿＿＿＿＿＿＿＿＿＿＿＿＿＿＿＿＿＿＿＿＿＿＿＿＿＿＿＿＿＿＿＿＿＿

根据图 5-89，使用绝缘监测仪器，测量车端插座的绝缘电阻，将测量点、电压挡位及测量结果填入表 5-25 中。

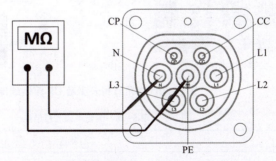

图 5-89　使用绝缘监测仪器，测量车端插座的绝缘电阻

表 5-25　测量点、电压挡位及测量结果

黑表笔测量点：＿＿＿＿＿＿＿	电压挡位：＿＿＿＿＿＿＿
红表笔测量点：＿＿＿＿＿＿＿	测量结果：＿＿＿＿＿＿＿

实施

结论：

绝缘监测仪器是否报警或是否小于算出的电阻值？

是：_____

否：_____

5. 交流充电桩 CP 故障检测与排除

补充此时设备状态的描述，确认故障现象。

（1）智能控制器指示灯：_____；

（2）电能表显示状态：_____；

（3）人机交互（刷卡及触屏）使用：_____；

（4）刷卡启动桩端充电后，主接触吸合状态：_____；

（5）交流充电桩是否充电：_____；

（6）查看车辆仪表显示：_____。

分析故障可能原因。

（1）非 CP 引发故障的可能原因是：

_____

_____

（2）CP 引发故障的可能原因是：

_____

_____

制定排故方案。

（1）拔下充电枪，使用随车配的充电宝进行一次充电，查看车辆充电状态是否正常，同时排除车端充电系统故障；

（2）检测_____

（3）检测_____

根据图 5-90，使用万用表测量 CP 控制端电压值，将测量点和测量结果填入表 5-26 中。

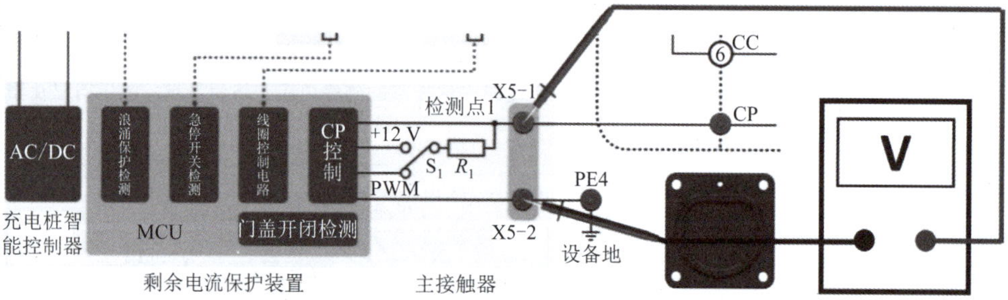

图 5-90　使用万用表测量 CP 控制端电压值

表 5-26　测量点和测量结果

测量点：_____	测量结果：_____

结论：

电压值是否约为_____？

是：_____

否：电压小于 2.5 V 时，_____

电压小于 0.1 V 时，_____

（左侧栏）实施

根据图 5-91，使用万用表测量枪端 CP 电压值，将测量点和测量结果填入表 5-27 中。

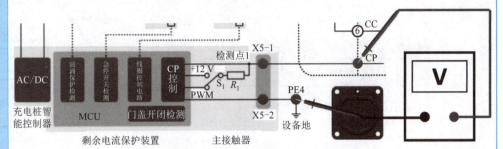

图 5-91　使用万用表测量枪端 CP 电压值

表 5-27　测量点和测量结果

测量点：_____	测量结果：_____

结论：

电压值是否约为 _____ ？

是：_____

否：电压小于 0.1 V 时，_____

根据图 5-92，使用万用表或示波器测量 CP 信号连续性，即使用万用表或示波器对 CP 电压信号做不间断测量，保持 1 min 后，将测量点和测量结果填入表 5-28 中。

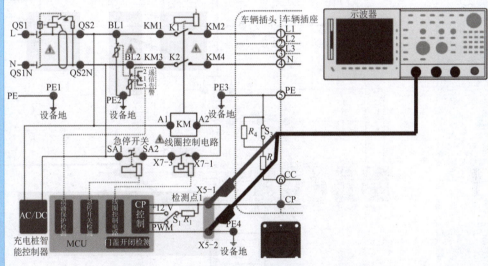

图 5-92　使用万用表或示波器测量 CP 信号连续性

表 5-28　测量点和测量结果

测量点：_____	测量结果：_____

结论：

信号是否连续？

是：_____

否：_____

断电的步骤。

打开剩余电流保护装置门盖，扳下剩余电流保护器蓝色拨杆。

根据图 5-93，测量 CP 线路电阻值，将测量点和测量结果填入表 5-29 中。

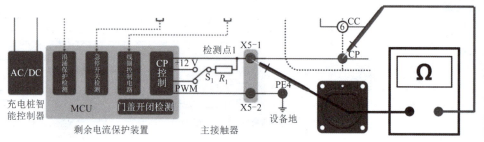

图 5-93　测量 CP 线路电阻值

表 5-29　测量点和测量结果

测量点：	测量结果：

结论：

电阻值是否小于 0.6 Ω？

是：

否：

根据图 5-94，测量 CP 接地对设备等电位电阻值，将测量点和测量结果填入表 5-30 中。

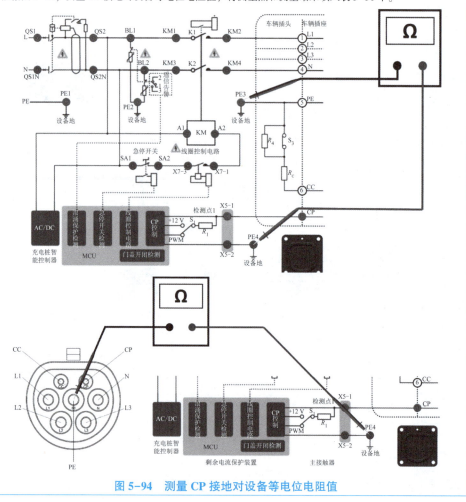

图 5-94　测量 CP 接地对设备等电位电阻值

实施

表 5-30　测量点和测量结果

测量点：_____	测量结果：_____
测量点：_____	测量结果：_____

结论：

电阻值是否小于 0.6 Ω？

是：_____

否：_____

根据图 5-95，测量 CP 接地线路电阻值，将测量点和测量结果填入表 5-31 中。

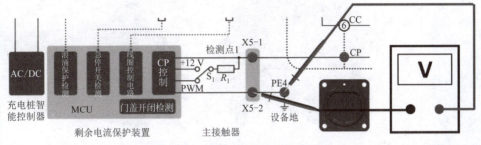

图 5-95　测量 CP 接地线路电阻值

表 5-31　测量点和测量结果

测量点：_____	测量结果：_____

结论：

电阻值是否小于 0.6 Ω？

是：_____

否：_____

6. 交流充电（慢充）系统典型故障检测与排除

如图 5-96 所示为 PDU 外部结构，将其名称填入表 5-32 中。

图 5-96　PDU 外部结构

实施

表 5-32　PDU 外部结构名称

1		7	
2		8	
3		9	
4		10	
5		11	
6		12	

如图 5-97 所示为车载充电机,将其模块及作用补充完整并填入表 5-33 中。

图 5-97　车载充电机

表 5-33　车载充电机模块及作用

车载充电机模块	车载充电机(On-Board Charger,OBC),是一种应用在电动汽车上面进行充电的器件。
车载充电机模块作用	具有为电动汽车动力电池安全、自动充满电的能力,充电机依据 BMS 提供的数据,能动态调节充电电流或电压参数,执行相应的动作,完成充电过程

如图 5-98 所示为慢充系统组成,其组成部件及功能如表 5-34 所示。

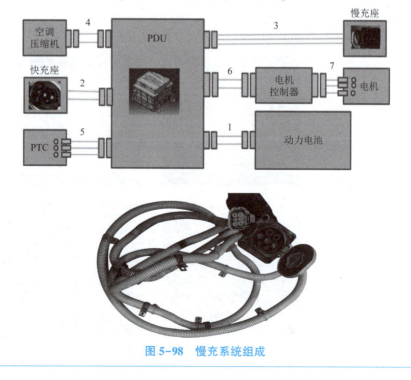

图 5-98　慢充系统组成

左侧栏:实施

表 5-34　组成部件及功能

PDU	PDU 是将车载充电机模块、DC/DC 变换器模块、PTC 控制器及高压配电模块集成的模块
慢充线束	连接慢充口到 PDU 之间的线束，用来输入交流电到 OBC

补充此时设备状态的描述，确认故障现象。

（1）智能控制器指示灯：_____；

（2）电能表显示状态：_____；

（3）人机交互（刷卡及触屏）使用：_____；

（4）刷卡启动桩端充电后，主接触吸合状态：_____；

（5）交流充电桩是否充电：_____；

（6）查看车辆仪表显示：_____；

（7）故障码：_____；

（8）故障码说明：_____。

分析故障可能原因。

_____

_____

_____

制定排除故障方案。

_____

_____

实施排除故障流程。

（1）使用充电宝进行充电。

使用确认无故障的充电宝进行一次充电，查看车辆充电状态。

观察仪表充电状态：

是否正常充电？

是：_____

否：_____

（2）测量车端插座 CC 信号电压。

根据图 5-99，使用万用表测量车端插座 CC 信号电压，将测量点和测量结果填入表 5-35 中。

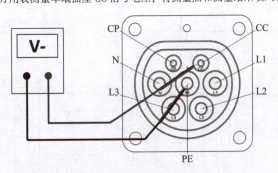

图 5-99　使用万用表测量车端插座 CC 信号电压

表 5-35 测量点和测量结果

测量点：	测量结果：

结论：

电压值是否为 6~12 V？

是：

否：

（3）测量车端慢充连接确认线路导通性。

根据图 5-100，查看电路图并测量 PDU-35PIN 到 VCU 慢充连接确认线路导通性，将测量点和测量结果填入表 5-36 中。

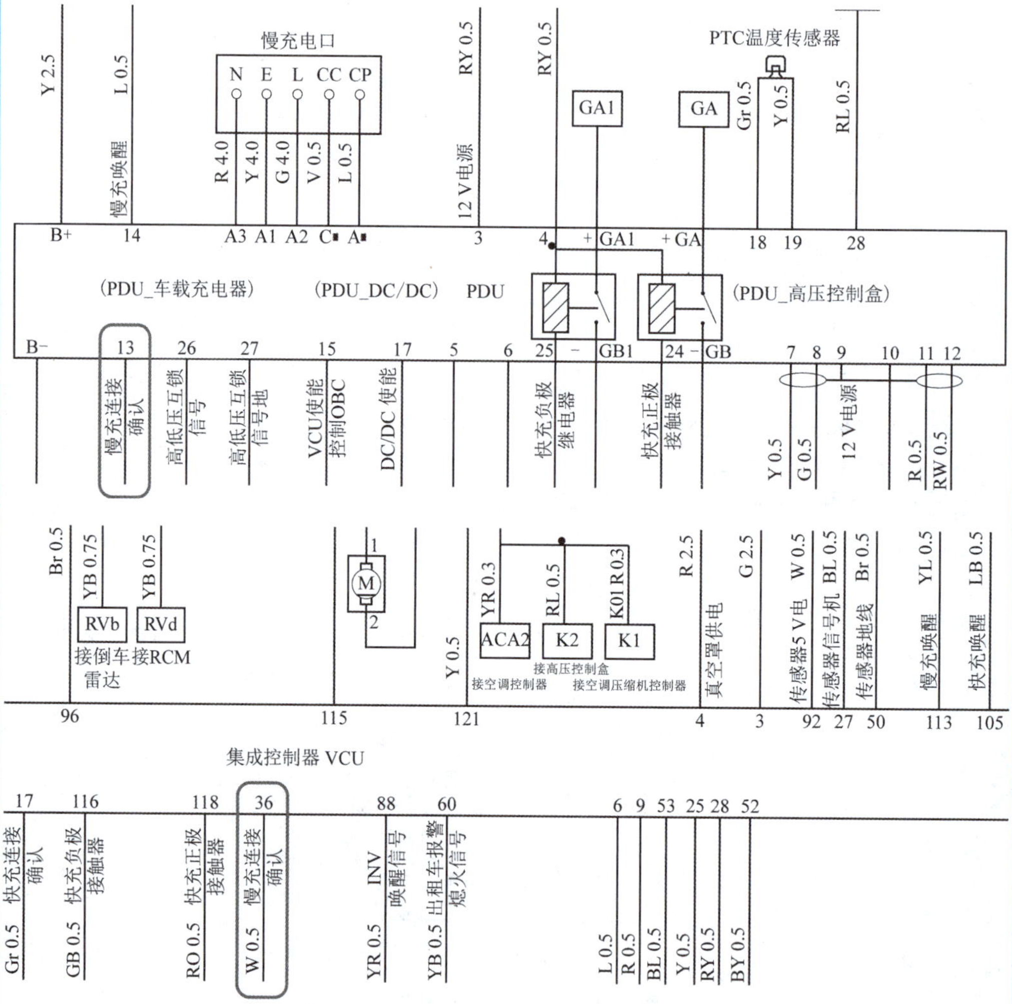

实施

图 5-100 查看电路图并测量 PDU-35PIN 到 VCU 慢充连接确认线路导通性

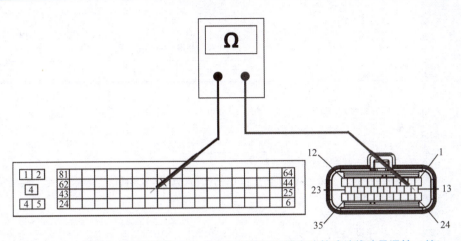

图 5-100　查看电路图并测量 PDU-35PIN 到 VCU 慢充连接确认线路导通性（续）

表 5-36　测量点和测量结果

测量点：	测量结果：

结论：

电阻值是否小于 0.6 Ω？

是：

否：

（4）测量常电电压。

根据图 5-101，查看电路图并测量 PDU-35PIN 常电电压，将测量点和测量结果填入表 5-37 中。

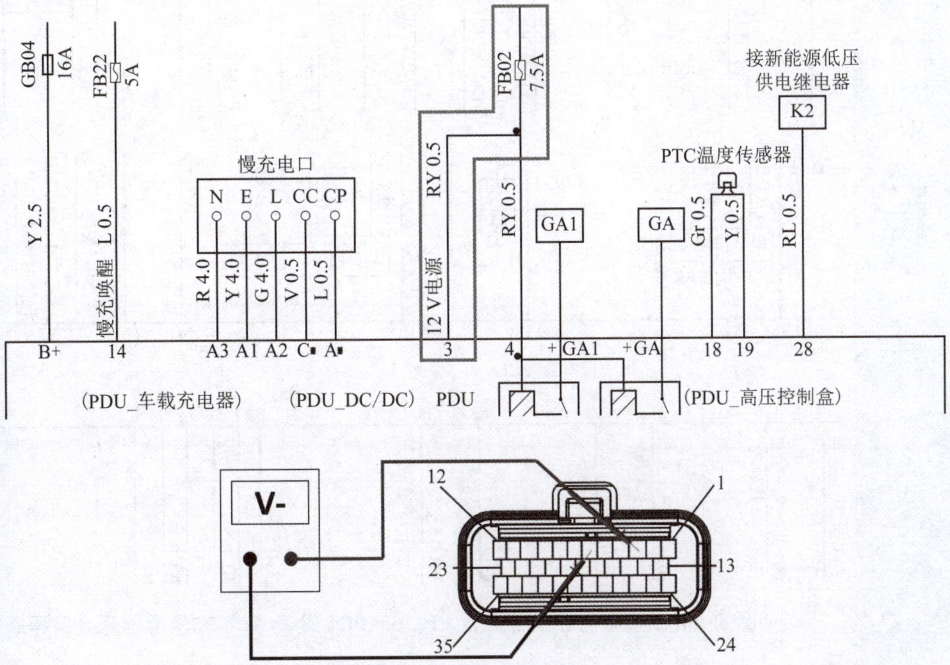

图 5-101　查看电路图并测量 PDU-35PIN 常电电压

实施

表 5-37 测量点和测量结果

测量点：	测量结果：

结论：

电压值是否约为 12 V？

是：_____

否：_____

（5）测量车端慢充唤醒信号线路导通性。

根据图 5-102，查看电路图并测量 PDU-35PIN 到 VCU 慢充唤醒信号线路导通性，将测量点和测量结果填入表 5-38 中。

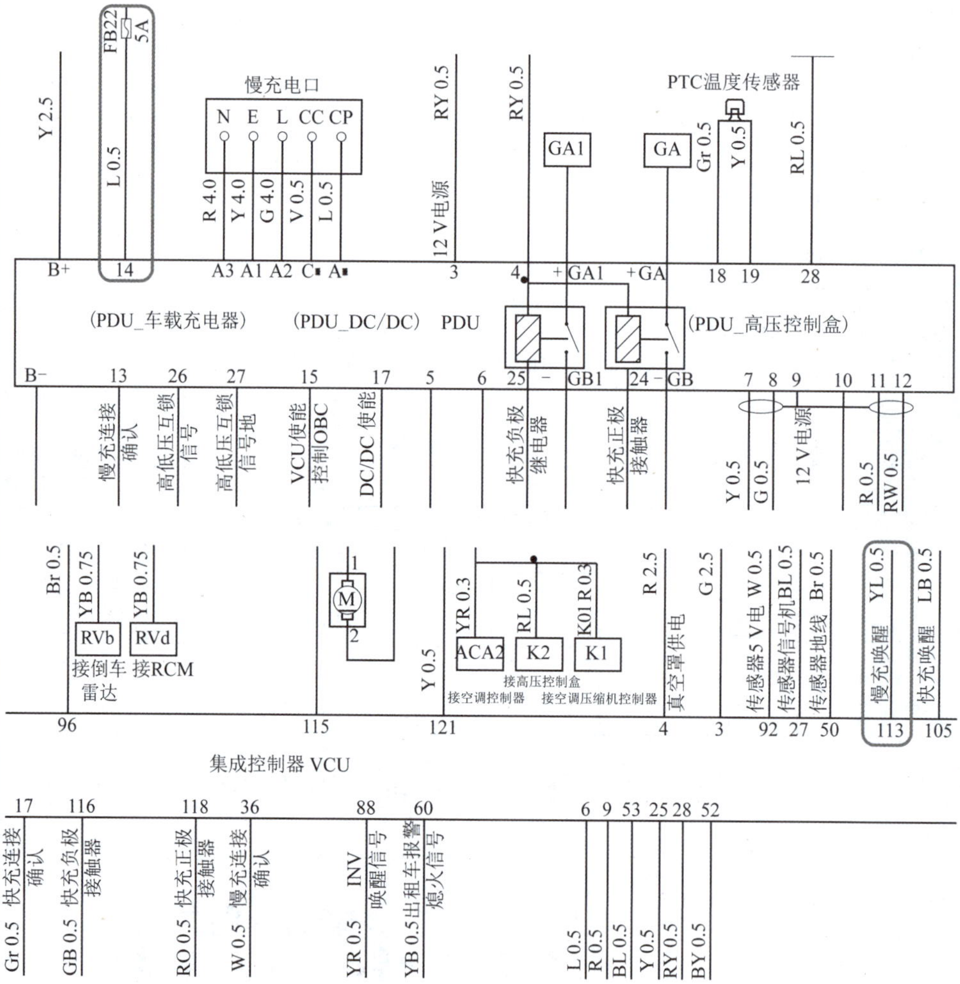

图 5-102 查看电路图并测量 PDU-35PIN 到 VCU 慢充唤醒信号线路导通性

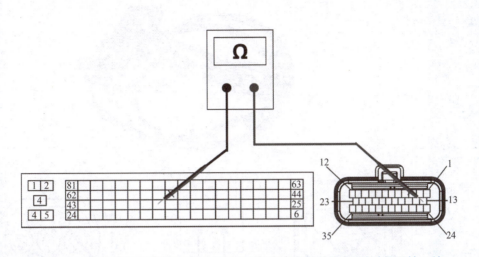

图 5-102　查看电路图并测量 PDU-35PIN 到 VCU 慢充唤醒信号线路导通性（续）

表 5-38　测量点和测量结果

测量点：	测量结果：

结论：

电阻值是否小于 0.6 Ω?

是：_____

否：_____

实施

（6）测量车端慢充线束导通性。

根据图 5-103，查看电路图并测量车端慢充线束导通性，将测量点和测量结果填入表 5-39 中。

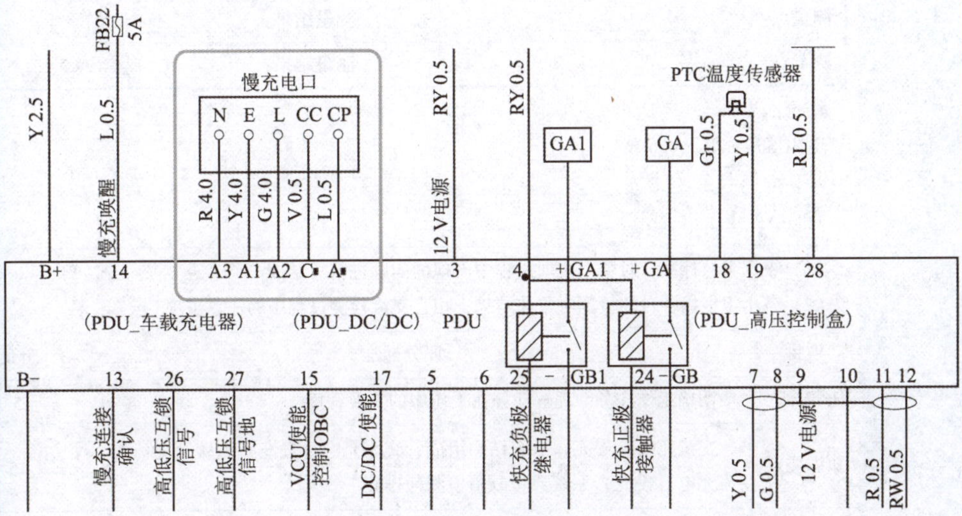

图 5-103　查看电路图并测量车端慢充线束导通性

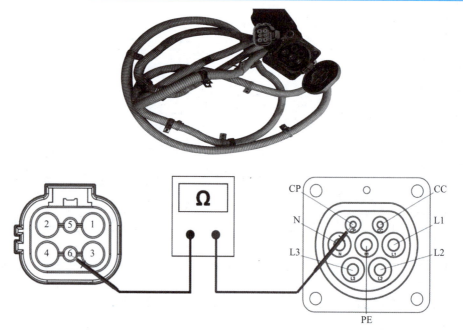

图 5-103　查看电路图并测量车端慢充线束导通性（续）

表 5-39　测量点和测量结果

测量点：＿＿＿＿＿＿＿	测量结果：＿＿＿＿＿＿＿
测量点：＿＿＿＿＿＿＿	测量结果：＿＿＿＿＿＿＿
测量点：＿＿＿＿＿＿＿	测量结果：＿＿＿＿＿＿＿
测量点：＿＿＿＿＿＿＿	测量结果：＿＿＿＿＿＿＿
测量点：＿＿＿＿＿＿＿	测量结果：＿＿＿＿＿＿＿

结论：

电阻值是否小于 0.6 Ω？

是：＿＿＿＿＿＿＿＿＿＿＿＿＿＿＿

否：＿＿＿＿＿＿＿＿＿＿＿＿＿＿＿

实施（左栏标签）

检查

（1）根据考核标准，对整个实训过程中出现的问题进行总结。

（2）各小组根据各自的检测对象和结果，相互交流检测过程中的注意事项

评价

项目	评分标准	分值	得分
任务导入	明确工作任务，理解任务在工作中的重要程度	5	
知识要点	交流充电（慢充）系统结构组成、交流充电（慢充）系统充电流程、交流充电（慢充）系统典型故障检测与排除	15	
任务计划	制定交流充电系统结构组成认知计划	10	
	制定充电系统充电故障检测计划	10	
	能协调小组人员安排任务分工	5	
	能在实施前准备好所需要的工具器材	5	

评价	任务实施	会使用专用检测仪器完成测量 PDU 到 VCU 慢充唤醒信号线路导通性任务	8	
		会使用专业测量仪器完成车端慢充连接确认线路导通性任务	10	
		会使用万用表完成测量车端慢充线束导通性任务	10	
		会根据检测结果判断交流充电系统是否正常	5	
		清点工具，打扫场地	5	
	任务检查	学生任务完成，操作过程规范	10	
	任务评价	学生能对自身表现情况进行客观评价	1	
		学生在任务实施过程中发现自身问题	1	
	自评得分（满分100）			

		姓名	评分（满分20分）	姓名	评分（满分20分）	姓名	评分（满分20分）
	组内互评						
	小组互评	评价对象	评分	评价对象	评分	评价对象	评分	评分（满分20分）
	教师评价						评分（满分50分）
学生本次完成实训任务得分							

项目6　动力电池维护与检修

动力电池作为纯电动汽车中最重要的系统，约占整车成本的40%。电动汽车电池寿命一般在6~10年，当下主流的电动汽车使用三元锂电池和磷酸铁锂电池，三元锂电池的理论循环寿命可以达到1 500次以上，磷酸铁锂电池则可以超过2 000次，即便电动汽车保持两天一充，那么三元锂电池的理论寿命一般也可以达到8年，磷酸铁锂电池则可超过10年。合理的维护，可以最大限度地延长动力电池的使用寿命，降低电动汽车的使用成本。

任务1　动力电池检查与拆装

学习内容

（1）动力电池检查的一般方法；
（2）动力电池的更换。

能力要求

（1）能够做好动力电池检查前准备工作，安全进行动力电池维护保养作业；
（2）能够按照规范完成动力电池总成的更换。

任务引入

小张在某新能源汽车4S店实习，今天要对某品牌纯电动汽车动力电池进行维护作业，你知道纯电动汽车动力电池维护内容有哪些吗？对其进行维护时有什么注意事项？

任务描述

请你通过思维导图总结动力电池周期性保养的常规内容，并说明其方法和目的，并在学习小组或班级进行交流汇报。

一、动力电池基本检查和维护

1. 动力电池外部检查
外箱结构对动力电池箱的内部有很大的影响，在维修和保养电动汽车时，应检查动力电池箱的外部。通常在外部环境下，影响动力电池与系统安全性的机械故障主要有：

（1）电池箱的安装固定支架断裂，造成电池箱与车体连接松动。

（2）电池箱上下壳体连接螺栓疲劳断裂松动，影响密封性。

（3）电池箱外壳破裂，影响密封性。

（4）电池箱内部组成模块连接螺栓断裂松动，造成连接不可靠。

（5）电池箱内部高压连接线或采样线绝缘层磨损暴露造成电池短路。

（6）电池箱内部高压连接线断裂，造成断路或打火花。

（7）电池箱内部电压、温度传感器连接松动，造成采样数据失真。

（8）BMS 安装固定螺栓松动，造成连接不可靠。

（9）BMS 内部元器件损坏，造成功能故障。

为了确保电池包未受到外界因素影响，需要进行电池包外观检查，目测电池无变形、无裂痕、无腐蚀、无凹痕，电池包外观检查主要有：

（1）检查动力电池外观，检查动力电池正、负极标志和高压警示标志是否清晰，无破损，检查动力电池正、负极引出插孔内有无异物。

（2）目测密封条及进排气孔，进行电池箱体的密封检查。

（3）目测动力电池高低压插接件，检查是否有变形、松脱、过热、损坏的情况。

（4）检查动力电池正、负极引线附近螺栓是否断裂，检查动力电池采样线接口是否破损。

（5）检查 BMS、绝缘电阻、接插件与紧固件的情况。

（6）检查固定螺栓力矩，按照维修手册标准力矩紧固。

（7）检查线束和插件连接的紧密性，不得有松动、损坏、腐蚀等问题。

（8）检查动力电池高压接头、低压插接器是否变形、松动、过热、损坏。

（9）检查电气插接器和线束插接器是否正确插入，连接是否可靠，线束和插脚是否牢固连接，插脚是否缩回、是否弯曲。

同时，为了保证动力电池有足够的输出功率，其端电压一般高于人体安全电压。在动力电池的工作环境中，振动、温度、湿度、酸碱气体腐蚀等都会导致高压线路绝缘材料老化甚至损坏，危及人身安全。对此，国家标准对车载可充电储能系统的绝缘性能做出了严格的规定：动力电池高压电路对车身接地的绝缘电阻值不应小于 500 Ω/V。动力电池绝缘故障检查的一般步骤如下：

第一步：确保高压电路被切断。

（1）整车下电。

（2）断开辅助蓄电池负极电缆，等待 5 min。

（3）断开动力电池高压线束插接器，戴上绝缘手套，使用万用表检测动力电池高压线束正负极间的电压，测试电压应 ≤5 V。

第二步：检查动力电池的绝缘电阻。

（1）保证车辆安全下电。

（2）断开直流母线。

（3）拆卸动力电池高压线束插接器。

（4）准备高压绝缘检测仪，校零并调到合适挡位。

（5）分别用高压绝缘检测仪测量动力电池高压线束插接器正极端子、负极端子与车身接地之间的电阻，标准电阻应≥20 MΩ。

（6）确认测量值是否符合标准。若不符合，则更换线束。

2. 动力电池内部检查

动力电池箱长时间使用后会产生很多的粉末层，影响正常的数据通信。因此，将动力电池箱从车上拆下后，在维护动力电池时，应拆卸动力电池箱的上盖，使用高压气枪清除里面的粉末层，然后再进一步检查其内部。动力电池系统周期性保养项目如表6-1所示。

表6-1　动力电池周期性保养项目

序号	项目	方法	目的	工具
1	绝缘检查（内部）	断开 BMS 插头，用绝缘表测试总正总负对地电阻，阻值应≥20 MΩ	防止动力电池内部短路	绝缘表
2	模块连接件检查	用做好绝缘的扭力扳手紧固，检查完成后，做好极柱绝缘	防止螺钉松动，造成故障	扭力扳手
3	熔断器检查	用万用表二极管挡测量通断	检查熔断器状态是否良好，遇事故时可正常工作	万用表
4	电池箱密封检查	目测密封条或更换密封条，使用气密仪测试	保证电池箱密封良好，防止水进入	气密仪
5	继电器测试	用笔记本电脑上的专用监控软件，关闭总正总负继电器，并用专用万用表进行测试	防止继电器损坏车辆无法上高压	万用表、电脑、CAN 卡
6	电池箱高低压线缆安全检查	目测电池箱内部线缆是否破损、挤压	确保电池箱内部线缆无破损、漏电	目测
7	电芯防爆膜、外观检查	目测电芯防爆膜、电芯外观绝缘是否破损	防止电芯损坏漏电	目测
8	CAN 电阻检查	用万用表电阻挡测量 CAN-H 对 CAN-L 电阻，60 Ω 为正常	确保通信质量	万用表
9	电池箱内部干燥性检查	打开电池箱，目测观察电池箱内部是否有积水，测量电池箱绝缘	确保电池箱内部无水渍	绝缘表
10	电池加热系统测试	向电池箱通 12 V 电压，打开监控软件，加热系统，检查风扇是否工作正常或者加热膜片是否工作正常	确保加热系统工作正常，避免冬季影响热电	12 V 电源、电脑、CAN 卡

动力电池内部检查流程如下：

（1）将动力电池放在安全拆卸区，检查其安全防护和工具状态，取下动力电池组上盖后，可以看到内部组件的分布和结构。

（2）拆下模块上的插接器，查阅维修手册，查看动力电池的总电压值，然后计算每组块的平均电压值。注意：一定要戴防护眼镜。大多数动力电池的电解液对人体组织具有严重的腐蚀性，可能会对包括眼睛在内的人体组织造成化学灼伤，应在现场放置灭火器材。

（3）测量模块。检查每组模块的电压，并与计算的平均值进行比较。应注意以下几点：

①除了更换损坏的部件，不允许在动力电池内部进行维修工作。

②线束不可维修，直接更换。

③更换损坏的部件时，必须严格遵循维修手册中的工作步骤，并做好安全防护。

（4）检查结果后更换模块连接器。注意螺栓的拧紧力矩应根据维修手册调整，以防损坏连接位置。

（5）从动力电池盖上拆下旧的黏结剂，用新的密封胶更换，然后按照与拆卸相反的顺序安装动力电池组。

组装时注意：动力电池盖应有效地密封在托盘和车身上。装配后，与车身的接头必须拧紧，可以使用气密仪测试电池包的密封性。

二、动力电池的更换

动力电池存在容量衰减问题，国家有关政策明确规定动力电池的保修期不能低于 8 年或 12 万千米。当动力电池的容量衰减到 80% 以下时，需要回收并逐步回收利用；同时，如果动力电池组受到冲击损坏，则需要修理。如果无法修复，则需要更换新的动力电池。下面以吉利 EV450 电动汽车为例，介绍动力电池的更换方法。

1. 动力电池更换前的工作准备

作业前应设置安全隔离，设置安全警示标志，佩戴个人安全防护用品。由于是带电作业，作业人员需要持证上岗。检查调整设备、仪表和绝缘工具，测试绝缘垫对地绝缘性能，检查动力电池举升台的工作状态是否正常。

注意：在日常工作中，电动汽车维修工具为耐高压的绝缘工具，要经常维护，确保正常和绝缘良好，移动电动工具要接漏电保护开关，以防触电。漏电的工具需维修合格后方可使用。

动力电池的举升台（见图 6-1）在使用之前应当检查其液压升降性能，操作方法为：接通设备电源，按压设备的起动按键将举升台升起到一定的高度（注意不要满负荷升到极限高度），然后再泄压将举升台降下。

动力电池举升车使用与维护

图 6-1　动力电池的举升台

将车辆移至双柱举升机并检查，以确保车辆正确停放。连接故障诊断仪，车辆上电，确认车辆处于空挡状态，读取是否有故障码。如有其他故障，应先排除。确认为动力电池故障后，关闭点火开关，将钥匙放在口袋里安全保存，做好更换动力电池准备工作。

2. 动力电池总成拆卸

准备更换动力电池前应关闭点火开关、拆下低压辅助蓄电池负极连接线与高压母线插头，车辆举升到合适高度时，举升机要锁止安全锁；电池移动举升平台上升接触到动力电池底部再进行拆卸工作。

动力电池总成拆卸

（1）关闭启动开关、打开机舱。

（2）断开辅助蓄电池负极电缆，蓄电池负极接线柱如图6-2所示。

负极接线柱

图6-2　蓄电池负极接线柱

（3）断开直流高压母线。

①向上推动直流母线插头卡扣保险，直流母线插头卡扣保险正确方向如图6-3所示。

②拆卸直流母线连接充电机端插件，直流母线连接充电机端插件如图6-4所示。

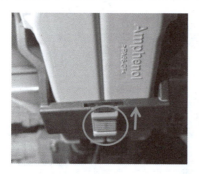

图6-3　直流母线插头卡扣保险正确方向

图6-4　直流母线连接充电机端插件

（4）支撑动力电池总成。

①将车辆用举升机升起。

②置入平台车，使用平台支撑动力电池总成。

（5）拆卸动力电池总成。

①断开动力电池出水管与水泵（电池）的连接。

②断开动力电池进水管与电池膨胀壶的连接（已提前将电池冷却液排出），动力电池进、出水管与膨胀壶和水泵的连接如图6-5所示。

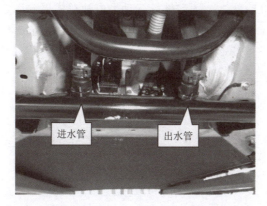

图 6-5　动力电池进、出水管与膨胀壶和水泵的连接

③断开动力电池的 2 个高压线束连接器 2。

④断开动力电池与前机舱线束的 2 个低压线束连接器 1，动力电池线束连接器如图 6-6 所示。

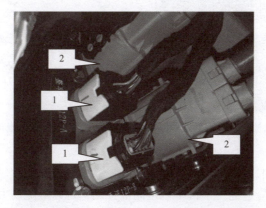

1—动力电池高压线束的连接器；2—动力电池与前机舱线束连接器

图 6-6　动力电池线束连接器

⑤拆卸动力电池搭铁线固定螺栓，动力电池搭铁线固定螺栓如图 6-7 所示。

⑥拆卸动力电池防撞梁 4 个固定螺栓，动力电池搭防撞梁固定螺栓如图 6-8 所示。

图 6-7　动力电池搭铁线固定螺栓

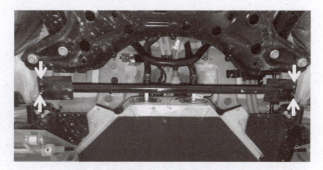

图 6-8　动力电池搭防撞梁固定螺栓

⑦拆卸动力电池总成后部 3 个固定螺栓，动力电池总成后部固定螺栓如图 6-9 所示。

图 6-9　动力电池总成后部固定螺栓

⑧拆卸动力电池总成前部 2 个固定螺栓，动力电池总成前部固定螺栓如图 6-10 所示。
⑨拆卸动力电池总成左右各 7 个固定螺栓，动力电池左右固定螺栓如图 6-11 所示。

图 6-10　动力电池总成前部固定螺栓

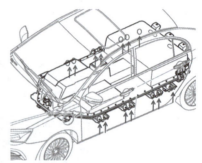

图 6-11　动力电池左右固定螺栓

⑩缓慢下降平台车取出动力电池总成。

注意：动力电池下降过程中平台车缓慢向前移动，可以避免动力电池与后悬架的干涉。

3. 动力电池总成安装

（1）安装动力电池总成。

①缓慢举升平台车，调整平台车位置，使动力电池总成上的安装孔与车身对齐。注意：动力电池上升过程中将举升平台缓慢向后移动，可以避免动力电池与车身的干涉。

动力电池总成安装

②安装并紧固动力电池总成后部 3 个固定螺栓，力矩：78 N·m。
③安装并紧固动力电池总成前部 2 个固定螺栓，力矩：78 N·m。
④安装并紧固动力电池总成左右各 7 个固定螺栓，力矩：78 N·m。
⑤连接动力电池与前机舱线束的 2 个线束连接器。
⑥连接动力电池的 2 个高压线束连接器。
⑦安装动力电池搭铁线固定螺栓，力矩：9 N·m。
⑧连接动力电池出水管与水泵（电池）。
⑨连接动力电池进水管与电池膨胀壶。
注意：插接时注意"一插、二响、三确认"。
（2）连接直流母线与充电机端插件。

（3）连接蓄电池负极电缆。

（4）加入电池冷却液，进行规范排气操作。

（5）关闭机舱盖。

动力电池安装前的检查要求有：

（1）检查电源线、插头、延长线、保护器是否破裂或损坏。

（2）检查是否有过热、冒烟、冒火花的迹象；检查电池系统是否损坏（如破裂），电池是否漏电。

（3）检查动力电池系统、电源线是否出现进水现象。

（4）按照操作说明进行操作时，检查是否有不正常运行现象。

（5）连接好高低压线束后，将诊断仪与车内诊断接口连接，打开电源，然后进入诊断系统进行测试，并清除故障码。

4. 电池更换与拆装安全注意事项

（1）操作人员在接触高压部件时，必须佩戴安全防护用具，如绝缘手套、绝缘胶鞋等，在车辆被举升的环境工作时应戴好安全帽。

（2）为防止维修动力电池时电解液泄漏造成人身伤害，维修人员必须戴上酸碱手套和防护眼镜、防止电池电解液腐蚀皮肤和溅入眼睛。

（3）为了防止有人未经授权进入工作站并确保高压安全，应使用隔离带。

（4）在拆下盖之前，清除高压动力电池单元盖区域中残留的水分和杂质。

（5）在每个工作步骤之前和之后，应仔细对工作部件进行目视检查。例如，在拆卸一个部件时，检查露出来的其他部件是否损坏。

（6）拆卸和插入 BMS 的绝缘监测导线时必须特别小心，因为较薄的导线上存在高压。拔下插头时必须小心，不要拔电线。注意插头是否锁好。如果未正确锁定，则可能无法识别绝缘故障。

（7）要使维修开关处于断开状态以解除高压危险，在拔出维修开关后，维修开关端口需要阻塞。

（8）拔出维修开关只会切断从动力电池到高压电气设备的电源，动力电池需要修理时裸露在外的高压部件应绝缘胶带包好，以免触电。

（9）不要使用有锐边或尖锐的工具在高压部件或插接器上工作。例如，禁止使用螺钉旋具、偏口钳、刀具等。

（10）当需要拆卸动力电池时，使用双柱举升机和液压升降车。

（11）当将动力电池运送到专用电池维护工作台时，应使用专用的动力电池吊架，严禁用手直接提起动力电池。

（12）液压升降台的中心应支撑在动力电池组的底部中心约 2/3 处，以防止电池掉落。

（13）要将前部或后部连接线全部连接完毕后，再进行另外一侧连接线的安装。

（14）拆卸或安装电池模块紧固件时，先将前部或后部模块安装螺栓全部安装完毕后，再进行另一侧所有螺栓的安装。

（15）动力电池箱用螺栓固定在车身地板下，螺栓拧紧力矩为 80~100 N·m。在车辆维修过程中，要观察动力电池箱的螺栓是否松动，动力电池箱是否严重损坏或变形，密封件是否完整，以保证动力电池能正常工作。

（16）小心轻放，不要乱扔乱挤，防止造成电池系统损坏或人身意外伤害。

（17）当工作中断时，应盖住已拆下的壳体端盖，并通过拧入几个螺栓防止其意外打开。

（18）不允许切断高压导体上的电缆扎带，可以松开卡子或将高压线连同支架零件一并拆下。

（19）如果高压动力电池组内部有杂质，应在查明原因后仔细清洗相关零件。

5. 动力电池存储条件

（1）动力电池储存温度为 20~35 ℃，相对湿度<75%（无水冷凝）。

（2）储存室应保持清洁、通风、干燥和凉爽，避免接触腐蚀性物体或气体。

（3）标记清晰，不应置于阳光直射下，远离火源和 60 ℃以上热源。

（4）确保电池箱防护罩安装牢固，避免表面撞击、损坏等缺陷。

（5）正负端子需用绝缘胶带或其他绝缘材料绝缘，不得有金属外露。

（6）短期（1个月内）存储 SOC≥30%，电池电压≥2.5 V。

（7）长期（3个月以上）存储 SOC≥50%，电池电压>3.0 V。

（8）定期（3个月）进行充放电试验，严禁 SOC 低于 10%的存储。

（9）随行充电、浅充浅放，建议每月充放电一次，并检查 BMS 功能。

（10）禁止在露天堆放废旧电池，以免造成环境污染。

 任务小测

（1）动力电池基本检查有哪些？请阐述。

（2）简述动力电池更换的流程。

 任务2 动力电池管理系统检修

 学习内容

（1）动力电池管理系统常见故障；
（2）动力电池管理系统故障诊断方法。

 能力要求

（1）能够描述动力电池管理系统常见故障，并进行故障分析；
（2）能够按照动力电池管理系统故障现象描述诊断方法。

任务引入

小张在某新能源汽车 4S 店实习，一辆电动汽车出现无法上电、无法充电的故障现象。你知道 BMS 常见故障诊断与排查流程吗？

任务描述

总结动力电池管理系统的常见故障，描述其诊断流程，并在学习小组或班级进行交流汇报。

动力电池管理
系统常见故障

一、动力电池管理系统常见故障分析

动力电池系统由动力电池、动力电池管理系统 BMS、动力电池箱、辅助元器件组成，其中 BMS 是动力电池系统的核心，也是电动汽车中非常重要的一个电气控制子系统，负责对动力电池进行监测、安全保护和运行管理，确保电动汽车的安全行驶，提高动力电池的性能与寿命。

BMS 作为一个为管理动力电池而设计的电子控制系统，由传感器、控制器和执行元件组成。BMS 主要的传感器包括电池温度传感器、水温传感器、电流传感器、电压检测模块、高压互锁监测模块（部分车型与 VCU 集成）、绝缘监测模块等，主要的执行元件包括高压继电器、均衡控制电路、热管理系统的电子水泵和温控阀等。

BMS 的组成如图 6-12 所示。

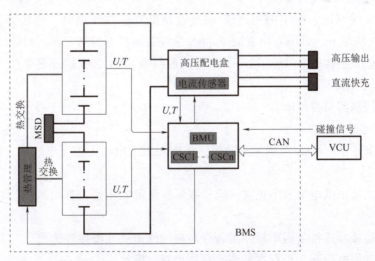

图 6-12　BMS 的组成

BMS 通过传感器及监测模块对动力电池状态进行监测、运算分析，按一定的控制策略对动力电池进行能量控制、均衡控制、故障自诊断等，并与 VCU、OBC、仪表等进行交互。BMS 的各组成部件故障可导致电动汽车无法上电、无法充电等故障。BMS 常见故障主要包括：CAN 总线通信故障、BMS 自身故障、单体电池电压采集异常、温度采集异常、电流采集异常、高压绝缘故障、总电压检测故障、高压互锁故障等。

1. CAN 总线通信故障

以吉利 EV450 为例，如图 6-13 所示，BMS 通过动力 CAN 总线与 VCU、OBC 等通信，通过直流快充 CAN 与直流充电桩进行通信。CAN 总线通信故障将导致电动汽车无法上电、无法充电故障。

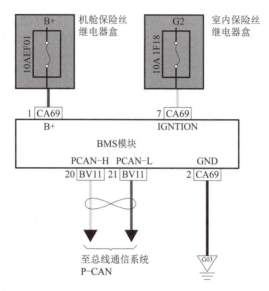

图 6-13　吉利 EV450 动力电池管理系统动力 CAN 总线

CAN 总线通信故障常见原因有：

（1）CAN 总线对地、对电源短路或 CAN 总线断路、端子退针、虚接等。在保证 BMS 供电电源正常的状态下，可用万用表检查 CAN 总线线路是否导通，是否对地或对电源短路，必要时使用示波器检测 CAN-H，CAN-L 信号波形判断 CAN 总线是否正常。

（2）CAN 网络故障。

（3）BMS 控制器自身故障。

2. BMS 不能正常工作

BMS 不工作将导致 CAN 总线无法通信，车辆无法上电、无法充电故障。BMS 不工作的主要原因有：

（1）BMS 的低压供电电源不正常。应检查低压电源电压是否有 +12 V，供电线路保险是否熔断。

（2）BMS 连接器连接是否牢靠，是否存在接插件退针或虚接等情况。

（3）BMS 的供电线路是否存在断路、对地短路、虚接。

（4）BMS 自身故障，在分布式 BMS 中，也可能是从控模块 CSC 故障。

3. 电压采集异常

BMS 通过 CSC 采集单体电池电压，单体电池电压过高或过低均会触发 BMS 报警，并实施断电、降低电流、限定功率等措施，如表 6-2 所示为 BMS 监测到单体电池电压异常时的警报和所采取的措施（以三元锂离子电池为例）。

表 6-2　BMS 监测到单体电池电压异常时的警报和采取的措施（以三元锂离子电池为例）

序号	电池工作状态	警报	车辆措施
1	放电状态	单节电池电压过低 一般报警 3~3.4 V	（1）大功率设备（驱动电机、空调压缩机和 PTC 等）降低当前电流，限功率工作； （2）仪表故障指示灯亮； （3）电压低于一定值时，SOC 修正为 0； （4）热管理系统开始工作
2		单节电池电压过低 严重报警<3 V	（1）大功率设备（驱动电机、空调压缩机和 PTC 等）停止放电； （2）延迟一定时间切断主接触器，断开负极接触器； （3）仪表故障指示灯亮； （4）热管理系统开始工作
3	充电状态	单节电池电压过高 一般报警 4.1~4.25 V	（1）禁止动力电池进行充电； （2）仪表故障指示灯亮； （3）电压达到一定值时，SOC 修正为 100； （4）电机停止能量回收功能； （5）热管理系统开始工作
4		单节电池电压过高 严重报警>4.25 V	（1）延迟一定时间，断开充电接触器，断开负极接触器，禁止充电； （2）仪表故障指示灯亮； （3）热管理系统开始工作

单体电池电压采集异常的可能原因：

（1）单体电池本身存在欠压或过压。可将监控电压值与万用表实际测量的电压值对比，若一致则单体电池故障。

（2）采集线端子紧固螺栓松动或采集线与端子接触不良。螺栓松动或端子接触不良会导致单体电压采集不准，此时轻摇采集端子，确认接触不良后，紧固或更换采集线。

（3）若采集电压与实际电压不一致，电压采集从控模块 CSC 故障，集中式 BMS 则是 BMS 自身故障。

4. 温度采集异常

BMS 通过 CSC 采集动力电池温度，动力电池模组温度过高会导致无法充电、限定电流、限定功率等，温度过低会导致限流、限定功率充电等。电池充放电状态下温度过高或过低警报及措施如表 6-3 所示。

动力电池模块温度传感器检测
HZHA-DM27 实训台

表 6-3　电池充放电状态下温度过高或过低警报及措施

序号	警报	车辆措施
1	电池组过热一般报警 45~55 ℃	（1）充电设备降低当前充电电流； （2）大功率设备（驱动电机、空调压缩机和 PTC 等）降低当前电流； （3）仪表故障指示灯亮； （4）热管理系统开始工作
2	电池组过热严重报警>55 ℃	（1）充电设备关断充电，直到清除报警； （2）大功率设备（驱动电机、空调压缩机和 PTC 等）停止用电； （3）延迟一定时间切断主接触器，断开负极接触器； （4）仪表故障指示灯亮； （5）热管理系统开始工作

序号	警报	车辆措施
3	电池组低温一般报警-5~0 ℃	（1）限功率充电； （2）仪表故障指示灯亮； （3）热管理系统开始工作
4	电池组严重低温报警-10~-5 ℃	（1）限功率充电； （2）仪表故障指示灯亮； （3）热管理系统开始工作

动力电池温度采集异常的主要原因有：

（1）温度传感器故障；

（2）温度传感器线路故障；

（3）CSC 从控模块或 BMS 自身故障。

对于动力电池采集温度故障，首先，通过诊断仪读取故障码，看 BMS 是否记录了相关电池温度的故障码。其次，可通过诊断仪读取动力电池温度状态数据，若动力电池温度异常，则需拆解动力电池模组，测量异常的温度传感器阻值是否与标准值一致，如果不一致，判断温度传感器故障，更换温度传感器。若一致，检查温度传感器线路，若线路正常，可判断温度采集 CSC 从控模块故障或 BMS 自身故障。

5. 绝缘故障

发生绝缘故障时，BMS 按漏电等级采取限定功率、下电等相应措施。电池充放电状态下绝缘故障警报及措施如表6-4所示。

表6-4　电池充放电状态下绝缘故障警报及措施

序号	项目	警报	触发条件	车辆措施
1	碰撞保护	碰撞故障	接收到碰撞信号	立即断开主接触器、分压接触器
2	动力电池漏电	一般漏电报警	$100\ \Omega/V \leqslant R \leqslant 500\ \Omega/V$	仪表灯亮，报动力系统故障
3		严重漏电报警	$R \leqslant 100\ \Omega/V$	行车中：仪表灯亮，立即断开主接触器、分压接触器。 停车中： （1）禁止上电； （2）仪表灯亮，报动力系统故障。 充电中： （1）断开交流充电接触器、分压接触器； （2）仪表灯亮，报动力系统故障

动力电池绝缘故障的主要原因有：

（1）高压器件漏电；

（2）高压线路或连接器破损；

（3）电池箱进水或电池漏液；

（4）绝缘检测线路故障；

（5）BMS 故障，绝缘误报。

排除绝缘故障时，需要利用绝缘检测仪分别测量动力电池高压器件与车身之间的绝缘阻值，总的绝缘电阻要求大于 20 MΩ。如果绝缘阻值低于标准值，根据情况进行维修或者更换。也可以采用隔离法诊断此类故障，首先，将高压互锁信号线人为对地短接，保证高压插头断开情况下，动力系统的高压还能正常输出；其次，分别断开相关的高压线路和高压器件，用绝缘检测仪或通过读故障码、数据流看漏电警报是否消除，以此判断断开的高压线路或高压器件是否存在漏电故障。

6. 总电压检测故障

（1）总电压检测与动力电池母线实际输出电压不一致可能的原因：采集线与端子间松动或脱落，高压连接器松动，维修开关连接不牢靠等。检查总电压采集线束，发现连接不可靠，进行紧固或更换。检查高压回路是否存在连接不良、绝缘故障。

（2）BMS 自身故障：对比实际总电压与 BMS 监控总电压不一致，检测线路正常的情况下，说明 BMS 故障。

7. 电流显示异常

BMS 监测动力电池，当其出现过流时，BMS 将采取限流、限定功率、下电、停止充电等措施。BMS 过流警报及措施如表 6-5 所示。

表 6-5　BMS 过流警报及措施

序号	电池工作状态	警报	车辆措施
1	电池放电电流	过流警报	（1）要求大功率用电设备（驱动电机、空调压缩机和 PTC 等）降低电流，限功率工作； （2）如果在过流报警发出后，电流依然在过流状态并持续 10 s，断开主接触器，禁止放电； （3）仪表故障指示灯亮
2	电池充电电流		电流在过流状态持续 10 s，断开充电接触器，禁止充电
3	能量回收充电电流		（1）驱动电机控制器限制能量回收充电电流； （2）如果发出过流报警后，电流依然处于过流状态，则断开主接触器

BMS 电流显示异常的主要故障原因：

（1）电流采集线未正确连接：此时会导致电流正负错位，更换即可。

（2）电流采集线连接不可靠：首先确定高压回路有稳定电流，而当监控电流波动较大时，检查分流器两端电流采集线，发现螺栓松动应立即进行紧固。

（3）检测端子表面氧化情况：首先确定高压回路有稳定电流，当监控电流远低于实际电流时，检测端子或螺栓表面是否有氧化层，有则对其表面进行处理。

（4）BMS 自身故障。

二、EV450 BMS 故障诊断的一般流程

BMS 故障可能会导致无法上电、无法充电之类的故障，BMS 故障诊断应当在熟知 BMS 组成、控制策略和电路图的基础上，按正确规范的诊断流程进行，避免人为主观臆断导致误判，以提高故障诊断的准确性和效率。BMS 故障诊断的一般流程如表 6-6 所示。

表 6-6　BMS 故障诊断的一般流程

步骤	操作	结果
1	观察仪表有无故障信息，验证故障现象	
2	连接故障诊断仪，读取故障代码	能正常读取，转入步骤 3
		无法读取转入步骤 4
		无故障码转入步骤 5
3	根据读取的故障码，结合维修手册、电路图维修电路	正常转入步骤 6
4	检查 OBD 诊断接口、CAN 总线通信线路	正常转入步骤 2
	检查 BMS 电源	执行 BMS 电源线路检查
	检查 BMS 通信	执行 BMS 通信线路检查
	检查 VCU 电源	执行 VCU 电源线路检查
	检查 VCU 通信	执行 VCU 通信线路检查
5	检查 BMS，VCU 等连接器	检查连接器是否存在退针、锈蚀、虚接
	结合维修手册、电路图对高压互锁线路进行检测	
	结合维修手册、电路图对高压配电盒继电器进行检测	
	结合维修手册、电路图对高压电器部件绝缘性进行检测	
	结合维修手册、电路图对动力电池电压、温度、电流进行检测	
6	故障检验	不正常，转入步骤 2
7	完成故障排除	

任务小测

（1）BMS 的常见故障有哪些？

（2）描述 BMS 故障诊断的一般流程。

任务 3　动力电池均衡维护

学习内容

（1）动力电池均衡维护的要求；

（2）动力电池均衡维护测试仪的操作使用。

（1）能够描述动力电池均衡维护的目的；

（2）能够进行动力电池均衡维护测试仪的操作。

任务引入

　　小张在某新能源汽车 4S 店实习，车主反映电动汽车续航里程衰减，技术总监经过检查决定对该车辆动力电池进行均衡。你知道电动汽车的均衡操作如何进行吗？

任务描述

　　描述动力电池均衡维护测试仪的操作使用，并在学习小组或班级进行交流汇报。

动力电池均衡分类

一、动力电池的均衡维护

　　新能源汽车动力电池系统由多个单体电池串联或并联组成，以满足所需电压和功率要求。电芯性能的不一致一般在生产过程中形成，在使用过程中加深。动力电池在生产制造和使用过程中的差异性，造成了单体电池天然就存在着不一致性。这些不一致性主要表现在单体容量、内阻、自放电率、充放电效率等方面。单体电池的不一致性传导至动力电池包，必然带来动力电池包容量的损失，进而造成其寿命的下降。随着时间的推移，单体电池的不一致性在温度以及振动条件等随机因素的影响下进一步恶化。

　　在实际使用中，由于单体电池之间的差异，电池组的容量只能达到最弱的电池容量。在串联电池组中，虽然通过单体电池的电流相同，但是由于其容量不同，电池的放电深度也会不同。容量大的总会欠充欠放，而容量小的总会过充过放，这就造成容量大的电池衰减缓慢、寿命长，容量小的衰减加快、寿命缩短，两者之间的差异会越来越大，最终小容量电池的失效会导致电池组的提前失效，同一个电池组内的单体电池，弱者恒弱，甚至加速变弱，且单体电池之间参数的离散程度，随着老化程度的加深而加大。目前工程师应对单体电池不一致，主要从 3 个方面考虑：单体电池分选、成组后的热管理、少量不一致性由 BMS 提供均衡功能。而均衡则是目前维修行业唯一可以介入的方法。

　　由于单体电池的不一致性，某些单体电池端电压总是超前于其他单体电池最先到达控制阈值，导致整个系统容量变小。为了解决这个问题，目前常见的均衡方式有主动均衡和被动均衡 2 种模式，目前 BMS 一般都设计有均衡功能，但当电池长时间使用或者因其他原因导致电池的压差较大，BMS 本身的主动均衡不能满足需求时，一般就会拆下电池模组，用外置设备进行强制均衡，该设备就是动力电池均衡维护测试仪。

二、动力电池均衡维护测试仪的操作使用

1. 动力电池均衡维护测试仪主要功用

　　动力电池均衡维护的基本目的是"削峰填谷"，使各个单体电池的电压达到较好的一致性，提高车辆的续行里程和电池组的使用寿命。动力电池均衡

可组合单体电池
充放电仪使用

维护测试仪的主要功能是通过采集并判断电池组单体电池电压参数，采用"串充补齐"的方式，对电池组进行相关的均衡维护保养，主要用于保持电池组中各个单体电池的电压平衡，这种平衡有助于提高电池组的性能，延长使用寿命，使其处于最佳工作状态，解决电池组一致性差异，从而降低维修成本和提高车辆的安全性。

动力电池均衡维护测试仪的主要作用有：

（1）电池组性能优化：电池组由许多单体电池组成，单体电池在使用过程中可能会出现电压不一致的情况。动力电池均衡维护仪可以监测和调整各个单体电池的电压，使其保持在相近的水平，从而提高整个电池组的性能。

（2）提高充电效率：电池组内单体电池电压平衡有助于提高整个电池组的充电效率，这意味着电动汽车用户可以在更短的时间内完成充电，从而提高出行的便利性。

（3）降低维修成本：电池是电动汽车的核心组件之一，成本相对较高。通过使用动力电池均衡维护仪进行定期检查和维护，可以及时发现和解决电池组潜在问题，从而降低更换电池的频率和维修成本。

（4）提高车辆安全性：电池组内单体电池电压不平衡可能导致电池过热、短路等问题，增加安全隐患。动力电池均衡维护测试仪有助于检测和解决此类问题，提高电动汽车的安全性。

2. 动力电池均衡维护测试仪的使用

以某品牌动力电池均衡维护测试仪（见图6-14）为例，介绍其操作使用方法。

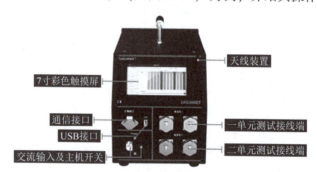

图6-14　某品牌动力电池均衡维护测试仪

该品牌动力电池均衡维护测试仪技术特性如表6-7所示。

表6-7　该品牌动力电池均衡维护测试仪技术特性

充放电电压范围	1.8~4.2 V
电压检测精度	±0.1% FS±2 mV（最大量程5 V）
充放电电流范围	0.1~5 A（MAX）
电流检测精度	±1% FS±0.05 A（最大量程5 A）
电池温度检测精度	−27~87 ℃可设置充放电温度范围
单设备可支持模组数	最大2组，每组最多12节电池
充放电功率	Max 600W
电池接口	16Pin，24Pin16Pin，48Pin

主机操作方式	7寸电容式触摸屏
显示屏	7寸TFT液晶屏，分辨率800*480
PC机数据通信	TCP/IP，USB-Device
无线通信	WiFi和BT（WiFi天线外置）
数据转存	U盘（USB-Host）
数据报表	数据上传到电脑后可由配套软件生成数据报表
充、放电数据查询	柱状图、数据表
充电控制	恒流充电+恒压充电
放电模式	恒流放电
保护功能	输入过流保护，过压保护；输出过流保护，过温保护
电源输入	单相AC90~264V，频率范围为40~60 Hz
安全测试	
耐压测试	交流输入，机壳：2200 Vdc 1 min
	直流输入，机壳：2200 Vdc 1 min
工作环境	
散热	强制风冷
温度	工作温度范围：-5~40 ℃；贮藏温度：-20~70 ℃
湿度	相对湿度0~90%（40 ℃±2 ℃）
海拔	额定海拔2 000 m
机械参数	
主机尺寸	496 mm×246 mm×262 mm
质量	14 kg

1）测试前准备

动力电池均衡测试前主要有以下注意事项：

（1）测试操作工具做好绝缘保护工作，避免短路事故。

（2）准备好测试辅助仪表，如：万用表、钳型表。

（3）测试工作区域放置绝缘地垫，用于放置仪表。

（4）维护人员必须穿戴绝缘鞋、手套及护目镜。

（5）维护人员禁止佩戴手表、项链等金属饰品。

（6）电源要求：供电电源必须可靠接地。

2）均衡电缆线与锂电池组连接

断开需要进行维护的动力电池模组线束，通过均衡线束连接维护仪与动力电池模组，连接方式主要有母线—线束连接方式（见图6-15）、夹子线—线束连接方式（见图6-16）和工装夹具—线束连接方式（见图6-17）3种。

注意：设备线束使用应严格按照指导要求进行。

线束接插件常规使用寿命为500~600次，请定期查看接插件使用状态。如有发现插件损坏，请立即停止使用、更换，以免造成仪器损坏。

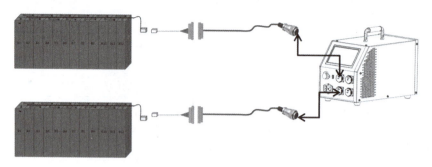

图 6-15　母线—线束连接方式

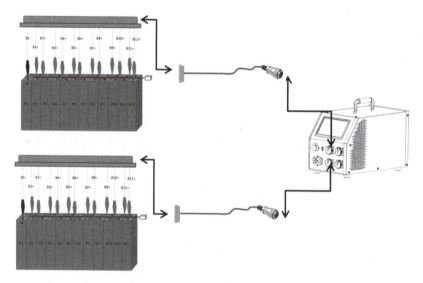

图 6-16　夹子线—线束连接方式

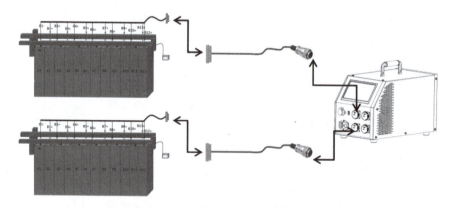

图 6-17　工装夹具—线束连接方式

（1）设备使用需注意操作先后顺序，防止短路情况发生。

（2）设备使用过程中需保证接插件连接可靠，防止测试中接触不良，导致过热隐患。

（3）设备线束使用完毕后需整理收拾，并放置在干燥无腐蚀的环境中。

（4）对于线束需定期检测其接触状态，对于问题线束要做到及时更换。

3）交流电源输入

将仪表配备的交流输入电源线对应接入接口（交流单相三线 110 V/220 V，10 A）。若有多台设备同时使用的环境下，需考虑实际排插是否超负荷。

4）仪表主菜单操作

电池维护仪上电开机并初始化完成后，显示操作主界面，如图 6-18 所示。

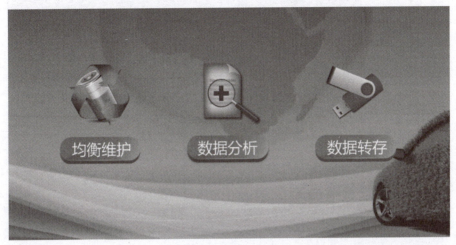

图 6-18　操作主界面

（1）均衡维护：均衡维护只能设置及查看页面，可一键进入，设置启动。

（2）数据分析：提供测试数据过程中图表及线性图浏览，动态图示，可直观明了整个测试过程。

（3）数据转存：历史数据的储存位置，可查看并转存电脑端，可生成详细数据报表。

5）电池组均衡参数设置

设置模组编号、电池类型、电池串数、电压阈值、工作电流、温度保护设置等参数，如图 6-19 所示。

LIFG-2455CT锂电均衡维护测试仪			
参数项目	1#:放电完成	2#:未连接	状态颜色设置
工作模式	放电	放电	数据存储间隔
工作时长	00:04:13	—	电池温度保护
电池类型	铁锂	铁锂	电池节数调整
电池串数	12/00	12/00	开发维护
电压阈值	3.300V	3.000V	运行日志
电压Max	3.388V	—	
电压Min	3.336V	—	
温度			
操作	启动	启动	
	设置　　　详情	设置　　　详情	

图 6-19　电池组均衡参数设置

6）开始均衡

启动测试成功后，可单击"详情"按钮，查看相应测试组的单体电池电压、工作电流、工作状态、测试时长、容量等参数，如图6-20所示。

参数项目	1#:均衡中(00:00:37)				2#:未连接
工作模式	编号	电压V	电流A	状态	容量(AH)	放电
工作时长	1#	3.369	2.498	充电	0.020	—
	2#	3.377	2.496	充电	0.020	
电池类型	3#	3.336	2.498	充电	0.016	铁锂
电池串数	4#	3.333	2.499	充电	0.016	12/00
电压阀值	5#	3.336	2.496	充电	0.020	3.000V
电压Max	6#	3.349	2.501	充电	0.020	
	7#	3.338	2.501	充电	0.020	—
电压Min	8#	3.342	2.500	充电	0.020	—
温度	9#	3.331	2.498	充电	0.020	
操作	10#	3.345	2.499	充电	0.020	
	11#	3.343	2.499	充电	0.020	启动
	12#	3.345	2.499	充电	0.020	设置 详情
	工作概况					

LIFG-2455CT锂电均衡维护测试仪

图6-20　电池组均衡参数

均衡完成条件：

（1）当维护电芯电压达到目标值，且工作电流小于0.2 A，时间大于2 min，则单芯状态显示为"完成"；

（2）当所有工作电芯通道"完成"时，整个工作单元通道均衡完成，结束工作。

7）数据分析

测试任务完成，测试数据以柱图/曲线模式展示，如图6-21所示。测试数据电压曲线图如图6-22所示。

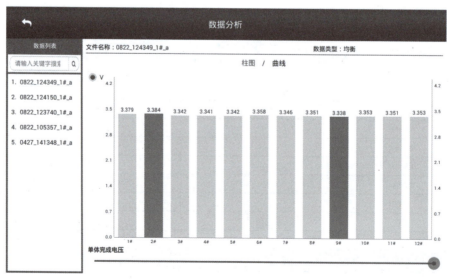

图6-21　测试数据以柱图/曲线模式展示

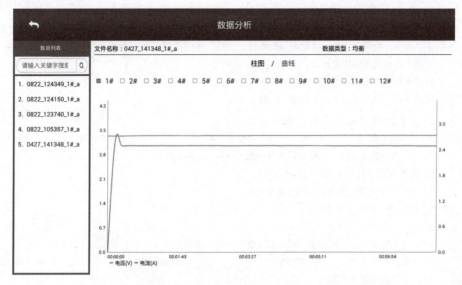

图 6-22　测试数据电压曲线图（附彩插）

 任务小测

（1）动力电池组不一致的原因有哪些？

（2）描述动力电池均衡维护测试仪操作的一般流程。

实训项目　动力电池维护与检修

组员姓名			学时		班级	
组别		组长	联系电话		小组任务成绩	
实训场地			日期		个人任务成绩	
任务描述	一辆纯电动汽车的保养提示灯亮，此时你的技术主管需要你作为维修人员协助完成保养并对动力电池系统进行性能检查及均衡管理，请问你能够完成这个任务吗					
任务目的	（1）掌握动力电池性能检测与维修； （2）能够完成电池模组的均衡					

任务准备

安全防护：做好车辆安全防护与隔离（车内外三件套、车轮挡块、警示隔离带等）；

工具设备：数字万用表、兆欧表、绝缘防护用品、绝缘工具套装、常规工具套装、动力电池拆装举升台，动力电池均衡维护测试仪；

台架车辆：BMS 台架、实训车辆；

辅助资料：汽车维修手册、教材、实训工作页

资讯

（1）对动力电池包的常规检查项目不包括（　　）。

A. 紧固电池螺栓　　B. 检查托盘外观有无变形　　C. 检查有无涉水痕迹　　D. 容量校正

（2）车辆行驶过程中，SOC 突然从 30% 跌到 0%，原因可能是（　　）。

A. 电机功率过大，将电池电量消耗光了

B. 单体电池电压达到预设的放电截止电压

C. PTC 功率增大，耗电加剧

D. 压缩机功率过大，耗电量加剧

（3）动力电池漏电检测判定不漏电的标准是：等于或高于（　　）被认为是不漏电。

A. 100 Ω/V　　B. 500 Ω/V　　C. 1 000 Ω/V　　D. 2 000 Ω/V

（4）下列说法错误的是（　　）。

A. BMS 的硬件包括主板、从板及高压盒，还包括采集电压线、电流、温度等数据的电子器件

B. BMS 的软件用于监测电池的电压、电流、SOC 值、绝缘电阻值、温度值，通过与 VCU、充电机的通信，来控制动力电池系统的充放电

C. 接收 BMS 反馈的实时温度和单体电池电压（并计算最大值和最小值）是高压盒的主要功能之一

D. 高压盒监测动力电池的总电压和充、放电电流及绝缘性能

（5）仪表显示整车限功率，可能原因是（　　）。

A. 单体电池过放　　B. BMS 电源保险损坏

C. 电机控制器 CAN 线断路　　D. 电机损坏

计划与决策

请根据动力电池检测的任务，确定检测的标准方法和所需要的检测仪器，并对小组成员合理分工，制定详细的工作计划。

（1）采用的评价标准：____。

（2）需要的检测仪器和工具。

①仪器：____。

②工具：____。

（3）实训计划：____。

（4）小组成员任务分工（见表 6-8）。

表 6-8　小组成员任务分工

操作员		记录员	
安全员		展示员	

实施

1. 动力电池性能检测与维修

（1）记录车辆及动力电池信息于表 6-9 中。

表 6-9　车辆及动力电池信息

品牌		整车型号		生产日期		行驶里程	
车辆识别码							
动力电池系统额定电压							
动力电池额定能量							
动力电池系统额定容量							
动力电池类型							

（2）测量单体电池的内阻值填入表 6-10 中。

表 6-10　单体电池的内阻值

单体电池序号	测量数值	判断数值是否正常
1 号单体电池的内阻值		□正常　□不正常
2 号单体电池的内阻值		□正常　□不正常
3 号单体电池的内阻值		□正常　□不正常
4 号单体电池的内阻值		□正常　□不正常
5 号单体电池的内阻值		□正常　□不正常
6 号单体电池的内阻值		□正常　□不正常
7 号单体电池的内阻值		□正常　□不正常
8 号单体电池的内阻值		□正常　□不正常
9 号单体电池的内阻值		□正常　□不正常
10 号单体电池的内阻值		□正常　□不正常

（3）测量单体电池的电压值填入表 6-11 中。

表 6-11　单体电池的电压值

单体电池序号	测量数值	判断数值是否正常
1 号单体电池的电压值		□正常　□不正常
2 号单体电池的电压值		□正常　□不正常
3 号单体电池的电压值		□正常　□不正常
4 号单体电池的电压值		□正常　□不正常
5 号单体电池的电压值		□正常　□不正常
6 号单体电池的电压值		□正常　□不正常
7 号单体电池的电压值		□正常　□不正常
8 号单体电池的电压值		□正常　□不正常
9 号单体电池的电压值		□正常　□不正常
10 号单体电池的电压值		□正常　□不正常

（4）根据表 6-12 的步骤进行动力电池的密封性测试。

表 6-12　动力电池的密封性测试

序号	操作步骤	信息填写
1	连接好测试接头组、转接头、手动泵等密封性检测工具	是否完成操作：□是　□否
2	连接好数字式压力表（V.A.G 1397B），按下菜单键直到显示"P 相对值"，按下"OK"按钮，随后按下复位键，数字式压力表显示为 0 mbar（1 bar＝10^5 Pa）。仔细观察压力上升情况，时间在 5 min 以上	是否完成操作：□是　□否
3	使用手动泵（FVG 1274B）产生 50 mbar 的正压	是否完成操作：□是　□否
4	等待 5 min 后，观察数字式压力表（VAG 1397B）上的压力降情况，如果压力损失大于 2 mbar，进行泄漏查找	是否完成操作：□是　□否

左侧竖排：实施

2. 电池模组的均衡

(1) 进行电池模块的测量与分析，将结果填入表 6-13 中。

表 6-13　电池模块的测量与分析

测量并记录 电池模块的信息	单个电池模块的实际电压/V	
	单体电池的实际电压（最低）/V	
	单体电池的实际电压（最高）/V	
	单体电池的类型	
	单个电池模块中单体电池的数量/个	
	电池模块的串并联方式	_____P_____S

(2) 根据表 6-14 的步骤进行均衡电缆线与锂电池组的连接。

表 6-14　均衡电缆线与锂电池组的连接

序号	操作步骤	是否完成
1	将 HV-端口相连的单体电池作为 1 号单体电池	□是　□否
2	使用数字式万用表测量 1 号单体电池的电压，确定正、负极端口	□是　□否
3	测量 2 号单体电池的电压，确定正、负极端口，并使用记号笔做好记号	□是　□否
4	将电池模块均衡仪的 V1(-) 连接到电池模组的 HV-端口	□是　□否
5	将 V1(+) 连接到 1 号单体电池（+）端口	□是　□否
6	将 V2(+) 连接到 2 号单体电池（+）端口	□是　□否
7	将 V3(+) 连接到 3 号单体电池（+）端口	□是　□否
8	依此类推，将 V8(+) 连接到 8 号单体电池（+）端口	□是　□否
9	充放电线束连接好后，再次检查确认单体电池连接顺序是否正确	□是　□否
10	连接电池充放电仪的电源插头至 220 V 插座	□是　□否
11	先开单组开关，再开总开关	□是　□否

(3) 根据表 6-15 的步骤进行电池组均衡参数的设置。

表 6-15　电池组均衡参数的设置

序号	操作步骤	信息填写
1	屏幕开机后，在主页面单击"参数设置"按钮，单击"电池类型"选项	选择锂电池的类型为_____
2	单击"工作停止电压"选项，设置充电停止电压	充电停止电压：　　V
3	设置工作过压保护	工作过压保护：　　V
4	设置工作欠压保护	工作欠压保护：　　V
5	设置电池类型或工作停止电压时需重启设备	是否完成操作：□是　□否
6	单击主页面"详细信息"按钮，此时可以读取电压详细信息（V）或容量详细信息（A·h）	是否正常显示：□是　□否
7	单体电池充满后，绿色的标记指示灯将会点亮	是否正常显示：□是　□否

实施

（4）将数据分析图填入表6-16中。

表6-16 数据分析

序号	图
测试数据柱图/曲线图	
测试数据电压曲线 （X单体）	

（5）按表6-17的步骤关闭电池模块均衡仪。

表6-17 关闭电池模块均衡仪

序号	操作步骤	信息填写
1	电池模块均衡结束后，先断开电池充放电仪的总开关	是否完成操作：□是 □否
2	再断开第X组分开关	是否完成操作：□是 □否
3	测试完毕后及时取出电池模块上的充放电连接线	是否完成操作：□是 □否

实施

检查

（1）根据考核标准，对整个实训过程中出现的问题进行总结。
（2）各小组根据各自的检测对象和结果，相互交流检测过程中的注意事项

项目	评分标准	分值	得分
任务导入	明确工作任务，理解任务在工作中的重要程度	5	
知识要点	动力电池性能检测与维修、动力电池模块的均衡	15	
任务计划	制订动力电池性能检测、维修检测及更换计划	10	
	制订动力电池模块的均衡计划	10	
	能协调小组人员安排任务分工	5	
	能在实施前准备好所需要的工具器材	5	
任务实施	会使用专用检测仪器完成动力电池性能检测与更换任务	8	
	会使用专业测量仪器完成动力电池的密封性测试	5	
	会使用均衡仪完成电池模组的均衡	8	
	会根据检测结果判断电池性能是否正常	5	
	会根据检测结果判断动力电池的均衡效果	5	
	清点工具，打扫场地	5	
任务检查	学生任务完成，操作过程规范	10	
任务评价	学生能对自身表现情况进行客观评价	2	
	学生在任务实施过程中发现自身问题	2	
自评得分（满分100）			

评价

评价	组内互评	姓名	评分（满分20分）	姓名	评分（满分20分）	姓名	评分（满分20分）
	小组互评	评价对象	评分	评价对象	评分	评价对象	评分	评分（满分20分）
	教师评价						评分（满分50分）
学生本次完成实训任务得分							

项目7　退役动力电池梯次利用与回收

以电动汽车为代表的新一代节能与环保汽车是汽车工业发展的必然趋势，已成为普遍共识。动力电池的性能随使用次数的增加而衰减，当动力电池性能下降到原性能的80%时，将不能达到电动汽车的使用标准。随着电动汽车保有量的增加，不能达到电动汽车使用标准的动力电池组件将大量退役。退役的动力电池不能继续用于电动汽车，但可用在对动力电池性能要求低的场合。电动汽车退役的电池具备在储能系统，尤其是小规模的分散储能系统中继续使用的条件，此外，退役动力电池还可用于低速电动交通工具，比如电动自行车、电动摩托车等。通过这种梯次利用方式来延长电池使用寿命，降低动力电池全寿命周期成本，对于推动电动汽车行业的健康发展具有重要意义，也是锂离子电池在电动汽车上推广应用中亟待解决的关键问题。

任务1　退役动力电池梯次利用与安全评估

　学习内容

（1）退役电池的定义和意义；
（2）退役电池梯次利用的国内外发展状况；
（3）退役电池梯次利用综合因素；
（4）退役电池的安全性评估。

　能力要求

（1）能够描述退役电池的定义；
（2）能够描述退役电池梯次利用综合因素；
（3）能够描述退役电池的寿命与经济性；
（4）能够描述退役电池的安全性评估。

　任务引入

近日，客户张先生到4S店反映自己的电动车行驶里程已超过15万千米，现在电池和宣传中400千米的续航里程对比"连一半都跑不了"。经过售后人员小李检测，这辆车的动力电池容量已衰减至不足70%，达到更换标准。张先生咨询更换下来的电池是否直接报废，希望小李帮忙解答。

客户对更换后的动力电池的用途感兴趣，请你学习退役电池的梯次利用基本知识，然后在学习小组或班级里进行交流汇报。

一、退役电池的概述

动力电池从出厂使用到报废共经历4个阶段，其中电池梯次利用是其中关键一环，动力电池的性能随使用次数的增加而衰减，当动力电池性能下降到原性能的70%时，将不能达到电动汽车的使用标准，但可用在对动力电池性能要求低的场合，即进入梯次利用阶段。比如按照电池容量来分，从容量要求高到容量要求低依次可以为：电动汽车→市政用车、城市特殊用途电车→低速微型车、旅游观光电车→电站电力储能。随着电动汽车保有量的增加，不能达到电动汽车使用标准的动力电池组件将大量退役。动力电池生命周期如图7-1所示。

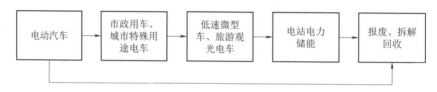

图7-1　动力电池生命周期

电动汽车退役的电池具备在储能系统，尤其是小规模的分散储能系统中继续使用的条件，比如，还可以用来平抑、稳定风能或太阳能等间歇式可再生能源发电的输出功率；实施削峰填谷，减轻用电负荷供需矛盾，达到经济用电的目的；满足智能电网能量双向互动的要求；作为应急电源，减少因各种暂态电能质量问题造成的损失。此外，退役动力电池还可用于低速电动交通工具，比如电动自行车、电动摩托车等。

在动力电池整个寿命周期中，通过这种梯次利用方式来延长电池使用寿命，降低动力电池全寿命周期成本，对于推动电动汽车行业的健康发展具有重要意义，也是锂离子电池在电动汽车上推广应用中亟待解决的关键问题。通过退役电池梯次利用技术研究，能够系统解决退役电池梯次利用的关键技术，将能够最大化发挥和利用车用动力电池的剩余价值，延长动力电池使用寿命，降低动力电池全寿命周期成本，从而降低电池运营方的运营成本以及电动汽车使用成本，能够更好地促进电动汽车产业健康可持续发展。同时，基于电动汽车退役电池的储能系统具有更低的储能成本，将其应用于智能电网发电、输电、变电、配电、用电各个环节将具有更高的适用型和技术经济性。此外，开展退役电池梯次利用，可以从总量上减少电池原材料的开发和使用，进而减少对生态环境的破坏，也从总量上减少了电池的安全隐患。

二、动力电池梯次利用的国内外研究进展

1. 动力电池梯次利用的国外研究进展

2010年9月，ABB宣布与通用汽车公司签署合作协议，探索利用通用雪佛兰Volt的车载动力锂电池建设经济型储能系统的可能性。2012年11月，通用汽车公司与ABB在美国旧金山共同展示了一项电池再利用的全新尝试：将5组使用过的雪佛兰Volt沃蓝达蓄电池重新

整合入一个模块化装置，可以支持3~5个美国普通家庭2 h的电力供应。

2010年9月，日产汽车与住友商事宣布，两公司共同研究电动汽车（EV）配备的锂电池再利用技术。汤浅、三菱商事、三菱汽车以及 Lithium Energy Japan 4 家公司于2011年1月26日，开展三菱电动汽车用锂电池回收再利用的试验研究。

位于圣地亚哥的加州可持续能源中心（California Center for Sustainable Energy，CCSE）对动力电池二次利用进行了多年研究，目前正在研究一些主要电动汽车公司（日产、雪佛兰、特斯拉、三菱和福特）的电池。CCSE 的研究有3个阶段。第一阶段涉及潜在二次利用的应用程序分析和测试方法的设计。第二阶段涉及采集废弃电动车电池样本并在实验室进行测试。CCSE 的测试表明，使用过的电动车电池仍含有很多电能，这意味着电池仍然可用于存储能量，从而有助于降低电能成本。目前加州必须负担备用发电机成本，这可以由电池能量储存替代，风力或太阳能等可持续能源也能够储存在电池里。这项研究现在已经进入了第三阶段也是最后一个阶段，在加州大学圣地亚哥分校校园内，废旧电池被集合引入微型电网，观察实际使用情况。

新能源汽车动力锂电池再利用领域主要瞄准 ICT 领域、家庭以及可再生能源发电储能等领域。虽然动力锂电池再利用实践在国内还未开展，但是在日本、美国已经有多年的示范经验。这些国家从新能源汽车发展伊始就着力动力电池再利用的研究，这些前期研究工作给我国开展电池再利用研究提供了很好的借鉴，其具体情况如表7-1所示。

表7-1　国外动力电池再利用研究项目

时间	项目	内容
2009.04	MonotaRO 提供电动工具用充电电池循环再利用服务	回收电动工具使用过的充电电池，重装后向用户配送，与购买新电池相比，能够以便宜约30%的价格循环再利用
2010.01	日本伊藤忠商事和伊藤忠都市开发有限公司开始销售配备了蓄电池的公寓	确立评测电池性能、保证电池质量的方法为目标，收集电池温度、充放电次数以及充放电深度等数据
2010.09	日产汽车和住友梨团合资成立了 4R Energy 能源公司	从事电动车废弃电池的再利用
2010.11	美国杜克能源和日本伊藤忠商事对蓄电池性能不足80%的电动车旧电池进行再利用测试	将旧电池用于辅助家庭供电、储蓄可再生电源并为电动车提供快速充电
2012.11	通用汽车与 ABB 开发电动汽车蓄电池再利用技术	将5组使用过的雪佛兰 Volt 沃蓝达蓄电池重新整合入一个模块化装置，支持3~5个美国普通家庭2 h的电力供应

2. 动力电池梯次利用的国内研究进展

国家《节能与新能源汽车产业发展规划（2012—2020）》提出要加强动力电池梯次利用和回收管理，包括："制定动力电池回收利用管理办法，建立动力电池梯次利用和回收管理体系，明确各相关方的责任、权利和义务。引导动力电池生产企业加强对废旧电池的回收利用，鼓励发展专业化的电池回收利用企业。严格设定动力电池回收利用企业的准入条件，明确动力电池收集、存储、运输、处理、再生利用及最终处置等各环节的技术标准和管理要求。加强监管，督促相关企业提高技术水平，严格落实各项环保规定，严防重金属污染"。

2011年，由上海电力公司牵头，国网电力科学研究院、上海交通大学、许继集团、北京交通大学、同济大学等单位参与的863计划重大项目智能电网关键技术研发课题"电动汽车智能充放储一体化电站系统及示范工程"正式启动实施，动力电池梯次利用方面研究内容主要包括：研究电池梯次利用的筛选原则、成组方法和系统方案，预期目标：提出电池梯次利用及成组的原则和策略。其中，充放储一体化电站，即将电动汽车充放电、更换站与电池储能电站功能融合进行设计和研究，建设"智能充放储一体化电站"。在充放储一体化电站内，价格昂贵的电池不仅可为电动汽车提供能量供给，在其处于备用状态时，可接入电网用于储能，解决电网峰谷差，进行系统频率调节，提供旋转应急备用，稳定电压支持，缓解输电拥塞等问题。充放储一体化站主要由 4 部分构成，如图 7-2 所示，分别是调度中心、多用途变流装置、充放储电池更换系统和梯次电池储能系统。一体化站分别与电动汽车和电网进行能量与信息的交换，实现其功能。

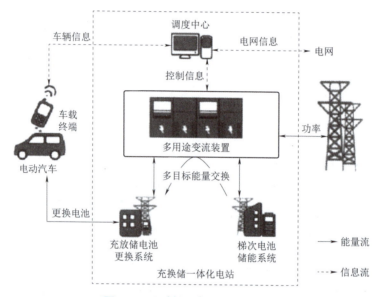

图 7-2　充放储一体化电站结构图

2011 年，北京市科委项目"动力电池梯次利用技术研究及示范应用"启动，项目以奥运充电站退役动力电池为研究对象，开展参数性能测试方法、评估方法和一致性评价方法及指标的研究，结合退役电池测试数据开展电池经济性分析研究，并将相关设备和技术应用迁入示范系统，实现科技成果转化。2012 年，国家电网公司总部科技项目"电动汽车动力电池梯次利用技术研究与示范"项目启动，研究目标包括：掌握动力电池梯次利用的试验与评估方法、判断动力电池梯次利用的可行性、对动力电池梯次利用技术进行小规模示范、提出动力电池梯次利用筛选原则和使用导则。

2011 年 7 月 11 日，青岛薛家岛电动汽车智能充换储放一体化示范电站投入试运行。薛家岛充换电站在国内外首次建成集公交车充换电、乘用车电池集中充电、储能应用于一体的电动汽车充换电站，并设计和安装了 2 000 kW 的梯次电池储能装置，实现了动力电池的梯次利用。

2013 年 3 月 15 日，北京市高安屯充换电站投入运行，是目前世界上规模最大、服务能力最强的电动汽车充换电站，该换电站集成使用了十余种自主研发的充换电设备，年累计换电服务能力可达 14.6 万次。该站共设置 4 条换电流水线、1 条配送线，安装充电机 1 044 台，充电机容量 10 080 kW，可同时服务 8 辆电动车，整车每次换电时间 4~6 min。预计每天能满足 400 辆纯电动环卫车的充换电需求，可服务北京市现有电动环卫车所有车型。该站主体建筑屋顶安装的 1 280 块太阳能电池组件利用微网控制系统将光伏发电接入系统，日平均发电量超过 1 200 kW·h，年均发电量 26.72 万 kW·h，每年可减少二氧化碳排放 400 t 以上。高安屯充电站利用退役的动力电池储能，电池架集充电、储能于一体，夜间利用谷段电进行充电，实现削峰填谷及电池的梯次利用。

2013 年 9 月 1 日，在国家电网公司、国网河南省电力公司的大力支持下，由国网河南省电力公司电力科学研究院牵头实施的基于退役电池的风光储微电网示范工程，联调成功并正式投运，该示范工程系风光储混合微电网工程，也是省内乃至国内首个真正意义上的基于退役电池的混合微电网系统。示范工程位于新密市尖山真型输电线路试验基地，示范工程年发电量超过 10 万 kW·h，其作为郑州市小型新能源发电入网项目已经获得郑州市发改委的批复。

三、退役电池梯次利用综合因素考量

1. 退役电池梯次利用要求

2021 年 8 月 19 日工业和信息化部、科技部、生态环境部、商务部、市场监管总局联合制定的《新能源汽车动力蓄电池梯次利用管理办法》提出了对新能源汽车动力蓄电池梯次利用管理，保障梯次利用电池产品的质量等要求。退役电池在进行梯次利用时需要考虑以下几个方面的问题：

（1）退役电池梯次利用安全性与可靠性，梯次产品的设计应综合考虑电气绝缘、阻燃、热管理以及电池管理等因素，保证梯次产品的可靠性；

（2）梯次产品应进行性能试验验证，其电性能和安全可靠性等应符合所应用领域的相关标准要求；

（3）退役电池梯次利用性能、寿命以及成本与梯次利用技术挑战的比较；

（4）电池梯次利用过程对电池常规性能的关注和其他特别要求；

（5）退役电池能否满足梯次利用目标场合具体要求，梯次利用成本与利润核算。

2. 退役电池梯次利用寿命与经济性

理想状态下，动力电池整个寿命周期在 20 年以上，梯次利用寿命超过 10 年，比在电动汽车上使用的时间还要长。但是动力电池实际使用寿命还要视在初次使用和梯次利用环境下的使用价值和性能而定。不同电池组实际退役的标准和时间也不等，视电动汽车具体使用场景而定，包括使用场合气候条件、使用原则、电池组规格及尺寸、退役时间等，导致最终寿命也不一样。比如，电池在正常使用情况下，若在电池剩余容量大于 80% 的情况下退役，则在电动汽车上使用的寿命比正常退役的要求短，但是梯次利用的时间更长；若电池在电动汽车上以超极限方式滥用，则其退役后梯次利用寿命明显减少，退役电池在不同情景下退役，其单位英里（1 英里 = 1 609.344 米）电池的成本是不一样的，也即梯次利用的价值和产生的效益也是不一样的。根据仿真计算结果，正常使用情况下，电池容量下降到 70% 时电池退役，这种情况下电池在电动汽车上使用的成本最高，达到 16 479 美元/英里，其余 2 种情况下的使用成本分别是 5 333 美元/英里、8 030 美元/英里，这中间详细考虑了电池梯次利用的效益及成本。

总之，从动力电池梯次利用经济适用性关系到大批退役电池的梯次利用方式和具体场合，必须考虑全面，认真评价研究。

四、退役电池的安全性评估

1. 退役电池梯次安全性评估

锂在元素周期表中是最轻的金属元素，原子序数 3，原子量 6.941，密度也是最小（0.53 g/cm³，20 ℃）、化学性质活泼，极易失去电子被氧化为 Li^+，因此电极电位最负（-3.045 V），其理论比容量达到 3 960（mA·h）/g，因此最先发展的体系是金属锂一次电池和二次电池。但是由于金属锂异常活泼，极易与很多无机物和有机物反应，因此在电化学循环中，锂表面的不均匀性易造成金属锂的不均匀沉积，形成锂枝晶，引发安全问题，由此阻碍了其实用化进程。而锂离子电池由于采用了嵌锂碳或其他的嵌锂材料取代了金属锂，因此提高了体系的安全性，使其迅速商品化并得到广泛的应用。但同时锂离子电池的安全性又成为阻碍其大型化和进一步发展的关键因素。

锂离子电池的安全性之所以备受关注，是由其自身特点决定的：

①电池能量密度很高，如果发生热失控反应，放出很高的热量容易导致不安全行为发生。

②锂离子电池由于采用有机电解质体系，有机溶剂是碳氢化合物，在 4.6 V 左右易发生氧化，并且溶剂易燃，若出现泄漏等情况会引起电池着火，甚至燃烧、爆炸。

③密封镍镉和镍氢电池在充电时正极上生成的氧在负极上得以还原，达到"理想的氧循环"，正极发生的反应用负极来抵消，并且此循环所消耗的电流不会改变蓄电池的化学状态。过充电反应只限于内部氧循环，即可称为"再化合"。而对于锂离子电池，过充电反应会使正极材料结构发生变化而使材料具有很强的氧化作用，使电解液中溶剂发生强烈氧化，并且这种作用是不可逆的，反应引发的热量如果积累会存在引发热失控的危险。

锂离子电池的安全性备受关注，还与它的应用期望有着密切的关系，应用在电动车辆上的锂离子电池，无论单体容量高低，必然采用电池的组合应用，如果不能精确均衡控制，对某个单体来讲，无异于滥用。在使用过程中可能造成单体的过充电或者过放电，长期循环电池的负极上还存在着金属锂析出的可能，特别对于单体容量高的电池，极小热扰动就可能会引发一系列放热副反应，最终导致热失控而引发安全问题。

原则上，锂离子电池正常使用条件下是安全的，人们更关注的是在误用或滥用条件下如何保证安全，长期循环的锂离子电池的耐热扰动及耐热用能力较差。电池在滥用时由于电池内特定的能量输入导致组成物质产生物理或化学反应并释放大量的热，且热量不能及时逸出进而导致热失控，会使电池发生毁坏，如猛烈的泄气、破裂并伴随着火，造成安全事故。

此外关于锂离子电池安全性更需要关注的是单体电池的热失控还会引发整个电池组的热失控。HEV 的电池组至少包括 10 个单体电池，因此电池组热失控的能量比单体电池要高一个数量级。

2. 锂离子电池的滥用试验及安全性

由于锂离子电池存在突发事件下或滥用下的安全隐患，为了保护消费者权益，国内外有关组织相继制订了针对锂金属电池的安全指南。尽管锂离子电池有别于锂金属电池，但锂金属电池的安全规范也适用于锂离子电池。制定的安全标准是针对和模拟电池实际使用中可能发生的突发事件和滥用行为。它们是 UL 标准以及基于 UL 标准发展起来的其他标准。如《家用与商用电池调查概要》，即 UL-2054 标准，由 UL 美国安全检定实验室公司（Underwriters Laboratories Inc，UL 公司）于 1993 年制定；《锂电池安全标准》，即 UL-1642 标准，由 UL 公司于 1995 年制定第三版；《二次锂电池安全性评价指南》，即 JBA 标准，由 Japan Battery Association 1997 年制定；我国制定的 GB/T 18287—2013《移动电话用锂离子蓄电池及蓄电池组总规范》及我国制定的军用标准 JB/T 11137—2011《锂离子蓄电池总线通用规范》；其他还有 IEC 标准、空间及航空标准。国内外电池制造商根据实际也都制定了相关的企业标准，有的甚至制定了更为苛刻的指标以确保产品的安全性。如《锂离子蓄电池组通用规范》对单体电池及电池组分别做了规定，尤其增加了苛刻的枪击项目。

根据初始扰动条件的性质，安全测试项目一般分为 4 类：

（1）电学测试：过充电、过放电、外部短路和强制放电。

（2）机械测试：跌落、冲击、钉刺、挤压、振动和加速。

（3）热测试：焚烧、沙浴、热板、热冲击、油浴和微波加热。

（4）环境测试：减压、浸没、高度和抗菌性。

前面已指出，电池安全性是相对一定的初始扰动而言的，因而即使对同一电池，安全测试项目通过的难易程度也不同，如机械和环境试验较易通过，而电和热测试项目相比之下由于引发温度升高就较难通过。即同一类测试中，有些测试容易通过，有些测试难通过。前面对短路试验、过充试验和热稳定试验研究的总结，可见电池在外界热、电扰动后存在不同规律，这些都有助于对电池热失控的理解。短路试验是模拟电池的正负极端子间发生接触或与低阻抗器件接触时电池的安全行为。过充电测试是模拟电池充电时，充电器和电流控制回路同时失灵时电池的安全行为。在电池组中，如果出现各个单体电池的性能不均衡，可能会引起某些电池出现过充，因此过充电测试对于电池组尤为重要。过充电反应的热源来自电化学反应热和焦耳热。当过充时，正极材料脱锂，具有高氧化能力，或者正极材料直接放出氧，使电解液氧化；同时，负极表面 SEl 膜先分解，锂不能嵌入负极，沉积出金属锂，随着在这些过程产生的热效应，若温度过高升至 170 ℃以上，锂可能会熔化，进而使电解液强烈氧化；在短时间内各个反应相继发生，产生的热量积聚起来，当大于热逸出速率时，电池出现热失控。电池本身的构成和电池的使用状态对过充电不安全性有很大的影响。

相对常见的滥用行为，机械滥用测试的目的是根据这些结果来规定电池组或模块（如动力电池用的多组合）的包装与最佳定位，热测试的目的是考察电池如何适应宽广的温度和其他热条件的变化范围，这些变化也许在电动车中经常发生。

如果从材料体系和制造工艺等出发，对设计的电池在部件选择等方面进行电池设计，电池安全是十分有保证的。无论圆柱形电池还是铝塑包装膜电池，只要是在正常使用条件下，如在规定的温度、电流、电压下，加上限压、限流、限温等元件的辅助，可以说单体电池正常使用是非常安全的。但对于单体电池在突发事件下超出安全使用条件之外，尤其是滥用条件下则很可能会出事故。例如近年来关于手机电池爆炸的报道很多，这些足以说明电池在循环使用过程中的变化对安全性有很大的影响。引起安全性问题的原因归纳起来有：

①电池自身质量随着循环进行，由于电池内物质的一些物理化学因素，导致电池组成成分变化，使电池性能下降。例如制造过程中正负极极片上的碎屑因为没有清理干净而引起电池内短路；使用的隔膜其厚度不均匀，使最薄的地方引起局部正负极内短路等。

②电池块的制造质量。

③使用者的使用不当，使用者因放置、环境等因素导致不当使用而引起。

退役电池安全性是其能否梯次利用首要考虑的因素，我们分别选取了换电和充电模式下退役的磷酸铁锂软包动力电池，对其安全性进行了测试评估。通过对退役锂离子电池进行安全性检测，结果表明其安全性未见衰退，将其在电网储能项目中作为储能电池应用是安全的。

3. 电池组拆解、重组过程安全性问题

动力电池退役后，一方面很大一部分电池已经报废无法梯次利用，另一方面电池还需要重新配组方可二次利用，这就涉及将电池组、电池模块拆解，去掉电池外接电路、外壳、数据传感器等，剔除掉报废电池等，因为退役电池组仍然具有部分剩余容量，电压等级较高，外接电路绝缘性能和连接可靠性均无法保证，所以在拆解过程中应该特别注意人身安全，拆解工作应在空旷和具有安全防护措施的场所进行，拆解过程应全程使用绝缘防护工具。

此外，拆解过程需要注意避免对电池本身造成不可逆转的损坏，比如，有的电池组采用的是焊接方式配组，梯次利用时需要解焊，解焊过程若存在温度过高或者机械外力过大的情况，则会对电池内部结构造成破坏，如局部过热等。另一方面，无论电池组采用的是焊接方式还是机械连接方式，电池二次利用时必须将极耳剪短，去掉原来装配时极耳连接部分，此时应该特别小心，避免对极耳及极耳附近造成破坏。

锂离子电池在单个使用时，配合防过充、过放、过流装置，安全性可以得到保证。但是对于组合使用的动力锂离子电池的情况变得比较复杂。组合使用比单个使用更容易发生过充和过放现象，且不易发现。电池组中各单体电池之间存在不一致性，连续的充放电循环导致的差异，将使某些单体电池的容量加速衰减，串联电池组的容量由单体电池的最小容量决定，因此这些差异将使电池组的使用寿命缩短。造成这种不平衡的主要原因有：在电池制作过程中，由于工艺等原因，同批次电池的容量、内阻等存在差异；电池自放电率不同，长时间的积累，造成电池容量的差异；电池在使用过程中，使用环境如温度、电路板的差异，导致电池容量的不平衡。为减小这种不平衡对锂离子电池组的影响，在电池组的充放电过程中，要使用均衡电路。对于离散性更加突出的退役电池来说，在重组过程中特别要注意BMS的均衡和热管理问题。

目前，锂离子电池组均衡控制的方法，根据均衡过程中电路对能量的消耗情况，可分为能量耗散型和能量非耗散型2大类。能量耗散型是通过给电池组中每只单体电池并联一个电阻进行放电分流，从而实现均衡。这种电路结构简单，只有容量高的单体电池的能量消耗，存在能量浪费和热管理的问题。能量非耗散型电路的耗能比能量耗散型要小，但电路结构相对复杂，可分为能量转换式均衡和能量转移式均衡2种。现有的锂离子电池的均衡方案中，基本上是以电池组的电压来判断电池的容量，是一种电压均衡的方式，电压检测的准确性和精度及漏电流的大小，直接影响电池组的一致性。

锂离子电池的安全性备受关注，还与它的期望应用有着密切的关系。对于锂离子动力电池，无论单体电池容量高低，必然采用电池的组合应用，如果不能精确均衡控制，对某个单体电池来讲，无异于滥用。电池循环次数和充放电制度都对电池的安全性有明显影响，在使用过程中尽可能减少单体电池的过充电或者过放电，特别对于容量高的单体电池，因热扰动可能会引发一系列放热副反应，最终导致安全性问题。

锂离子电池的"老化"特性，指在存储一段时间后，即使没有进行循环使用，其部分容量也会永久丧失。究其原因还是电池的正负极材料从出厂后就已经开始了它的衰竭过程。

不同温度和不同电量状态下"老化"的速度也不同。存储温度越高和充得越饱，电池容量损失就会越迅速。因此不推荐在饱和状态下长时间保存锂离子电池。对于存储电池，尽量低温储存。

 任务小测

（1）动力电池性能下降到原性能的_____时，将不能达到电动汽车的使用标准。

（2）动力电池报废一般分为_____、_____、_____、_____ 4 个阶段。

（3）锂离子电池安全测试项目一般分为_____、_____、_____、_____。

（4）退役电池的安全性评估包括：_____、_____。

（5）机械滥用测试的目的是什么？

（6）说明开展退役电池梯次利用的意义是什么？

（7）退役电池梯次利用要求有什么？

 任务2 **电池组与单体预处理技术**

 学习内容

（1）动力电池回收预处理的方法；
（2）导电溶液放电的原理；
（3）动力电池破碎预处理；
（4）动力电池切割方式。

 能力要求

（1）能够复述动力电池回收预处理的方法；
（2）能够对比不同电池破碎预处理方法；
（3）具备信息搜集和处理的能力。

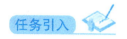

王女士到 B 品牌电动汽车 4S 店维修动力电池，看到旁边有存储的几个旧动力电池，售后人员小张告诉王女士这部分动力电池是打算进行梯次利用的，王女士咨询如何进行梯次利用，希望小张能帮忙解答。

退役电池梯次利用前需要进行预处理，保障其安全性，请了解电池放电预处理方法及电池破碎预处理方法，并在学习小组或者班级进行汇报。

预处理方法主要分为电化学处理、机械处理（拆解、粉碎）、物理分选及热处理等。根据不同的回收要求与方法，往往需要将上述几种方式组合起来对报废电池进行预处理。拆解电池组时，动力电池外壳、极柱等部件回收较为简单。而在回收单体电池时，电池正极材料中富含金属（如钴、镍、铜、锰、铁等），因而回收工艺较为复杂。出于安全考虑，大容量的三元材料电池暂无规模化拆解回收实践，而就单体电池容量小、体积小及质量轻的电池而言，则可利用破碎分选法进行批量回收处理。

一、动力电池回收消电处理

动力锂离子电池从电动汽车上退役后，电池本身所带电量是有差别的，有些电池所带电量基本为 0，但是有些电池还携带的电量很多。为了保证退役动力锂电池在后续切割工艺中安全进行，必须对退役动力锂电池进行消电操作，在回收前需先将剩余电量安全释放，目前对废旧锂电池回收时一般采用的是将电池塑料外壳剥离后，把电池置于导电溶液中使其充分放电；或将废旧电池两极通过导线与电阻相连，组成放电回路放电；回收最少时，可以使用大型专业充放电设备对电池进行逐一放电。

1. 导电溶液放电

对废旧软包磷酸铁锂电池进行饱和盐水放电试验，测试盐水 15 cm 左右的电阻约为 50 kΩ，将满电正常电池（电压 3.34 V）和满电发软的电池（电压 3.29 V）放入盐水中，完全浸没，电池的正、负极耳处较剧烈产生气泡；12 min 后铝极耳腐蚀严重，其中一块电池铝极耳出现严重腐蚀孔洞，另一块电池正极耳被完全腐蚀掉。测量电压发现大部分电量还在电池中未被放出，但因正极耳损失已无法放电。分析原因是电池在盐水中短路放电，可能同时发生了电化学腐蚀反应，如下的反应都是有可能的：

负极：$2H^+ + 2e^- \rightarrow H_2 \uparrow$

正极：$Al - 3e^- \rightarrow Al^{3+}$，$2H_2O - 4e^- \rightarrow O_2 \uparrow + 4H^+$，$2Cl^- - 2e^- \rightarrow Cl_2 \uparrow$

考虑到铝极耳本身的化学反应活性就很高，除电化学腐蚀反应还有可能发生酸碱反应，计划作惰性金属电极试验。

在量杯中配置饱和 NaCl 溶液，将满电正常电池（电压 3.35 V）的正、负极耳用铜导线连接后放入盐水中，短路放电，电池的正极耳处较剧烈的产生大量气泡，负极耳处气泡并不明显，25 min 后，正极连接铜导线不存在，溶液变为棕红色，有絮状物，放置 1 d 后，盐水溶液变为淡蓝色。测量电压，发现大部分电量还在电池中未被放出。正极的放电以电化学反应为主导，腐蚀正极，蓝色的为 Cu^{2+}，红色絮状物的可能为 Cu^+，后来在空气中被进一步氧化。因此除非采用纯惰性电极，否则这种用导电溶液放电方法是不可行的。

2. 电极短接放电

通过直径 10 mm^2 的导线直接短接电池，电池极片出现火花噼啪作响，导线胶皮迅速发热变软，接点处有黑烟产生，负极的镍镀层被熔化，露出内部铜片，2 min 后，压降很小，说明要把电放完需要一定的时间，实际中很可能电未放完就起火或把导线熔断。因此直接短接的方式可能并不可行。

3. 大型专业设备放电

将 20 A·h 的废旧电池放在大型专业充放电设备上，以 1C 的电流进行放电，放电时间为 1 h。如果需要加快放电速度可提高放电率，以 3C 的倍率放电，则放电时间约可节省 2/3。但放电率过高，会造成电池中电量残余较多，对后续破碎产生安全隐患。而由于每台充放电设备上有多个通道，可同时进行多块电池的放电，节省了一定的时间。

综上，目前常用的几种动力锂电池放电方法，仅有用大型专业设备大倍率放电才可能达到真正的放电目的，但也有一定的缺陷，大型动力锂电池大规模回收利用时，此方法比较耗时、耗力，且如果遇到极耳消失或内部短接电压为 0 的电池亦不适用。

二、动力电池破碎预处理

1. 动力电池破碎方法

在破碎前我们选择对电池进行切边处理，以达到方便去除外壳的目的。通过研究，拟选择金刚石砂轮、激光、水刀和机械切割 4 种切割方式进行试验。金刚石砂轮、激光、水刀和机械切割效果及现象如表 7-2 所示。

表 7-2　金刚石砂轮、激光、水刀和机械切割效果及现象

序号	类型	效果	现象
1	金刚石砂轮切割	摩擦过热着火	金刚石刀具都是移动切割，无冲压切割
2	激光切割	无法切断	切割几层后激光散射，局部熔融
3	水刀切割	电池形变，切不断	水压不足，电池柔性太大，会发生弯折，局部破损，但不断裂
4	机械切割	切割无问题	有火花，不会燃烧

其中，前 2 种方法均未能成功对电池进行切割。水刀切割满电电池全过程无火星、无燃烧，但切割速度太慢，即使加砂切割也需要 2 min 1 刀，后期通过调整磨料类型可能也需要 1 min 以上。磨料加入太脏，会进入极片层间，后续需要大量水冲洗，影响回收，且需要建一个操作槽，耗水量比较大。水刀切割的切口截面形变较大，对极片损伤较大，受水流影响，切好的小片会随水流来回移动影响后续切割。而机械切割切面整齐，依据刀具类型可以多层切割，切割速度快的几秒钟 1 刀，切割带电电池时会有火花产生但无燃烧情况发生，切割后的碎极片也无起火发生。试验验证选择机械切割方式效果最佳，但为了防止在切割过程中产生火花发生危险，在切割的时候用惰性气体进行保护。

对电池放电、切边，去除外壳，再将其破碎成小片后，采用铁磁分离的方法，分离正极片和负极片（隔膜）。

2. 动力电池切割破碎安全防护措施

电池切割是在专门定制的切割机上完成的，实行半自动化操作，切割机刀面上有电解液

吸收孔，这样切割过程中产生的大部分电解液会通过这些小孔被集中收集。锂电池切割过程会产生电火花，同时未被完全吸收的电解液也会释放到空气中，此时一定要做好防护措施。在切割过程中要注意以下方面：首先操作人员必须做好防护措施，启动剪切机、保护气路和通风系统，检查机器运行状态，待一切正常后对设备切刀进行位置定位，然后根据电池尺寸及形状编制合适的切割程序；以数只电池为一组进行切割，并根据刀口宽度置于合适位置，严禁跨刀操作；切割时先将电池四边切掉，并回收边料及极耳，同时要抽出夹在中间的铝塑膜。

电池切割操作一定要在单独的房间进行，保持房间空气流通，同时配置通风、防火门设备。由于切割过程产生的电解液有一定的毒性和腐蚀性，释放到空气中会污染大气，所以电池切割时电解液挥发产生的废气一定要做好集中收集处理的工作，废气收集后需进一步处理才能排放。

待锂电池的正负极极片被切碎后，要将这些破碎物进行磁选分离。在将这些包含正极极片、负极极片及电池隔膜的杂乱切割物转移到正负极磁选设备之前，必须保证这些正负极极片完全晾干，否则将极大影响磁选分离效率。磁选设备利用正极极片有弱小磁性而负极极片及隔膜无磁性的原理实现正负极片的分离，由于正极极片本身的磁性很小，这就要求在磁选过程中把握好单位时间内物料的处理量，根据设备运行速度和磁场强度及时调整进料速度。在磁选的时候尽量将正负极极片摊开、分散均匀，需要分选的物料必须保证完全晾干，可适当烘干；根据正负极片的分离效果情况，可以进行多次分离操作，直至正、负极片的相互混杂率低于5%；同时，由于磁选设备具有很强的磁性，此设备需要放置单独的房间，在操作区内严禁携带任何金属物件，严禁携带手机、MP4等电子设备，防止磁化。

任务小测

（1）动力电池回收预处理时放电方式有 _____、_____、_____ 和 _____。

（2）动力电池破碎预处理有哪些方法？

（3）动力电池回收为什么要进行预处理？

任务 3　动力电池回收处理技术

学习内容

（1）正极活性物质湿法剥离方法；
（2）正极活性物质酸浸法剥离方法；
（3）电池负极回收方法；
（4）动力电池回收处理安全性。

能力要求

（1）能够向客户介绍动力电池的回收处理技术；
（2）具备通过查阅维修手册等资料完成信息收集及处理的能力。

任务引入

王女士到 B 品牌电动汽车 4S 店维修动力电池，看到旁边有存储的几个旧动力电池，售后人员小张告诉王女士这部分动力电池是打算进行梯次利用的，且经过预处理了，王女士咨询预处理之后如何处理这些废旧电池，希望小张能帮忙解答。

任务描述

退役电池梯次利用前需要进行预处理，保障其安全性，之后进行回收处理，请了解退役电池回收处理方法，并在学习小组或者班级进行汇报。

如果对废旧电池加以回收，运用冶金工艺技术回收电池中的铜、铝、镍和钴等元素，不仅可以避免废旧电池对环境的潜在威胁，同时还能有效控制电池成本。

一、动力电池正极物质回收处理

1. 正极活性物质湿法剥离研究

正极物质的分离提纯首先要做到铝箔与表面活性物质的分离。此处研究的方法依据处理方式不同主要分为有机溶剂法、碱溶法和酸溶法。

1）有机溶剂法

有机溶剂法分离活性物质和集流体铝箔的原理：利用对有机黏合剂有较好溶解性的有机溶剂，对正极材料进行溶解处理，有效分离铝箔与其表面的磷酸铁锂膜涂层，去除有机杂质。

溶剂法预处理常用的有机溶剂为 N-甲基吡咯烷酮（NMP），N，N-二甲基甲酰胺（N，N-Dimethylformamide，DMF）、二甲基亚砜（Dimethyl Sulfoxide，DMSO）、丙酮等。因为丙酮、DMSO 容易挥发，此处仅选用对有机黏合剂溶解性较好的 NMP 和 DMF。考虑到水溶性黏合剂在现有锂离子动力电池中的使用，溶剂筛选步骤中加入了水及乙醇对正极材料进行溶解。

乙醇对正极材料上的有机黏合剂溶解性较差，可考虑排除使用乙醇作为溶剂。水作为溶剂的原理并非是溶解了有机黏合剂，而是水与铝箔集流体发生了反应，导致铝箔与表面活性层分离。但又因为水与铝箔反应活性不高，所以造成铝箔部分溶解的现象，排除水作为选择溶剂。

因此，有机溶剂对活性物质的剥离效果并非很好。可能是由于现在的电池加工工艺中添加的一些活性物质影响了分离效果。因此，有机溶剂对活性物质的分离效果并不彻底，对后期锂产品的提取率影响很大。

2）碱溶法

碱溶法分离活性物质与铝箔的原理是：集流体铝箔是两性金属，可溶于氢氧化钠生成铝酸钠，活性涂层并不溶解于碱，从而使铝箔与活性物质涂层分离。过滤后的滤液经硫酸调节pH，可得到化学纯的氢氧化铝产品。

3）酸溶法

酸溶法分离铝箔与活性物质的原理是：铝箔与活性物质层都溶解于酸溶液中，通过调节溶液的 pH，分别沉淀得到 $Fe(OH)_3$、$Al(OH)_3$ 以及 Li_2CO_3，从而分离正极材料。

2. 正极活性物质酸浸法剥离方法

这是一种改进的酸溶法，研究表明，在进行酸溶法试验时，当酸溶液与正极在室温下反应 10 min，铝箔与黑色活性物质完全剥离可直接取出，其上布满与硫酸反应产生的小孔，在空气中放置，表面生成白色氧化物膜。如果将酸溶液稀释，腐蚀时间变短，则可能利用铝箔与弱酸反应表面生成微孔与活性层剥离，直接得到无须另加任何处理的铝箔，最后将活性层直接进行酸溶解而无须再进行溶解操作，更加简洁方便。

二、动力电池负极物质的回收处理

1. 正常电池负极回收方法

对正常电池进行完全放电后，拆分出负极片。因为负极片导电物质与铜箔集流体结合时，基本靠外加压力使其粘结，所以对负极处理可考虑直接用水进行清洗。对负极片清洗时，可以整片清洗，也可以破碎之后再进行清洗。

2. 鼓胀、软包电池负极回收方法

电池正常使用一段时间后，负极上会残留一定量的锂离子，锂离子电池的黑色负极表面出现褐色斑纹。如果电池出现鼓包、软包等故障无法进行放电时，负极上富集的锂离子遇水会冒烟并产生火花。因此在回收此类负极材料时，需要在空气中放置 1 h 使锂离子氧化，然后浸入水中进行清洗即可得到纯净的铝箔。

综上所述，通过预处理过程可以去除外壳，分离正极、负极（隔膜），通过酸浸等步骤可以对正极的铝箔集流体和活性物质进行资源化，通过水力作用可以分离负极和隔膜，清洗作用分离得到负极集流体铜箔，正负极的导电剂合并回收处理。因此，实现了对磷酸铁锂动力电池所有有效物质的资源化处理。

三、动力电池回收处理安全性

1. 活性物质剥离安全性

正负极极片及电池隔膜分离以后，需要各自进行处理。正极活性物质的处理方式相对复

杂，首先在高温炉中 350 ℃下烘烤 20 min，待正极极片冷却后利用机械设备揉搓震动，这样正极活性物质就和正极集流体铝箔分离开来。在此部分操作中，要注意以下几点：首先，煅烧过程中高温炉不能完全密封，因为烧结过程中会有大量气体溢出；其次，高温炉一定要置于带有排气扇的房间，并且高温炉要配有专门的抽风排气设备。

负极极片中活性物质的分离相对简单，直接将切碎的负极极片置于工业水洗机中搅拌洗涤，这样活性物质将与铜箔分离开来。此过程要控制好工业水洗机的洗涤时间和放水量，时间和放水量要依据物料处理量的不同而变化；工业水洗机属于大功率设备，操作时一定要按照操作说明书进行；多次洗涤后的渣液集中收集，进一步提取出里面的锂金属元素，待锂离子提取后剩余的废液不要随意排放。

2. 废气废液处理

在退役锂电池资源化回收的整个过程中，产生的废气废液很少，产生的废气主要来自锂离子电池电解液的挥发，目前主要的处理方式是废气集中收集后通过碱溶液装置过滤，废气中的有害物质被碱溶液吸收后排入大气。废气处理过程要密切注意碱溶液的 pH 值，保持 pH 值处于一定的范围。废液的产生集中在负极极片洗涤的环节，负极极片洗涤后产生了渣液，且将锂离子金属提取后产生了废液，此废液显示强碱性，不能直接排放，需要用酸中和后排出。废液经过处理后，其 pH 值应处于中性范围内，这就要求对废液的 pH 值要实时监测，及时调整中和反应所需酸的用量，经检验达到污水排放标准后排放。

任务小测

(1) 正极活性物质湿法剥离包括：＿＿＿＿＿＿、＿＿＿＿＿＿、＿＿＿＿＿＿。

(2) 正极活性物质酸浸法剥离方法是什么？

(3) 简述正常电池负极回收方法。

(4) 简述鼓胀电池负极回收方法。

(5) 动力电池回收处理需注意的安全性有哪些？

（1）了解退役电池寿命测试内容；

（2）掌握退役电池的筛选方法。

（1）能够掌握退役电池的寿命测试内容；

（2）能分析退役电池梯级利用意义。

李先生到 B 品牌电动汽车 4S 店维修动力电池，听售后人员小张说更换下来的动力电池是可以进行梯次利用的，李先生咨询退役电池梯次利用有没有实际案例，请小张进行解答。

查阅资料了解退役电池如何筛选及其寿命情况，了解梯次利用实际案例，在学习小组或者班级进行交流汇报。

退役电池寿命测试的主要内容有充放电容量，倍率性能，高低温、常温循环性能等。将性能预测结果进行统计、分析，第一种是从模型库中找函数进行匹配预测，然后反推产生这种函数的原因；第二种是从物理意义建模，并进行验证。通过两者对比，验证寿命模型的预测精度，建立标准模型库。我们对不同退役类型电池采用相同的循环制度进行充放电循环，直至其容量衰减到不能继续预测，即得到样品电池的实际全寿命周期，绘制样品电池全寿命周期容量衰减轨迹，与寿命预测权限进行对比，计算误差。电池的循环寿命测试涉及大量数据，通常都需采用数据拟合方法来探索这些数据隐含的内在规律。

一、退役电池寿命预测

1. 方法选择

（1）插值法：如果试验观测的点数等于可以确定的参数的个数，可用每个观测点的数据累积出一个含特定参数的方程，方程数等于参数的个数，所以可联立方程而确定各参数值。以这种参数值代入关系式所得曲线必定通过各观测点，这种方法称为插值法。但是插值法得出的函数 $f(x)$ 往往是 n 次多项式。为了得到拟合效果较好的函数，拟合函数 $f(x)$ 的多项式次数往往较高，不利于计算。对于全是整数的试验数据往往可以采用插值法，但对于浮点型的试验数据拟合函数的精确度不是十分理想。

（2）曲线拟合法：由于观测点数多，可列出的方程数大于待定参数的个数，这种方程组称为矛盾方程组。曲线拟合确定参数的问题，实质上就是解矛盾方程组的问题。其几何意义是确定一组最佳的参数值以使关系式的曲线尽可能从各观测点的附近通过。因为试验观测不免带有误差，插值法要求曲线通过全部试验观测点不是最合适的，它将造成所取定参数值的较大误差。更合适的方法是多取若干个试验观测点数据，进行曲线拟合以部分地消除观测误差。

（3）最小二乘法：最小二乘法是一种传统的曲线拟合方法，先要根据专业知识，从理论上推导，或者根据以往的经验，确定变量之间的函数关系，从而预先确定方程的结构形式（三角函数形式、对数形式或多项式形式等），然后再进行函数结构的参数估计。但实际中很难准确判定方程的结构形式，尤其是数据无明显规律或数据量比较大的情况，很难估计数据间的关系。想找到一种可靠的数据结构来进行数据拟合一般是比较难的，而拟合的精度就更不理想了。

（4）遗传规划算法：遗传规划算法是模拟生物在自然环境中的遗传和进化过程而形成的一种自适应全局优化概率搜索算法，它使用群体搜索技术。遗传规划是以随机产生的初始数据组作为初始种群，并通过对当前群体施加选择、交叉、变异等一系列遗传操作，从而产生出新一代的群体，逐步迭代而逼近问题的最优解，并逐步使群体进化到包含或接近最优的状态。把遗传规划算法应用于离散数据拟合中，随机产生一个适用于所给问题环境的初始种群，即搜索空间，种群中的每个个体为树状结构（又称 S 表达式），计算每个个体的适应值。遗传规划采用遗传算法的基本思想，每个树结构对应于一个函数，通过使用复制、交叉、突变遗传操作动态地改变这些树结构，并且一代代地演化下去，直到找到适合于求解问题的函数。由于遗传规划是一种随机性很强的全局搜索优化算法，是否能收敛到全局最优解与初始种群的质量、参数选择、遗传操作及适应度值的计算方法等有很大关系。因此，有必要对其进行改进，以提高收敛的性能，使其更适合实际应用。

（5）其他方法：如多元散乱数据多项式插值、基于剖分的方法、Sibson 方法、Shepard 方法、Kriging 方法、薄板样条、径向基函数等。

二、退役动力锂电池的筛选

利用充放电设备和电池内阻测试仪对退役锂电池进行筛选分容。对筛选出的锂电池进行充放电测试，锂电池的充电制度是在 0.3C 先恒流充电至 3.65 V，然后在 3.65 V 恒压充电，直至充电电流下降至 0.01C 后停止充电，要求在该充电制度下电池恒流阶段的充电容量不低于全部充电容量的 92%。对电池进行 0.3C 放电测试，要求从满电状态放电至电压为 3 V 时，放电容量不低于电池总容量的 90%；电池从满电状态放电至 3.1 V 时，放电容量不低于总容量的 85%；电池从满电状态放电至电压为 2 V 电压平台时，放电容量不低于总容量的 55%。将全部符合上述标准的电池充满电后，搁置一段时间重新测试，搁置时间为 48 h。测试上述搁置电池的电压及内阻，要求可以重组的电池达到以下要求：内阻差不大于 20%；容量差不大于 1%；电压差不大于 200 mV；均压差不大于 30 mV。

三、退役电池在风–光–储–微电网中的应用

微电网是一种将本地可再生能源发电系统、清洁能源发电系统、储能装置以及各类负载集成在一起的新型能源系统模式，正在受到越来越多的关注。由于太阳能和风能在时间和空

间上的天然互补性，与单一的风能或光伏发电系统相比，风、光、储多能互补微电网能够有效地减少蓄电池的容量配置。储能系统在风-光-储-微电网系统中实现电能的储存、削峰填谷、平抑新能源出力波动等功能，是该系统中必不可少的环节。

动力电池梯次利用风-光-储-微电网示范工程是国内首例应用梯次利用动力电池作为储能电池的工程，是集风电、光伏发电、储能及微电网输电四位一体的新型可再生能源项目。工程以梯级利用动力电池系统集成技术为重点，既可配合电网削峰填谷，又可在应急情况下提供电源支撑，也可以最大化实现光伏和风力发电。同时建设退役电池梯次利用信息系统，实现分布式电源接入与动态负荷的有机协调，实现微电网控制和优化运行以及能量的梯度利用。

1. 动力电池梯次利用风-光-储-微电网示范工程

大容量电池储能系统在电力系统中的应用已有 20 多年的历史，早期主要用于孤立电网的调频、热备用、调压和备份等。电池储能系统在新能源并网中的应用，国外已开展了一定的研究。20 世纪 90 年代末德国在 Herne 1 MW 的光伏电站和 Bocholt 2 MW 的风电场分别配置了容量为 1.2 MW·h 的电池储能系统，提供削峰、不中断供电和改善电能质量功能。从 2003 年开始，日本在风电场安装了 6 MW/6 MW·h 的全钒液流电池（VRB）储能系统，用于平抑输出功率波动。2009 年英国 EDF 电网将 600 kW/200 kW·h 锂离子电池储能系统配置在东部一个 11 kV 配电网 STATCOM 中，用于潮流和电压控制，有功和无功控制。

总体来说，电池储能系统在新能源（如光伏电站）中的应用目的主要考虑"配合新能源接入、平滑功率波动、提高电能质量、孤网运行、削峰填谷"等几大功能应用。例如，削峰填谷，通俗一点说，储能系统就像一个储电银行，可以把用电低谷期富余的电储存起来，在用电高峰的时候再拿出来用，这样就减少了电能的浪费；此外电池储能系统还能平滑功率波动，改善电能质量。而退役电池储能系统的绿色优势主要体现在：科学安全，建设周期短；绿色环保，促进环境友好；集约用地，减少资源消耗等方面。

1）总体方案

（1）建设原则。

结合国内外成功实践，建设原则要体现系统先进性、灵活可扩展性和可复制推广性。

①系统先进性。微网系统需体现技术和管理先进性。采用当前最先进的新能源发电、储能、微网建模、控制和优化技术，实现微网平稳运行、无扰切换、需求侧管理、经济性运行等管理要求。

②灵活可扩展性。微网系统需能支持设备和功能的扩展和创新。在充分吸取国内、外微网系统先进经验的基础上，结合本站的具体环境和分布式发电系统研究开发的发展特点，实现微网系统的控制、管理功能，并具备可扩展能力，为分布式发电系统的未来发展和优化提供支持。

③可复制推广性。通过微网系统的建设，建立起分布式发电系统的成熟应用，无论在系统功能设计，还是在技术基础平台方面，都需支持未来系统可复制、推广到实际应用项目，可满足规模化应用的要求。

（2）微电网的总体配置。

退役电池储能系统示范工程包含分布式太阳能、风能等可再生能源发电以及退役电池储能系统，根据多种微网运行方式智能优化选择储能系统充放电时间，既可配合电网削峰填谷，又可在应急情况下提供电源支撑，也可以最大化光伏和风力发电。同时建设退役电池梯次利用信息系统，实现分布式电源接入与动态负荷的有机协调，实现微网控制和优化运行以及能量的梯度利用。

2）微电网的整体通信结构

光伏逆变器、风机逆变器、低压配电测控表计、环境监测仪均采用 RS485 接口组网，接入微电网通信管理机，实现 IEC-104 规约转换后接入就地监控系统；储能 PCS 支持出口 IEC-l04 通信接口，直接接入就地监控系统。为了实现微电网与上级配网的互动管理，通过就地监控上的以太网口（IEC-104 规约），接入上级配电网主站系统。在微电网与大电网 PCC 处加装双向计量表计，实现微电网电能量出口计量功能，通过 RS485 接口接入另外的用电信息采集系统或通信管理机。

3）微电网控制策略

微电网管理系统从配电网调度层、微电网集中控制层、分布式电源和负荷就地控制层等几个层面进行综合管理和控制。其中上层配电网调度层主要从配电网的安全、经济运行的角度协调调度微电网（微电网相对于大电网表现为单一的受控单元），微电网接受上级配电网的调节控制命令。中间微电网集中控制层集中管理分布式电源和各类负荷，在微电网并网运行时负责实现微电网价值的最大化并优化微电网运行，在孤网运行时调节分布电源出力和各类负荷的用电情况实现微电网的稳态安全运行，并与上级电网保护相互配合，实现外部电网故障和微电网内部故障时自动转入孤网运行。下层分布式电源和负荷控制层，负责微电网的暂态功率平衡和低频减载，实现微电网暂态时的安全运行。

微网系统中，光伏系统及风电系统的功率波动较大，而电池系统的作用为平滑风电、光伏系统的功率输出。

若需求以风电、光伏系统最大功率输出，电池系统只是作为应急能源使用，可在后期根据需求更改控制策略。

（1）并网情况下。

在并网运行时，微网的电压和频率均由大电网决定，各 DG 只需进行有功和无功功率输出控制，此时风电和光伏变流器均采用 PQ 控制，保证可再生能源的充分利用并进行微源的最大功率追踪。负荷的能量优先由光伏和风能系统提供，不足部分由电网提供，储能系统主要起到能量均衡调节作用；反之，若风电和光伏提供的功率大于负荷需求，多余的功率优先储存在电池中，剩余的送给电网。

在并网情况下，微网能量主要依靠储能系统进行调节，储能系统在并网系统中可发挥以下作用：

①平抑间歇性能源（风电和光伏）的功率波动，即功率平滑作用。由于风电和光伏发电系统的输出功率存在随机性、较大的波动性，通过储能系统进行功率的快速调节，可以有效地减少功率波动对大电网和负荷的影响，从而保证电网的安全运行和负荷的可靠供电。

②削峰填谷，通过在用电低谷存储能量，用电高峰释放能量的措施，既可以利用电网的峰谷电价差，降低用电成本，也可以有效减小微网系统本身负荷的波动范围，以降低总系统容量。

③按调度曲线运行，根据已定的运行曲线，风电、光伏均按最大功率点跟踪控制，通过调节储能装置的充放电输出要求的功率曲线。

④电池试验方案，定期进行电池充放电试验，以验证电池循环性能。

（2）离网情况下。

微网系统在离网情况下的控制目标，是通过光伏、风电及储能系统的协调控制，在保证供电质量的前提下实现供、用电的功率平衡。储能系统一方面需要根据光伏、风电、负荷的平均功率，相应地改变自身的输出功率，实现系统的功率平衡；另一方面还要通过功率的实时调节，消除间歇性能源的功率波动对微网系统的影响。因此，储能系统的控制是实现微网系统平稳运行的核心，需要具备快速响应的能力。

在离网运行模式下，储能系统既是功率调节的主要执行环节，同时也是电网电压的控制环节，光伏、风电系统是功率的输出环节，因此各部分需按照如下的要求进行控制。

①在储能系统中，变流器以电压源模式工作，维持微网交流母线电压的稳定；电池系统通过下垂特性控制，实现功率的均衡分配。

②光伏变流器、风电变流器以电流源模式工作，输出与交流母线电压一致的电流，且输出电流的大小主要由变流器根据发电功率确定。

③由于负载电流是基本恒定的，当光伏、风电的输出功率增大/减小时，通过反馈控制，使储能的输出功率减小/增大，从而实现微网系统功率平衡控制，以及光伏、风电功率波动的抑制控制。

4）光伏发电子系统

（1）50 kW 单晶硅光伏发电系统。50 kW 单晶硅光伏发电系统主要由单晶硅光伏组件、光伏防雷汇流箱、并网逆变器等组成。其中微电网接入柜是微电网内各部分与外部电网的公共连接部分。

（2）单晶硅光伏组件选型及串并设计。选用每块单晶硅额定容量为 250 W，共需安装200 块。

（3）光伏并网逆变器的选择。用额定容量为 50 kW 的光伏并网逆变器一台，光伏电池组件采用 20 块为一串，共 10 串；10 串一组输入一台光伏汇流箱，共 1 台汇流箱，通过汇流后输入 50 kW 并网逆变器。

50 kW 的光伏并网逆变器要求采用 32 位专用 DSP 控制芯片，主电路采用先进的智能功率模块组装，运用电流控制型 PWM 有源逆变技术和优质进口高效隔离变压器，可靠性高，保护功能齐全，且具有电网侧高功率因数正弦波电流、无谐波污染供电等特点。

（4）系统接地。把所有钢结构与整个建筑的防雷网相连，以达防雷的目的。在光伏系统直流输入处和交流输出处设计了防雷装置，并接地以确保设备的安全，避雷元件分散安装在接线箱内，也安装在配电柜内。防雷接线箱一般安装在光伏组件附近，必须满足室外安装的要求，防护等级一般为 IP65。

整个系统采用三级防雷措施：

①设备级：组件的铝合金边框以及金属支架通过接地扁钢与屋顶防雷扁钢带可靠焊接。

②直流侧级：直流汇线处采用直流防雷模块，最终与防雷带连接。

③交流侧级：在交流柜内采用交流防雷模块，与电气防雷带连接。

对于系统防雷和安全用电来说，可靠的接地是至关重要的。支架、光伏组件边框以及连接件均是金属制品，每个子方阵自然形成等电位体，所有子方阵之间都要进行等电位连接，并与接地网就近可靠连接，各连接点的接地电阻应小于 10 Ω。机房内的交流配电柜、直流配电柜的外壳及各逆变器的接地端子和机房内的接地体进行牢固的电气连接,各连接点接地电阻应小于 4 Ω。

5）风力发电子系统

整个风力发电系统由 2 台 10 kW 的风机组成,其中每台 10 kW 风机为 1 路三相交流电接入微电网母线。风机采用全永磁交流发电机及被动变浆距控制,技术成熟,性能可靠。具有微风启动、轻风发电的特点,并具有多重保护功能。

（1）自动被动式离心变浆控制:正常情况下,该风机能通过安装在叶片根部的离心锤在高速旋转下产生的离心力牵引叶片实现变浆,通过浆叶角度的改变,从而改变浆叶对风能的利用率,控制转速在设定的范围内运行。

（2）控制系统干预性后掠变浆停机保护:当风机自动离心变浆因为机械故障无法实现变浆保护,从而使得转速持续加快,电压持续升高达到卸荷电压点时,控制器会首先开始卸荷,当卸荷时间超过设定时间后会输送刹车信号给自动开/关机控制系统,使得它启动安装在风机塔杆内部的电动液压推杆拉动钢丝绳,从而控制风机内部变浆机构实现系统干预性后掠变浆停机保护。

（3）人为干预性后掠变浆停机保护:当第一、第二重保护系统都崩溃需要紧急停车或者人为性需要风机停车维护、检查时,可以人为启动塔杆内部安装的电动液压推杆上设置的按钮,使得它启动安装在风机塔杆内部的电动液压推杆拉动钢丝绳,从而控制风机内部变浆机构实现系统干预性后掠变浆停机保护。

6）140 kW·h 电池成组方案

储能系统:100 kW/140 kW·h。

储能电池组规格:768 V,180 A·h。电池系统由 40 个 Pack 组成,每个 Pack 串联 6 个 180 A·h 的电池模块,并配套电池管理系统及高压控制部件。

电池分选标准:选用实际容量不小于 110% 标称容量的 4A 级退役电池（标称容量为 20 A·h）。

电池配组标准:容量差不大于 5%,内阻差不大于 0.2 mΩ,均压差不大于 50 mV,搁置后压差不大于 50 mV,恒流比差不大于 2%,3.0 V 平台差不大于 2%,3.1 V 平台差不大于 3%。

电池管理系统:HNEPRI-BMS-ZB01 型基于智能分时的电池主动和被动均衡管理系统。

7）微电网就地监控系统

（1）微电网测控子系统。

微电网测控子系统主要由各个测控表计、微电网并离网控制装置等组成。

微电网并离网控制装置采用成熟控制器 XCK21,可对微电网公共连接点进行监视,通过孤岛检测实现离网自动断开 PCC 点断路器,实现微电网与大电网的隔离,当大电网恢复供电时能自动同期并网。同时本装置配备保护功能实现微电网内部故障以及外部故障时的自动隔离,可作为整个微电网的系统级保护。

（2）微电网主控子系统。

微电网主控子系统主要由就地监控主机、通信管理机及交换机等组成。其中就地监控主机是就地监控柜中的重要装置,一款嵌入式微电网主机兼操作员站,全面监视整个微电网一次设备的运行情况,实时分析微电网的运行情况并获得整个微电网优化和调整策略并快速自动执行，同时可作为数据库服务器，是微电网能量管理系统的核心部件。

（3）微电网能量管理系统。

微电网能量管理系统是运行在微电网能量管理器中的核心软件，它实现微电网运行控制和调度功能，主要功能体系包括：

①微电网综合监控。

微电网综合监控除了实现常规的 SCADA 功能外，需统一监视系统运行的综合信息，包括系统频率、公共连接点处的电压、交换功率，并实时统计系统总发电出力、储能剩余容量、系统总有功负荷、总无功负荷、敏感负荷总有功、可控负荷总有功、完全可切除负荷总有功，并监视系统内部各断路器开关状态，各支路有无功率，各设备的报警、运行状态等实时信息，实现整个系统的实时监控和统计。

②负荷监控。

对风光储系统内部的负荷进行监视、控制和统计，并为低周减载、系统能量平衡控制等提供分析依据。将系统中所有的负荷根据重要程度和是否可停电性质分为灵敏性负荷（运行过程中不可停电）、可控负荷（可部分短暂停电）、可切负荷（可停电负荷）。在运行时，可对这些负荷进行分类监控、统计，在离网能量平衡控制中，依据负荷用电情况和分布式电源的发电情况，对不同类型的负荷进行相应的保证用电、临时停止供电、始终停止供电等控制策略处理。

任务小测

（1）退役电池寿命预测方法有哪些？

（2）退役电池筛选方法是什么？

（3）什么是最小二乘法？

（4）描述退役动力电池风–光–储–微电网中的梯次利用。

（5）分享退役电池在其他场景中的应用。

参考文献

［1］吴海东，袁牧，苏庆列. 新能源汽车动力电池及管理系统检修［M］. 北京：机械工业出版社，2022.

［2］杨绍斌，梁正. 锂离子电池制造工艺原理与应用［M］. 北京：化学工业出版社，2020.

［3］王芳，夏军. 电动汽车动力电池系统设计与制造技术［M］. 北京：科学出版社，2017.

［4］吴志新，周华，王芳. 电动汽车及关键部件测评与开发技术［M］. 北京：科学出版社，2019.

［5］蒋鸣雷，赵群芳. 新能源汽车动力电池结构与检修［M］. 北京：机械工业出版社，2018.

［6］费丽东，闫力. 电动汽车储能系统原理与维修［M］. 北京：机械工业出版社，2018.

［7］朱升高，王国涛，韩素芳. 电动汽车动力电池管理系统原理与检修［M］. 北京：机械工业出版社，2022.

［8］孙大庆，费丽东. 新能源汽车充电设备构造与检修［M］. 北京：机械工业出版社，2021.

［9］王刚，赵光金. 动力锂电池梯次利用与回收处理［M］. 北京：中国电力出版社出版，2015.

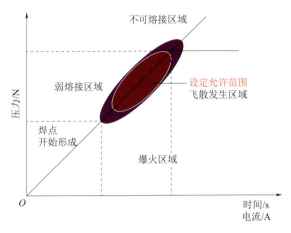

图 3-34   飞散限度曲线

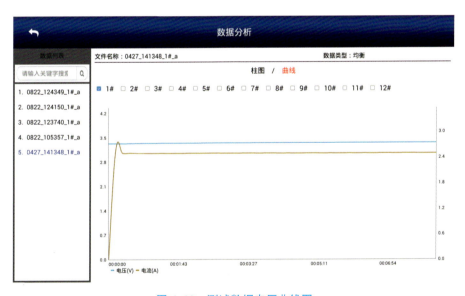

图 6-22   测试数据电压曲线图